民國文化與文學研究文叢

六 編

李 怡 主編

第 1 冊

民國初年小說觀念研究
（1912～1917）

陳 爽 著

國家圖書館出版品預行編目資料

民國初年小說觀念研究（1912～1917）／陳爽 著 -- 初版 --
新北市：花木蘭文化出版社，2016〔民105〕
目 2+180 面；19×26 公分
（民國文化與文學研究文叢 六編；第 1 冊）
ISBN 978-986-404-677-5（精裝）
1. 中國小說 2. 文學評論
541.26208   105012783

特邀編委（以姓氏筆畫為序）：

ISBN- 978-986-404-677-5

丁 帆	王德威	宋如珊
岩佐昌暲	奚 密	張中良
張堂錡	張福貴	須文蔚
馮 鐵	劉秀美	

9 789864 046775

民國文化與文學研究文叢
六 編 第 一 冊   ISBN：978-986-404-677-5

民國初年小說觀念研究（1912～1917）

作　者　陳爽
主　編　李怡
企　劃　四川大學現代中國文化與文學研究中心
　　　　北京師範大學民國歷史文化與文學研究中心
總 編 輯　杜潔祥
副總編輯　楊嘉樂
編　輯　許郁翎、王　筑　美術編輯　陳逸婷
出　版　花木蘭文化出版社
社　長　高小娟
聯絡地址　235 新北市中和區中安街七二號十三樓
　　　　　電話：02-2923-1455 ／傳眞：02-2923-1452
網　址　http://www.huamulan.tw 信箱 hml810518@gmail.com
印　刷　普羅文化出版廣告事業
初　版　2016 年 9 月
全書字數　160652 字
定　價　六編 24 冊（精裝）新台幣 44,000 元

民國初年小說觀念研究

（1912～1917）

陳爽　著

作者簡介

陳爽，女，1987 年生於遼寧大連，現爲長沙學院講師。2009~2012 在北京師範大學攻讀碩士學位，2012 年獲文學碩士學位，2012~2015 年在北京師範大學文藝學研究中心攻讀博士學位，2015 年 6 月獲文學博士學位。主要從事中國近現代文學理論、影視文化等研究，在《文藝爭鳴》、《文化與詩學》等刊物發表論文，其中論文《〈嘗試集〉第三版的發現與胡適的誤記》被《人大複印資料》轉載。

提　　要

　　本書嘗試對民國初年小說觀念進行研究。從時間跨度上，本文將民國初年「限定」在 1912～1917 年間，指從民國成立後至新文學產生前的這段時間。1912 年不僅具有政治意義，也有重要的文學意義。處在清末與「五四」之間的民國初年在「晚清－五四」、「清末民初」的研究模式中多被忽略與遮蔽，民國初年小說多被看作是清末小說的餘緒或末流，或作爲清末小說的補充，或作爲清末小說的對立面，而民初小說觀念的專題研究較爲缺乏。民初諸人對小說的理解與認識，一方面延續了清末對小說的某些看法，另一方面也顯示出了這一時期的獨特之處。本文主要分爲四章對民初小說觀念展開論述：

　　第一章從傳統視閾的角度對民國初年小說觀念進行觀照。民國初年小說觀念受域外小說觀念的影響是毋庸置疑的，但傳統小說觀念對民初小說觀念的作用亦不能忽視，事實上唯有在考察傳統小說觀念在民初的餘響，才能夠理解這一時期相關的小說問題。本章認爲，民國初年小說觀念在一定程度上延續了中國古代的小說觀念。中國古代以史家、目錄學家的「古小說」觀念爲主，民國初年雖然意識到子部「小說家」非眞正意義上的小說，但在觀念上依舊接受了「古小說」觀念，具體表現爲視子部「小說家」之一的「筆記」爲民初小說的重要文類。傳統「古小說」觀念強調小說要能夠補史之闕，由此形成中國古代小說的史傳傳統，民初小說則延續了古代小說的「補史」觀念，這一時期在面對小說與歷史關係時，仍十分看重小說的「眞實性」。

　　第二章從小說文類方面切入民國初年小說觀念的研究。民國初年在小說文類方面存在小說與戲曲文類「界限」模糊的問題，將傳奇、彈詞等看作是小說。本章指出，中國古代並未有視戲曲爲小說的觀念，這一觀念的產生始自清末而延續至民初，在「五四」現代小說觀念確立後消失。清末民初之所以出現小說與戲曲文類「界限」的模糊，正是域外小說觀念介入的作用，以域外小說觀念來理解小說，戲曲與小說在敘事上的親緣關係使得這一時期出現視戲曲爲小說的文類觀念。

　　第三章從小說文體方面探討民國初年的小說觀念。民國初年諸人既沒有清末梁啓超以小說「開啓民智」的訴求，也沒有「五四」一代建立「爲人生」文學的主張，反映在小說文體方面便是他們在面臨文體方面的選擇時，幾乎沒有任何傾向性，小說無論是使用文言還是白話，無論是以「章回體」寫就，還是以「筆記體」呈現，在他們看來都是可以接受的，由此在小說文體方面呈現出「兼收並蓄」的觀念。正是因爲民初缺少某種加之於小說上的訴求，這一時期對文體問題的思考有轉向小說本身的趨向，而不僅僅停留在何種文體更適合「開啓民智」。

　　第四章主要考察民國初年諸人對小說地位與功用觀念的理解。清末「小說界革命」低潮期出現小說消閒觀念復燃的傾向，至民國初年則視小說爲「小道」。民初認同小說的消閒觀念，但在消閒觀念背後隱藏著這一時期小說作者的苦衷，在民初政治的落潮與失望中，小說更多是作爲排遣鬱悶的方式，而非完全如「五四」一代所批評的「消遣的金錢主義」。

作爲方法的「民國」
——第六輯引言

李　怡

　　「作爲方法」的命題首先來自日本著名漢學家竹內好，從竹內好 1961 年「作爲方法的亞洲」到溝口雄三 1989 年「作爲方法的中國」，其中展示的當然不僅僅是有關學術「方法」的技術性問題，重要的是學術思想的主體性追求。日本學人通過中國這樣一個「他者」的參照進行自我的反省和批判，實現從「西方」話語突圍，重新確立自己的主體性，這對同樣深陷「西方」話語圍困的中國學界而言也無疑具有特殊的刺激和啓發。1990 年代中期以後，中國（華人）學人如孫歌、李冬木、汪暉、陳光興、葛兆光等陸續介紹和評述了他們的學說，〔註1〕特別是最近 10 年的中國思想文化與文學批評界，可以說出現了一股竹內——溝口的「作爲方法」熱，「作爲方法的日本」、「作爲方法的竹內好」、「亞洲」作爲方法，〔註2〕以及「作爲方法的 80 年代」等等

〔註 1〕　如 Kuang-ming Wu and Chun-chieh Huang （吳光明、黃俊傑）：〈關於《方法としての中國》的英文書評〉（《清華學報》新 20 卷第 2 期，1990 年），溝口雄三、汪暉：〈沒有中國的中國學〉（《讀書》第 4 期，1994 年），孫歌：〈作爲方法的日本〉（《讀書》第 3 期，1995 年），李長莉：〈溝口雄三的中國思想史研究〉（《國外社會科學》第 1 期，1998 年），葛兆光：〈重評九十年代日本中國學的新觀念——讀溝口雄三《方法としての中國》〉（《二十一世紀》12 月號，2002 年），吳震：〈十六世紀中國儒學思想的近代意涵——以日本學者島田虔次、溝口雄三的相關討論爲中心〉（《東亞文明研究學刊》第 1 卷第 2 期，2004 年）等。

〔註 2〕　刊發於《臺灣社會研究季刊》12 月號，總第 56 期，2004 年。2005 年 6 月，陳光興參加了在華東師範大學舉行的「全球化與東亞現代性——中國現代文學的視角」暑期高級研討班，將論文〈「亞洲」作爲方法〉提交會議，引起了與會者的濃厚興趣。

在我們學術話語中流行開來，體現了一種難能可貴的自我反思、重建學術主體性的努力。竹內好借鏡中國的重要對象是文學家魯迅，近年來，對這一反思投入最多的也是從事中國現當代文學研究的學者，因此，對這一反思本身做出反思，進而探索真正作為中國現代文學的「方法」的可能，便顯得必不可少。

在「亞洲」、「中國」先後成為確立中國學術主體性的話語選擇之後，我覺得，更能夠反映中國現代文學立場和問題意識的話語是「民國」。作為方法的民國，具體貼切地揭示了中國現代文學的生存發展語境，較之於抽象的「亞洲」或者籠統的「中國」，更能體現我們返回中國文學歷史情境，探尋學術主體性的努力。

一

日本戰敗，促成了一批日本知識分子的自我反省，竹內好（1908～1977）就是其中之一。在他看來，「脫亞入歐」的日本「什麼也不是」，反倒是曾經不斷失敗的中國在抵抗中產生了非西方的、超越近代的「東洋」。通常我們是說魯迅等現代中國知識分子從「東洋」日本發現了現代文明的啟示，竹內好卻反過來從中國這個「東洋」發現了一條區別於西歐現代化的獨特之路：借助日本所沒有的社會革命完成了自我更新，如果說日本文化是「轉向型」的，那麼中國文化則可以被稱作是「迴心型」，而魯迅的姿態和精神氣質就是這一「迴心型」的極具創造價值的體現。「他不退讓，也不追從。首先讓自己和新時代對陣，以『掙扎』來滌蕩自己，滌蕩之後，再把自己從裏邊拉將出來。這種態度，給人留下一個強韌的生活者的印象。像魯迅那樣強韌的生活者，在日本恐怕是找不到的。」「在他身上沒有思想進步這種東西。他當初是作為進化論宇宙觀的信奉者登場的，後來卻告白頓悟到了進化論的謬誤；他晚年反悔早期作品中的虛無傾向。這些都被人解釋為魯迅的思想進步。但相對於他頑強地恪守自我來說，思想進步實在僅僅是第二義的。」〔註3〕就此，他認為自己發現了與西方視角相區別的「作為方法的亞洲」，這裡的「亞洲」主要指中國。溝口雄三（1932～2010）是當代中國思想史學家，他並不同意竹內好將日本的近代描述為「什麼也不是」，試圖在一種更加平等而平和的文化觀

〔註3〕（日）竹內好：《近代的超克》，11、12頁，李冬木、趙京華、孫歌譯，三聯書店，2005年。

念中讀解中國近代的獨特性:「事實上,中國的近代既沒有超越歐洲,也沒有落後於歐洲,中國的近代從一開始走的就是一條和歐洲、日本不同的獨自的歷史道路,一直到今天。」〔註4〕作為方法的中國,意味著對「中國學」現狀的深入的反省,這就是要根本改變那種「沒有中國的中國學」,「把世界作為方法來研究中國,這是試圖向世界主張中國的地位所帶來的必然結果……這樣的『世界』歸根結底就是歐洲」。「以中國為方法的世界,就是把中國作為構成要素之一,把歐洲也作為構成要素之一的多元的世界」。〔註5〕

海外漢學(中國學)長期生存於強勢的歐美文明的邊緣地帶,因而難以改變作為歐美文化思想附庸的地位,這一局面在海外華人的中國研究中更加明顯。而日本知識分子的反省卻將近現代中國作為了反觀自身的「他者」,第一次將中國問題與自我的重建、主體性的尋找緊密聯繫,強調一種與歐美文明相平等的文化意識,這無疑是「中國學」研究的重要破局,具有重要的學術啓示意義,同時,對中國自己的學術研究也產生了極大的衝擊效應。

在逐步走出傳統的感悟式文學批評,建立現代知識的理性框架的過程中,中國的學術研究顯然從西方獲益甚多,當然也受制甚多,甚至被後者裹挾了我們的基本思維與立場,於是質疑之聲繼之而起,對所謂「中國化」和保留「傳統」的訴求一直連綿不絕,至最近20餘年,更在國內清算「西化」的主流意識形態及西方後現代主義、西方馬克思主義的自我批判的雙重鼓勵下,進一步明確提出了諸如中國立場、中國問題、中國話語等系統性的要求。來自日本學者的這一類概括──在中國發現「亞洲」近代化的獨特性,回歸中國自己的方法──顯然對我們當下的學術訴求有明晰準確的描繪,予我們的「中國道路」莫大的鼓勵,我們難以確定這樣的判斷究竟會對海外的「中國學」研究產生多大的改變,但是它對中國學術界本身的啓示和作用卻早已經一目了然。

我高度評價中國學界「回歸中國」的努力與亞洲──中國「作為方法」的啓示意義。但是,與此同時,我也想提醒大家注意一個重要的現實,所謂的「作為方法」如果不經過嚴格的勘定和區分,其實並不容易明瞭其中的含義,而無論是「亞洲」還是「中國」,作為一個區域的指稱原本也有不少的遊

〔註4〕 (日)溝口雄三:《作為方法的中國》,12頁,孫軍悅譯,三聯書店,2011年。
〔註5〕 (日)溝口雄三:《作為方法的中國》,130、131頁,孫軍悅譯,三聯書店,2011年。

移性與隨意性。比如竹內好將「亞洲」簡化爲「中國」，將「東洋」轉稱爲「中國」，臺灣學人陳光興也在這樣的「亞洲」論述中加入了印度與臺灣地區，這都與論述人自己的關注、興趣和理解相互聯繫，換句話說，僅僅有「作爲方法」的「亞洲」概念與「中國」概念遠遠不夠，甚至，有了竹內與溝口的充滿智慧的「以中國爲方法」的種種判斷也還不夠，因爲這究竟還是「中國之外」的「他者」從他們自己的需要出發提出的觀察，這裡的「中國」不過是「日本內部的中國」，而非「中國人的中國」，正如溝口雄三對竹內好評述的那樣：「這種憧憬的對象並不是客觀的中國，而是在自身內部主觀成像的『我們內部的中國』。」〔註 6〕那麼，溝口雄三本人的「中國方法」又如何呢？另一位深受竹內好影響的日本學者子安宣邦認爲，溝口雄三「以中國爲方法，以世界爲目的」的「超越中國的中國學」與日本戰前「沒有中國的中國學」依然具有親近性，難以真正展示自己的「作爲方法」的中國視點。〔註 7〕所以葛兆光就提醒我們，對於這樣「超越中國的中國學」，我們也不能直接平移到中國自己的中國學之中，一切都應當三思而行。〔註 8〕

問題是，中國學界在尋找「中國獨特性」的時候格外需要那麼一些支撐性的論述與證據，而來自域外的論述與證據就更顯珍貴了。在這個時候，域外學說的「方法」本身也就無暇追問和反思了。例如竹內好與溝口雄三都將近現代中國的獨特性描述爲社會革命：「中國的近代化走的是自下而上的反帝反封建社會革命、即人民共和主義的道路。」〔註 9〕在他們看來，太平天國至社會主義中國的「革命史」呈現的就是中國自力更生的道路。這的確道出了現代中國的重要事實，因而得到許多中國現代文學研究者的認同，當然，一些中國學者對現代中國革命的重新認同還深刻地聯繫著西方後現代主義對西方文化的自我批判，聯繫著西方馬克思主義及其它左派對資本主義的嚴厲批判，在這裡，「西洋」的自我批判和「東洋」的自我尋找共同加強了中國學者對「中國現代史＝革命史」的認識，如下話語所表述的學術理念以及這一理念的形成過程無疑具有某種典型意義：

〔註 6〕（日）溝口雄三：《作爲方法的中國》，6 頁，孫軍悦譯，三聯書店，2011 年。

〔註 7〕參看張崑將：〈關於東亞的思考「方法」：以竹內好、溝口雄三、子安宣邦爲中心〉，《臺灣東亞文明研究學刊》第 1 卷第 2 期，2004 年。

〔註 8〕葛兆光：〈重評九十年代日本中國學的新觀念——讀溝口雄三《方法としての中國》〉，《二十一世紀》12 月號，2002 年。

〔註 9〕（日）溝口雄三：《作爲方法的中國》，11 頁，孫軍悦譯，三聯書店，2011 年。

　　從 1993 年起，我逐步地對以往的研究做了兩點調整：第一是將
自己的歷史研究放置在「反思現代性」的理論框架中進行綜合的分
析和思考；第二是力圖將社會史的視野與思想史研究結合起來。在
中國 1980 年代的文化運動和 1990 年代的思想潮流之中，對於近代
革命和社會主義歷史的批判和拒絕經常被放置在對資本主義的全面
的肯定之上；我試圖將近代革命和社會主義歷史的悲劇放置在對現
代性的批判性反思的視野中，動機之一是爲了將這一過程與當代的
現實進程一道納入批判性反思的範圍。……而溝口雄三教授對日本
中國研究的批判性的看法和對明清思想的解釋都給我以啓發。也是
在上述閱讀、交往和研究的過程中，我逐漸地形成了自己的一個研
究視野，即將思想的內在視野與歷史社會學的方法有機地結合起
來。〔註10〕

東洋與西洋的有機結合，鼓勵我們對現代性的西方傳統展開質疑和批判，同
時對我們自身的現代價值加以發掘和肯定，在中國現代文學研究領域中，這
些「我們的現代價值」常常也指向革命文學、左翼文學、延安文學與新中國
建立至新時期以前的文學，有學者將之概括爲新左派的現代文學史觀。姑且
不論「新左派」之說是否準確，但是其描述出來的學術事實卻是有目共睹的：
「以現代性反思的名義將左翼文學納入現代性範疇，並稱之爲『反現代的現
代主義文學』、『反現代的現代先鋒派文學』，高度肯定其歷史合理性，並認爲
改革前的毛澤東時代可以定位爲『反現代的現代性』，其合法性來自於對西方
資本主義現代性的批判。」〔註11〕爲了肯定這些中國現代文化追求的合理性，
人們有意忽略其中的種種失誤，包括衆所周知的極左政治對現代文學發展的
傷害和扭曲，甚至「文革」的思維也一再被美化。

　　理性而論，前述的「反思現代性」論述顯然問題重重：「那種忽略了具體
歷史語境中強大的以封建專制主義文化意識爲主體的特殊性，忽略了那時文
學作品巨大的政治社會屬性與人文精神被顚覆、現代化追求被阻斷的歷史內
涵，而只把文本當作一個脫離了社會時空的、僅僅只有自然意義的單細胞來

〔註10〕汪暉、張曦：〈在歷史中思考──汪暉教授訪談〉，《學術月刊》第 7 期，2005
　　　　年。

〔註11〕鄭潤良：〈「反現代的現代性」：新左派文學史觀萌發的語境及其問題〉，《福建
　　　　論壇》第 4 期，2010 年。

進行所謂審美解剖。這顯然不是歷史主義的客觀審美態度。」〔註12〕

　　值得注意的現實是，爲了急於標示中國也可以有自己的「現代性」，我們學界急切尋找著能夠支持自己的他人的結論和觀點，至於對方究竟把什麼「作爲方法」倒不是特別重要了。

　　「悖論」是中國學者對竹內好等學者處境與思維的理解，有意思的是，當我們不再追問「作爲方法」的緣由和形式之時，自己也可能最終陷入某種「悖論」。比如，在肯定我們自己的現代價值之際，誕生了一個影響甚大的觀點：反現代的現代性。中國革命史被稱作是「反現代的現代性」，中國的左翼文學史也被描述爲「反現代性的現代性」，姑且不問這種表述來源於西方現代性話語的繁複關係，使用者至少沒有推敲：「反」的思維其實還是以西方現代性爲「正方」的，也就是說，是以它的「現代」爲基本內容來決定我們「反」的目標和形式，這是眞正的多元世界觀呢？還是繼續延續了我們所熟悉的「二元對立」的格局呢？這樣一種正／反模式與他們所要克服的思維中國／西方的二元模式如出一轍：把世界認定爲某兩種力量對立鬥爭的結果，肯定不是對眞正的多元文化的認可，依舊屬於對歷史事實的簡化式的理解。

二

　　「中國作爲方法」不是學術研究大功告成之際的自得的總結，甚至也還不是理所當然的研究的開始，更準確地說，它可能還是學術思想調整的準備活動。在這個意義上，眞正的「中國」問題在哪裏，「中國」視角是什麼，「中國」的方法有哪些，都亟待中國自己的學人在自己的歷史文化語境中開展新的探討。對於中國現代文學研究而言，我覺得，與其追隨「他者」的眼界，取法籠統的「中國」，還不如眞正返回歷史的現場加以勘察，進入「民國」的視野。「作爲方法的中國」是來自他者的啓示，它提醒我們尋找學術主體性的必要，「作爲方法的民國」，則是我們重拾自我體驗的開始，是我們自我認識、自我表達的眞正的需要。

　　海外中國學研究，在進入「作爲方法的中國」之後，無疑產生了不少啓發性的成果，即便如此，其結論也有別於自「民國」歷史走來的中國人，只有我們自己的「民國」感受能夠校正他者的異見，完成自我的表述。包括竹

〔註12〕董健、丁帆、王彬彬：〈我們應該怎樣重寫當代文學史〉，《江蘇行政學院學報》第1期，2003年。

內好與溝口雄三這樣的智慧之論也是如此。對此，溝口雄三自己就有過真誠的反思，他說包括竹內好在內他們對中國的觀察都充滿了憧憬式的誤讀，包括對「文革」的禮贊等等。〔註13〕因為研究「所使用的基本範疇完全來自中國思想內部」，而且「對思想的研究不是純粹的觀念史的研究，而是考慮整個中國社會歷史」，溝口雄三的中國研究曾經為中國學者所認同，〔註14〕例如他借助中國思想傳統的內部資源解釋孫中山開始的現代革命，的確就令人耳目一新，跳出了西方現代性東移的固有解說：

實際上大同思想不僅影響了孫文，而且還構成了中國共和思想的核心。

就民權來看，中國的這種大同式近代的特徵也體現在民權所主張的與其說是個人權利，不如說國民、人民的全體權利這一點上。

大同式的近代不是通過「個」而是通過「共」把民生和民權聯結在一起，構成一個同心圓，所以從一開始便是中國獨特的、帶有社會主義性質的近代。〔註15〕

雖然這道出了中國現代歷史的重要事實，但卻只是一部分事實，很明顯，「民國」的共和與憲政理想本身是一個豐富而複雜的思想系統，而且還可以說是一個動態的有許多政治家、思想家和知識分子共同參與共同推進的系統。例如在五四新文化運動前夕，出於對民初政治的失望，《甲寅》的知識分子群體就展開了「國權」與「民權」的討論辨析，並且關注「民權」也從「公權」轉向「私權」，至《新青年》更是大張個人自由，個人情感與欲望，這才有了五四新文學運動，有了郁達夫的切身感受：「五四運動的最大成功，第一要算『個人』的發現。從前的人是為君而存在，為道而存在，為父母而存在的，現在的人才曉得為自我而存在了。」〔註16〕不僅是五四新文學思潮，後來的自由主義者也一直以「個人權利」、「個人自由」與左右兩種政治主張相抗衡，雖然這些「個人」與「自由」的內涵嚴格說來與西方文化有所區別，但也不

〔註13〕（日）溝口雄三：《作為方法的中國》，12頁，孫軍悅譯，三聯書店，2011年。

〔註14〕（日）溝口雄三、汪暉：〈沒有中國的中國學〉，《讀書》第4期，1994年。

〔註15〕（日）溝口雄三：《作為方法的中國》，12、16、18頁，孫軍悅譯，三聯書店，2011年。

〔註16〕郁達夫：《〈中國新文學大系·散文二集〉導言》，上海良友圖書印刷公司，1935年。

是「大同」理想與「社會主義性質」能夠涵蓋的，它們的發展在不同的歷史時期各有限制，但依然一路坎坷向前，並在 20 世紀 80 年代的海峽兩岸各有成效，成為現代中國文化建設所不能忽略的一種重要元素，不回到民國重新梳理、重新談論，我們歷史的獨特性如何能夠呈現呢？

治中國社會歷史研究多年的秦暉曾經提出了一個耐人尋味的觀點：當前中國學術一方面在反對西方的所謂「文化殖民」，另外一方面卻又常常陷入到外來的「問題」圈套之中，形成有趣的「問題殖民」現象。〔註 17〕我理解，這裡的「問題殖民」就是脫離開我們自己的歷史文化環境，將他者研討中國提出來的問題（包括某些讚賞中國「特殊價值」的問題）當作我們自己的問題，從而在竭力掙脫西方話語的過程中再一次落入到他者思維的窠臼。如何才能打破這種反反覆復、層層疊疊的他者的圈套呢？我以為唯一的出路便是敢於拋開一些令人眼花繚亂的解釋框架，面對我們自己的歷史處境，感受我們自己的問題，對中國現代文學的研究而言，就是要在「民國」的社會歷史框架中醞釀和提煉我們的學術感覺，這當然不是說從此固步自封，拒絕外來的思想和方法，而是說所有的思想和方法都必須在民國歷史的事實中接受檢驗，只有最豐富地對應於民國歷史事實的理論和方法才足以成為我們研究的路徑，才能最後為我所用。在中國現代文學研究領域，並沒有異域學者所總結完成的「中國方法」，而只有在民國「作為方法」取得成傚之後的具體的認知，也就是說，是「作為方法的民國」真正保證了「作為方法的中國」。下述幾個中國現代文學研究中影響較大、也爭論較大的理論框架，莫不如此。

例如，在描述中國歷史從封建帝國轉入現代國家的時候，人們常常使用「民族國家」這一概念，中國現代文學也因此被視作「現代民族國家文學」，不斷放大「民族國家」主題之於中國現代文學的意義：「在抗戰文學中，由於抗日民族統一戰線的建立，民族國家成為了一個集中表達的核心的、甚至唯一的主題。」〔註 18〕甚至稱：「『五四』以來被稱之為『現代文學』的東西其實是一種民族國家文學。」〔註 19〕這顯然都不符合中國現代文學在「民國」

〔註 17〕http：//www.360doc.com/content/10/0626/01/875791_35273755.shtml

〔註 18〕曠新年：〈民族國家想像與中國現代文學〉，《文學評論》第 1 期，2003 年。

〔註 19〕劉禾：《文本、批評與民族國家文學——〈生死場〉的啓示》，1 頁，北京大學出版社，2007 年。對中國現代文學研究中民族國家理論的檢討，已有學者提出過重要的論述，如張中良《中國現代文學的「民族國家」問題》，臺灣花木蘭文化出版社，2012 年。

的歷史事實，不必說五四新文學運動恰恰質疑了無條件的「國家認同」，民國時期文學前十年「國家主題」並不占主導地位，出現了所謂「民族國家意識的延宕與缺席」現象，〔註20〕第二個十年間的「民族主義」觀念也一再受到左翼文學陣營的抨擊，就是抗日戰爭時期的文學，也不像過去文學史所描繪的那麼主題單一，相反，多主題的出現，文學在豐富中走向成熟才是基本的事實。不充分重視「民國」的豐富意義就會用外來概念直接「認定」歷史的性質，從而形成對我們自身歷史的誤讀。

文學的「民國」不僅含義豐富，也不適合於被稱作是「想像的共同體」。近年來，美國著名學者本尼狄克特·安德森關於民族國家的概括──「想像的共同體」廣獲運用，借助於這一思路，我們描繪出了這樣一個國家認同的圖景：中國知識分子從晚清開始，利用報紙、雜誌、小說等媒體空間展開政治的文化的批判，通過這一空間，中國人展開了對「民族國家」的建構，使國民獲得了最初的民族國家認同。誠然，這道出了「帝國」式微，「民國」塑形過程之中，民眾與國家觀念形成的某些狀況，但卻既不是中華民族歷史演變的眞相，〔註21〕也不是現實意義的民國的主要的實情，當然更不是「文學民國」的重要事實。現實意義的民國，在一個相當長的時間裏，依然處於殘留的「帝國」意識與新生的「民國」意識的矛盾鬥爭之中，專制集權與民主自由此漲彼消，黨國觀念與公民社會相互博弈，也就是說，「國家與民族」經常成爲統治者鞏固自身權利的重要的意識形態選擇，與知識分子所要展開的公眾想像既相關又矛盾。在現實世界上，我們的國家民族觀念常常來自於政治強權的強勢推行，這也造成了

〔註20〕李道新在剖析民國電影文化時指出：「南京國民政府成立以前，亦即從電影傳入中國至 1927 年之間，中國電影傳播主要訴諸道德與風化，基本無關民族與國家。民族國家意識的延宕與缺席，與落後保守的價值導向及混亂無序的官方介入結合在一起，使這一時期的中國電影幾乎處在一種特殊的無政府狀態，並導致中國電影從一開始就陷入目標／效果的錯位與傳者／受眾的分裂之境。」（李道新：〈民族國家意識的延宕與缺席：南京國民政府成立前中國電影的傳播制度及其空間拓展〉，《上海大學學報》第 3 期，2011 年。）這樣的觀察其實同樣可以啓發我們的文學研究。

〔註21〕關於中華民族及統一國家的形成如何超越「想像」，進入「實踐」等情形，近來已有多位學者加以論證，如楊義、邵寧寧：〈描繪中國文學地圖──楊義訪談錄〉（《甘肅社會科學》第 5 期，2004 年）、郝慶軍：〈反思兩個熱門話題：「公共領域」與「想像的共同體」〉（《中國現代文學研究叢刊》第 5 期，2005 年）、吳曉東：〈「想像的共同體」理論與中國理論創新問題〉（《學術月刊》第 2 期，2007 年）等。

知識分子國家民族認同的諸多矛盾與尷尬，他們不時陷落於個人理想與政治強權的對立之中，既不能接受強權的思想干預，又無法完全另立門戶，總之，「想像」並不足以獨立自主，「共同體」的形成步履艱難，「文學的民國」對此表述生動。這裡既有胡適「只指望快快亡國」的情緒性決絕，〔註22〕有魯迅對於民族國家自我壓迫的理性認識：「用筆和舌，將淪為異族的奴隸之苦告訴大家，自然是不錯的，但要十分小心，不可使大家得著這樣的結論：『那麼，到底還不如我們似的做自己人的奴隸好。』」〔註23〕也有聞一多輾轉反側，難以抉擇的苦痛：「我來了，我喊一聲，迸著血淚， ／『這不是我的中華，不對，不對！』」「我來了，不知道是一場空喜。 ／我會見的是噩夢，那裡是你？ ／那是恐怖，是噩夢掛著懸崖， ／那不是你，那不是我的心愛！」〔註24〕

總之，進入文學的民國，概念的迷信就土崩瓦解了。

也有學者試圖對外來概念進行改造式的使用，這顯然有別於那種不加選擇的盲目，不過，作為「民國」實際的深入的檢驗工作也並沒有完成，例如近年來同樣在現代文學研究界流行的「公共空間」（「公共領域」）理論。在西歐歷史的近現代發展中，先後出現了貴族文藝沙龍、咖啡館、俱樂部一類公共聚落，然後推延至整個社會，最終形成了不隸屬於國家官僚機構的民間的新型公共社區，這對理解西方近代社會歷史與精神生產環境都是重要的視角。不過，真正「公共空間」的形成必須有賴於比較堅實的市民社會的基礎，尚未形成真正的市民社會的民國，當然也就沒有真正的公共空間。〔註25〕可能正是考慮到了民國歷史的特殊性，李歐梵先生試圖對這一概念加以改造，他以「批判空間」替換之，試圖說明中國近現代知識分子也正在形成自己的「公共性」的輿論環境，他以《申報‧自由談》為例，說明：「這個半公開的園地更屬開創的新空間，它

〔註22〕胡適〈你莫忘記〉有云：「你莫忘記： ／你老子臨死時只指望快快亡國： ／亡給『哥薩克』， ／亡給『普魯士』 ／都可以」。

〔註23〕魯迅：《且介亭雜文末編‧半夏小集》，《魯迅全集》6 卷，617 頁，人民文學出版社，2005 年。

〔註24〕聞一多詩歌：〈發現〉。

〔註25〕對此，哈貝馬斯具有清醒的認識，他認為，不能把「公共領域」這個概念與歐洲中世紀市民社會的特殊性隔離開，也不能隨意將其運用到其它具有相似形態的歷史語境中。（參見哈貝馬斯：《公共領域的結構轉型》初版序言，曹衛東譯，學林出版社，1999 年。）中國學者關於「公共領域」理論在中國運用的反思可以參見張鴻聲：〈中國的「公共領域」及其它——兼論現代城市文學研究的本土化〉，《首都師範大學學報》第 6 期，2006 年。

至少爲社會提供了一塊可以用滑稽的形式發表言論的地方。」魯迅爲《自由談》欄目所撰文稿也成爲李歐梵先生考辨的對象，並有精彩的分析，然而，論者突然話鋒一轉：「因爲當年的上海文壇上個人恩怨太多，而魯迅花在這方面的筆墨也太重，罵人有時也太過刻薄。問題是：罵完國民黨文人之後，是否能在其壓制下爭取到多一點言論的空間？就《僞自由書》中的文章而言，我覺得魯迅在這方面反而沒有太大的貢獻。如果從負面的角度而論，這些雜文顯得有些『小氣』。我從文中所見到的魯迅形象是一個心眼狹窄的老文人，他拿了一把剪刀，在報紙上找尋『作論』的材料，然後『以小窺大』，把拼湊以後的材料作爲他立論的根據。事實上他並不珍惜——也不注意——報紙本身的社會文化功用和價值，而且對於言論自由這個問題，他認爲根本不存在。」「《僞自由書》中沒有仔細論到自由的問題，對於國民黨政府的對日本妥協政策雖諸多非議，但又和新聞報導的失實連在一起。也許，他覺得眞實也是道德上的眞理，但是他從報屁股看到的眞實，是否能夠足以負荷道德眞理的眞相？」〔註26〕其實，魯迅對「自由」的一些理論和他是否參與了現代中國「批判空間」的言論自由的開拓完全是兩碼事。實際的情況是，在民國時代的專制統治下，任何自由空間的開拓都不可能完全是「輿論」本身的功效，輿論的背後，是民國政治的高壓力量，魯迅的敏感，魯迅的多疑，魯迅雜文的曲筆和隱晦，乃至與現實人事的種種糾纏，莫不與對這高壓環境的見縫插針般的戳擊有關。當生存的不自由已經轉化成爲「日常生活」的一部分（所謂「報屁股看到的眞實」），成爲各色人等的「無意識」，點滴行爲的反抗可能比長篇大論的自由討論更具有「自由」的意味。這就是現代中國的基本現實，這就是民國輿論環境與文學空間所具有的歷史特徵。對比晚清和北洋軍閥時代，李歐梵先生認爲，1930 年代雖然「在物質上較晚清民初發達，都市中的中產階級讀者可能也更多，咖啡館、戲院等公共場所也都具備」，但公共空間的言論自由卻反而更小了。原因何在呢？他認爲在於像魯迅這樣的左翼「把語言不作爲『中介』性的媒體而作爲政治宣傳或個人攻擊的武器和工具，逐漸導致政治上的偏激文化（radicalization），而偏激之後也只有革命一途」。〔註27〕這裡涉及對左翼文化的反思，自有其準確深刻之處，但是，

〔註26〕李歐梵：〈「批評空間」的開創——從《申報》「自由談」談起〉，見《現代性的追求》，19、20 頁，三聯書店，2000 年。

〔註27〕李歐梵：〈「批評空間」的開創——從《申報》「自由談」談起〉，見《現代性的追求》，21 頁，三聯書店，2000 年。

就像現代中國社會的諸多「公共」從來都不是完全的民間力量所打造一樣，言論空間的存廢也與政府的強力介入直接關聯，左翼文化的鋒芒所指首先是專制政府，而對政府專制的攻擊，本身不也是一種擴大言論自由的有效方式？

作爲方法的民國，意味著持續不斷地返回中國歷史的過程，意味著對我們自身問題和思維方式的永遠的反省和批判，只有這樣，我們的中國現代文學研究才是眞正屬於自己的。

三

「民國作爲方法」既然是在自覺尋找中國現代文學研究「自己的方法」的意義上提出來的，那麼，它究竟如何才能成爲一種與眾不同的「方法」呢？或者說，它對中國現代文學研究具體有哪些著力點與可能開拓之處呢？我認爲至少有這樣幾個方面的工作可以開展：

首先是爲「中國」的學術研究設立具體的「時間軸」。也就是說，所謂學術研究的「中國問題」不應該是籠統的，它必須置放在具體的時間維度中加以追問，是「民國」時期的中國問題還是「人民共和國」時期的中國問題？當然，我們曾經試圖以「現代化」、「現代性」這樣的概念來統一描述，但事實是，兩個不同的歷史階段有著相當多的差異性，特別是作爲精神現象的文學，在生產方式、傳播接受方式及作家的生存環境、寫作環境、文學制度等等方面都更適合分段討論。新時期文學曾經被類比爲五四新文學，這雖然一度喚起了人們的「新啓蒙」的熱情，但是新時期究竟不是「五四」，新時期的中國知識分子也不是「五四」一代的陳獨秀、胡適與周氏兄弟，到後來，人們質疑 1980 年代，質疑「新啓蒙」，連帶五四新文化運動一起質疑，問題是經過一系列風起雲湧的體制變革和社會演變，「五四」怎麼能夠爲新時期背書？就像民國不可能與人民共和國相提並論一樣；也有將「文革」追溯到「五四」的，這同樣是完全混淆了兩個根本不同的歷史文化情境。在我看來，今天的中國現當代文學研究，尚需要在已有的「新文學一體化」格局中（包括影響巨大的「20 世紀中國文學」）重新區隔，讓所謂的「現代」和「當代」各自歸位，回到自己的歷史情境中去，這不是要否認它們的歷史聯繫，而是要重新釐清究竟什麼才是它們眞正的歷史聯繫。研究中國現代文學，就必須首先回到民國歷史，將中國現代文學作爲民國時期的精神現象。晚清盡頭是民國，民國盡頭是人民共和國，各自的歷史場景講述著不同的文學故事。

其次是「中國」的學術研究也必須落實到具體的「空間場景」。「空間和時間是一切實在與之相關聯的架構。我們只有在空間和時間的條件下才能設想任何眞實的事物。」〔註 28〕民國及其複雜的空間分佈恰恰爲我們重新認識中國問題的複雜性提供了基礎。在過去一個相當長的時期內，我們習慣將中國的問題置放在種種巨大的背景之上，諸如「文藝復興」、「啓蒙與救亡」、「中外文化衝撞與融合」、「中國傳統文化」、「現代化」、「走向世界文學」、「全球化」、「現代民族國家進程」等等，這固然確有其事，但來自同樣背景的衝擊，卻在不同的區域產生了並不相同的效果，甚至有些區域性的文學現象未必就與這些宏大主題相關。詩人何其芳在四川萬縣的偏遠山區成長，直到 1930 年代「還不知道五四運動，還不知道新文化，新文學，連白話文也還被視爲異端」。〔註 29〕這對我們文學史上的五四敘述無疑是一大挑戰：中國的現代文化進程是不是同一個知識系統的不斷演繹？另外一個例證也可謂典型：我們一般都把白話新文學的產生歸結到外來文化深深的衝擊，歸結到一批留美留日學生的新式教育與人生體驗，所以「走異路，逃異地」的魯迅於 1918 年完成了〈狂人日記〉，留下了中國現代文學史上第一篇白話小說，但跳出這樣的中／西大敘事，我們卻可以發現，遠在內部腹地的成都作家李劼人早在尙未跨出國門的 1915 年就完成了多篇新式白話小說，這裡的文化資源又是什麼？

中國的學術問題並不產生自抽象籠統的大中國，它本身就來自各個具體的生活場景，具體的生存地域。有學者對民國文學研究不無疑慮，因爲民國不同於「一體化」的人民共和國，各個不同的政治派別、各個不同的區域差異比較明顯，更不要說如抗戰時期的巨大的政權分割（國統區、解放區及淪陷區）了，這樣一個「破碎的國家」能否方便於我們的研究呢？在我看來，破碎正是民國的特點，是這一歷史時期生存其間的中國人（包括中國知識分子）的體驗空間，只要我們不預設一些先驗的結論，那麼針對不同地域、不同生存環境的文學敘述加以考察，恰恰可以豐富我們的歷史認識。一個生存共同體，它的魅力並不是它對外來衝擊的傳播速度，而是內部範式的多樣性和豐富性，這就是我們所謂的「地方性知識」。民國時期的「山河破碎」，正好爲各種地方性知識的生長創造了條件，如果能夠充分尊重和發掘這些地方性知識視野中的精神活動與文學創造，那麼中國的現代文學研究也將再添不少新的話題、新的意趣。

〔註 28〕（德）恩斯特・卡西爾：《人論》，73 頁，甘陽譯，西苑出版社，2003 年。
〔註 29〕方敬、何頻伽：《何其芳散記》，22 頁，四川教育出版社，1990 年。

　　「破碎」的民國給我們的進一步的啓發可能還在於：區域的破碎同時也表現爲個人體驗的分離與精神趣味的多樣化。當代中國的大眾文化曾經出現了所謂的「民國熱」，在我看來，這種以時尚爲誘導、以大眾消費爲旨歸，充滿誇張和想像的「熱」需要我們深加警惕，絕不能與嚴肅的歷史探詢相混淆。其中唯一值得肯定的便是某種不滿於頹靡現狀，試圖在過去發掘精神資源的願望。今天的人們也或多或少地感佩於民國時代知識分子精神狀態的多樣性，如魯迅、陳獨秀、胡適一代新文化創造者般的不完全受縛於某種體制的壓力或公眾的流俗的精神風貌。〔註30〕的確，中國現代作家精神風貌的多姿多彩與文學作品意義的多樣化迄今堪稱典範，還包括新／舊、雅／俗文學的多元並存。對應於這樣的文學形態，我們也需要調整我們固有的思維模式，未來，如果可能完成一部新的文學發展史的話，其內容、關注點和敘述方式都可能與當今的文學史大爲不同。

　　第三，「作爲方法的民國」的研究並不同於過去一般的歷史文化與文學關係的研究，有著自己獨立的歷史觀與文學觀。中國現代文學研究不乏從歷史背景入手的學術傳統，包括傳統文學批評中所謂的「知人論世」，包括中國式馬克思主義的社會歷史批評，也包括新時期以後的文化視角的文學研究。應該說，這三種批評都是有前提的，也就是說，都有比較明確、清晰的對歷史性質的認定，而文學現象在某種意義上都必須經過這一歷史認識的篩選。「知人論世」往往轉化爲某種形式的道德批評，倫理道德觀是它篩選歷史現象的工具；中國式馬克思主義的社會歷史批評在新中國建立後相當長的時間中表現爲馬克思主義普遍原理的運用，有時難免以論帶史的弊端；文化視角的文學研究曾經爲我們的研究打開了許多扇門與窗，但是這樣的文化研究常常是用文學現象來證明「文化」的特點，有時候是「犧牲」了文學的獨特性來遷就文化的整體屬性，有時候是忽略了作家的主觀複雜性來遷就社會文化的歷史客觀性——總之，在這個時候，作爲歷史現象的文學本身往往並不是我們呈現的對象，我們的工作不過是借助文學說明其它「文化」理念，如通過不同地域的文學創作證明中國區域文化的特點，從現代作家的宗教情趣中展示各大宗教文化在中國的傳播，利用文學作品的政治傾向挖掘現代政治文化在文學中的深刻印記等等。

〔註30〕丁帆先生另有「民國文學風範」一說可以參考，他說：「我所指的『民國文學風範』就是五四新文學傳統，特指五四前後包括俗文學在內的『人的文學』內涵。」見丁帆：〈「民國文學風範」的再思考〉，《文藝爭鳴》第 7 期，2011 年。

　　「作爲方法的民國」就是要尊重民國歷史現象自身的完整性、豐富性、複雜性，提倡文學研究的歷史化態度。既往的中國現代文學研究充斥了一系列的預設性判斷，從最早的「中國新文學是反帝反封建的文學」、「五四新文學運動實施了對舊文學摧枯拉朽般的打擊」、「中國現代文學的發展與歷史的進步方向相一致」，到新時期以後「中國現代文學是走向世界的文學」、「中國現代文學是現代性的文學」、「20 世紀中國文學的總主題是改造民族靈魂，審美風格的核心是悲涼」等等。在特定的時代，這些判斷都實現過它們的學術價值，但是，對歷史細節的進一步追問卻讓我們的研究不能再停留於此，比如回到民國語境，我們就會發現，所謂「封建」一說根本就存在「名實不符」的巨大尷尬，文學批評界對「封建」的界定與歷史學界的「封建」含義大相徑庭，「反封建」在不同階段的眞實意義可能各各不同；已經習用多年的「進步作家」、「進步文學」究竟指的是什麼，越來越不清楚，在包括抗戰這樣的時期，左右作家是否涇渭分明？所謂「右翼文學」包括接近國民黨的知識分子的寫作是不是一切都以左翼爲敵，它有沒有自己獨立的文學理想？國民黨專制文化是否鐵板一塊，其內部（例如對文學的控制與管理）有無矛盾與裂痕？共產黨的革命文學是否就是爲反對國民黨和「舊社會」而存在，它和國民黨的文學觀念有無某些聯通之處？被新文學「橫掃」之後的舊派文學是不是一蹶不振，漸趨消歇？因爲，事實恰恰相反，它們在民國時代獲得了長足的發展，並演化出更爲豐富的形態，這是不是都告訴我們，我們先前設定的文學格局與文學道路都充滿了太多的主觀性，不回到民國歷史的語境，心平氣和地重新觀察，文學中國（文學民國）的實際狀況依然混沌。

　　這就是我們主張文學研究「歷史化」，反對觀念「預設」的意義。當然，反對「預設」理念並不等於我們自己不需要任何理論視角，而是強調新的研究應該比以往任何時候都尊重民國社會歷史本身的實際情形，研究必須以充分的歷史材料爲基礎，而不應當讓後來的歷史判斷（特別是極左年代的民國批判概念）先入爲主，同時，時刻保持一種自我反思、自我警醒的姿態。回到民國，我們的研究將繼續在歷史中關注文學，政治、經濟、法律、教育等等議題都應當再次提出，但是與既往的研究相比，新的研究不是對過去的拾遺補缺，不是如先前那樣將文學當作種種社會文化現象的例證，相反，是爲了呈現文學與文化的複雜糾葛，不再執著於概念轉而注重細節的挖掘與展示。例如「經濟」不是一般的政治經濟學原理，而是具體的經濟政策、經濟

模式與影響文學文化活動的經濟行為，如出版業的運作、經濟結算方式；「政治」也不僅僅是整體的政治氛圍概括，而是民國時期具體的政治形態與政治行為，憲政、政黨組織形式，官方的社會控制政策等等；在文學一方面，也不是抽取其中的例證附著於相應的文化現象，而是新的創作細節、文本細節的全新發現。回到文學民國的現場，不僅是重新理解了民國的文化現象，也是深入把握了文學的細節，這是一種「雙向互犁」的研究，而非比附性的論證說明。例如茅盾創作《子夜》，就絕非一個簡單的「中國道路」的文學說明，它是 1930 年代中國經濟危機、社會思想衝突與茅盾個人的複雜情懷的綜合結果。解析《子夜》決不能單憑小說中的理性表述與茅盾後來的自我說明，也不能套用新民主主義論的現成歷史判斷，而必須回到「民國歷史情境」。在這裡，國家的基本經濟狀況究竟如何，世界經濟危機與民國政府的應對措施，各種經濟形態（外資經濟、民營經濟、買辦經濟等）的真實運行情況是什麼，社會階層的生存狀況與關係究竟怎樣，中國現實與知識界思想討論的關係是什麼，文學家茅盾與思想界、政治界的交往，茅盾的深層心理有哪些，他的創作經歷了怎樣的複雜過程，接受了什麼外來信息和干預，而這些干預又在多大程度上改變了茅盾，茅盾是否完全接受這些干預，或者說在哪一個層次上接受了、又在哪一個層次上抵制了轉化了，作家的意識與無意識在文本中構成怎樣的關係等等，這樣的「矛盾綜合體」才是《子夜》，「回到民國歷史」才能完整呈現《子夜》的複雜意義。

民國作為方法，當然不會拒絕外來的其它文學理論與批評視角，但是，正如前文所說，這些新的理論與批評不能理所當然就進入中國現代文學研究之中，它必須能夠與文學中國——民國時期的文學狀況相適應，並不斷接受研究者的質疑和調整。例如，就我們闡述的歷史與文學互通、互證的方法而言，似乎與歐美的近半個世紀以來的「文化研究」頗多相近，因此不妨從中有所借鑒，但是，在另外一方面，我們必須認識到，歐美的「文化研究」的具體問題——如階級研究、亞文化研究、種族研究、性別研究、大眾傳媒研究等——都來自與中國不同的環境，自然不能簡單移用。對於我們而言，更重要的可能就是一種態度的啟示：打破了文學與各種社會文化之間的間隔，在社會文化關係版圖中把握文學的意義，文學的審美個性與其中的「文化意義」交相輝映。

作為方法的民國，昭示的是中國現代文學研究「學術自主」的新可能，

它不是漂亮的口號，而是迫切的學術願望，不是招搖的旗幟，而是治學的態度，不是排斥性的宣示，而是自我反思的眞誠邀請，一句話，還期待更多的研究者投入其中，以自己尊重歷史的精神。

目

次

緒　論

　　本書以 1912～1917 年的小說觀念爲研究對象。1912～1917 年是一個較爲特殊的時間段，從時間跨度來看，它只有短短六年而已。對於小說研究來說，1912～1917 的小說恰好處在晚清小說與「五四」小說之間。這一時期的小說常受到學界的詬病與非議，「俗」、「禮拜六派」、「鴛鴦蝴蝶派」是其標籤。爲何要選取 1912～1917 年這段時間作爲研究範圍，以及爲何要展開對小說觀念的相關研究？緒論部分將首先解釋以 1912～1917 年小說觀念爲研究對象的原因，進而對學界相關研究成果進行整理與綜述，指出現有的研究中存在的可供借鑒之處與不足之處。

一、爲何是 1912～1917 年的小說觀念研究

　　本文稱 1912～1917 年爲民國初年，首先這是一個時間性的指稱，但更爲重要的是它是一個具有意義性的指稱。1912 年爲民國元年，1917 年則是胡適《文學改良芻議》在《新青年》上發表的時間〔註1〕，學界一般將《文學改良芻議》發表時間看作是新文學的開端。據此，1912～1917 意在指民國成立後至新文學產生前的這段時間。1912 年是具有政治意義的時間點，1917 年的意義則體現在文學方面。那麼，將具有政治意義上的起點與文學意義上的起點分別作爲本書研究的起始時間，其依據何在？

　　1912 年無疑是具有重要政治意義的時間，但需要指出的是，其在文學方面的意義也不容忽視，它標誌著「民國文學」的開始。近年來，學界倡導「民國文學」的概念，所謂「民國文學」指的是 1912～1949 年的文學。「民國文

〔註1〕 胡適：《文學改良芻議》，《新青年》，1917 年，第 5 卷，第 2 期。

學」的提出最初是對「現代文學」說法的反撥，「現代文學」是指具有現代意義、現代性的文學，而「現代文學史」便是對這類文學的記錄，因此像「鴛鴦蝴蝶派」被排除在文學史之外。「民國文學」旨在對此進行糾正，是一種新的文學史敘述方式。不過，「民國文學」並非只是時間性概念，李怡在《中國現代文學史的敘述方式》等文章中指出「民國文學」更是具有意義性的概念，他提出「民國文學機制」來對此進行闡述：

> 民國機制就是從清王朝覆滅開始，在新的社會體制下，逐步形成的，推動社會文化與文學發展的諸種社會力量的綜合，這裡有社會政治的結構性因素，有民國經濟方式的保證與限制，也有民國社會的文化環境的圍合，甚至還包括與民國社會所形成的獨特的精神導向，它們共同作用，彼此配合，決定了中國現代文學的特徵，包括它的優長，也牽連著它的局限和問題。隨著 1949 年政權更迭，一系列新的政治制度、經濟方式及社會文化氛圍出現，民國機制自然也就不復存在了，中國文學在新的機制中發展。〔註2〕

李怡「民國機制」的提出對思考民初相關的文學問題很有啓發性，民國的成立改變了社會的體制，在此種體制之下諸多因素推動並改變了民國的文學格局。正是因爲「民國機制」的存在，所以「民國文學」便也並非只是時間性的概念，更是意義性的概念。同樣，從「民國機制」的角度去看待 1912 年時，便不會僅僅看到其在政治上的意義，對於文學來說，1912 年同樣是一個具有重要意義的時間點。丁帆也認同將 1912 年看作是新的文學開端，面對質疑這樣是否有「按照政治標準來切割的嫌疑」時，他在解釋中雖然沒有使用「民國機制」的術語，但其論述也是基於民國成立對文學的推動與影響的重要意義上。〔註3〕

　　由此可見，1912 年既是重要的政治起點，也是不可忽略的文學起點。1912 年之所以能夠作爲文學起點，正是由於其所具有的政治意義。實際上，民國初年一些文學現象的出現與當時政治上的變化不無關係，如在民初小說作者缺乏清末「小說界革命」開啓民智的熱情，將小說看作消極的「消閒」、「排遣鬱悶」之物、以及這一時期「駢體小說」的興盛等等。民初的文學與清末

〔註 2〕 李怡：《民國機制：中國現代文學史的一種闡釋框架》，《廣東社會科學》，2010年，第 6 期，第 134 頁。

〔註 3〕 參見丁帆：《新舊文學的分水嶺──尋找被中國現代文學史遺忘和遮蔽的七年（1912～1919）》，《江蘇社會科學》，2011 年，第 1 期，第 161～168 頁。

在各個方面開始顯現出不同之處，而這些正是在「民國機制」的作用下，只有在民國初年才會出現的文學現象。

「民國文學」、「民國機制」的提出使民國文學相關研究受到重視，進而使民國初年的文學進入到本文的研究視野中。從文學的角度來看，民國初年是一個較爲「尷尬」的時間段。一般來說，新文學之前的民國文學，通常與晚清文學共稱爲清末民初的文學。隨著學界對晚清文學的重視益增，民國初年往往作爲清末文學的補充與延續，一帶而過。因此關於民國初年的文學研究稍顯單薄。這種「單薄」體現在鮮有研究者將民國成立後至新文學產生前這一時期的文學做整體的考察。劉納在談到「民初」這一時間段時，曾指出：

> 它已經被「五四」那條粗重的歷史分界線劃入了「近代」的範疇。而「近代文學史」迅速形成了相對固定的描述系統，這一時期便被視作不值得多費筆墨的一個尾巴。至今我們所見到的近代文學發展階段的劃分方式中，「民初」通常是綴連於「清末」之後而稍帶過去的。魯迅《中國小說的歷史的變遷》第六講《清小說之四派及其末流》中「末流」一詞並非對民初文學的整體概括，卻使後來的研究者受到無窮啓迪，從中找到了勾勒這一時期文學流向的入手途徑。在中國文學史著作以「末流」成見所作的粗疏描述中，這一時期文學失去了作爲獨立研究對象存在的意義。〔註4〕

將民國初年作爲清末的「末流」，在「清末民初」一類的研究中，往往又將清末作爲論述的重點，畢竟相比於民初在文學改革上的「毫不作爲」，清末梁啓超所統領的聲勢浩大的「三界革命」更能吸引研究者的注意。實際上，「清末民初」式的文學研究本身並無問題，問題的關鍵在於不可忽略民國初年文學具有的獨特性。結合上文的論述，忽略民初文學與清末文學存在的差異，某種程度上是沒有認識到「民國機制」對文學所產生的影響。王德威「沒有晚清，何來『五四』？」中將晚清限定在「太平天國前後，以至宣統遜位的六十年」〔註5〕，所以在他的研究中，民國初年基本是處於「缺席」狀態。雖然王德威對晚清的重視，對「被壓抑的現代性」的發掘具有重要的學術意

〔註4〕劉納：《1912～1919：終結與開端》，《中國現代文學研究叢刊》，1998年，第1頁。

〔註5〕王德威、宋偉傑：《〈被壓抑的現代性：晚清小說新論〉導論》，臺北：麥田出版，2003年，第15頁。

義，但在另一方面，受其影響而出現的「晚清－五四」研究範式，對晚清文學與「五四」文學的重視，更使得對或曰過渡，或曰斷裂的民國初年文學有所忽視。

需要指出的是，在民國初年範圍的設置上，本文與有的研究者略有不同。如劉納、丁帆等以 1912～1919 年作爲民國初年的界限，而本文的民國初年時限起於 1912 年而迄於 1917 年。他們將 1919 年作爲民初的「終點」主要是以「五四革命」爲主要依據。實際上，不論是 1917 年或是 1919 年其實都是以新文學爲基準，對民初的理解亦都是民國成立至新文學出現的這段時間，其不同之處主要在於對於新文學出現的時間有不同的理解。從目前學界情況而言，1917 年與 1919 年的劃分都存在，正如劉納所表述的那樣：「標明中國文學『新』的性質的粗重分界線在五四時期（1917 年或者 1919 年）——這也曾是學界的共識。」〔註6〕某種程度而言，1917 年與 1919 年似乎都可以被看作是新文學的起點，選擇 1917 年的多以 1919 年「五四革命」具有過多的政治含義，作爲文學的分期略有不妥，選擇 1919 年的則指出雖然胡適在 1917 年發表了《文學改良芻議》，但當時新文學並沒有獲得眾人的認可，並引起強烈反響，只有到了「五四革命」以後，新文學才眞正產生。在本文看來，這兩種劃分方式各有道理，不過問題的關鍵在於，不論是以 1917 年還是以 1919 年作爲新文學的開始，其實都是人爲劃分的方式，從根本上說，新文學的產生是一個過程，而非某個具體的時間點。本文之所以將民初設定在在 1917 年之前，其原因在於無論從哪一方面來看，胡適 1917 年的《文學改良芻議》都具有重要意義，它預示著新文學的出現或者即將出現，這個具有啓示意義的事件使得 1917 年之後的文學與 1917 年之前逐漸產生某種深刻而廣泛的區別。〔註7〕

進一步而言，本文將研究時段設定爲 1912～1917 年，但並不表明將研究限制在此。1912 年與 1917 年這兩個時間點均不是在「斷裂」的意義上使用

〔註6〕劉納：《新文學何以爲「新」——兼談新文學的開端》，《中國現代文學研究叢刊》，2012 年，第 5 期，第 1 頁。

〔註7〕李怡在《辛亥革命與中國文學的「民國機制」》一文中指出：「中國文學在結束自己的古典機制，逐漸形成『民國機制』的過程中，有兩個時間點值得我們特別注意：一是 1911 年的辛亥革命，二是 1917 年開始的新文化運動。前者奠定了文學發展的新的國家體制的基礎，後者醞釀了堅實的文化結構與精神空間。」（《鄭州大學學報》（哲學社會科學版），2011 年，第 5 期。）

的。本文認同民國文學，具體而言是民國初年文學與清末文學在某些方面存在差異，一定程度上「民國機制」導致差異的產生。但這並不表明民國初年文學與清末文學差異彌深。應該看到的是，民國初年文學承接晚清文學而來並受到晚清文學的影響，某些影響並不是隨著民國的建立就立刻失去效用。同樣，1917 年並非意味著新舊的割裂，本書在研究中會盡可能避免「新與舊」這樣的斷語與思維方式。對於本文的研究對象小說觀念而言，在時間上將小說觀念「限制」在 1912～1917 年間意圖並不在於表明這一時期的小說觀念是獨一無二的、與前後沒有關聯的。小說觀念的生成與轉換本身就需要一個過程，事實上，1911 年的小說觀念與 1912 年的小說觀念可能並不存在多大的不同，本研究以 1912～1917 年爲研究時段，更大程度是一種策略性的設定。本研究關注的重點集中在民初 1912～1917 年間，而研究中同樣會對晚清、民初、新文學等交織、複雜的情況予以關注，盡可能地做到前後貫通，在更長的時間序列中思考民國初年小說觀念問題。

　　清末「小說界革命」聲勢浩大，民初小說多被看作是是清末小說的末流，「清末民初」小說研究中，民初小說通常是作爲清末小說的補充或是對立面，對民初小說的關注不夠。所謂小說觀念是指人們對小說基本的理解與認識，小說觀念體現在小說理論、小說創作等與小說相關的活動中，而這些活動同時又促成小說觀念的生成。本文所考察的小說觀念不是普通讀者大眾的小說觀念，而是小說「理論家」、小說作者、小說雜誌的編輯人員等的小說觀念。需要指出的是，本研究只能在一定程度上概觀這一時期的小說觀念，而小說觀念未必是整齊劃一的、一致的，很有可能是多面的，甚至是因人而異。所以我們一方面要考察這一時期居於主導地位的小說觀念，另一方面也要盡可能地呈現出其它的聲音和見解。

　　柄谷行人在《日本現代文學的起源》多次提到「風景」問題。「風景」是由「認識裝置的倒置」產生的。所謂「認識裝置的倒置」指的是以現在的觀念去整合、觀察、理解、衡量事物（歷史上或當下的），甚至去創造事物。正如柄谷行人在書中所指出的那樣，如果沒有現代文學觀念的出現，莎士比亞的作品不會被挖掘出來，也不會有現在的文學地位。〔註 8〕進一步來看，「認識裝置的倒置」本身就有存在某種背反，一方面，我們用現行的觀念去衡量

〔註 8〕見柄谷行人，趙京華：《日本現代文學的起源》，生活・讀書・新知・三聯書店，2003 年。

過去的事物，會發現過去沒有發現的事物，這就是柄谷行人所說的「風景的發現」；但另一方面，這種認識方式也會排除、遮蔽那些不屬於我們現行的觀念與規範中的事物。

具體到中國小說研究中，晚清「小說界」革命至五四文學革命逐步確立了中國現代小說觀念，我們通過現代小說觀念去整合、歸類中國古代的文字作品，將符合現代小說觀念的文字作品劃入中國古代文學史，是為一種「風景的發現」。與此同時，剔除與現代小說觀念相悖的文學作品，這其實也是一種遮蔽。現代小說的出現以及現代小說觀念的確立不啻為一種進步，但應該注意到，中國小說觀念與文學觀念類似，都經歷了觀念之變遷。在關於文學是什麼這一問題上，研究者能夠意識到「文學」、「文」的觀念之變遷。但在小說研究中，特別是關於民初小說的研究中，鮮有研究者注意到這一問題，對文學觀念的反思並沒有很好地體現在小說觀念的研究中。

進一步言之，民國初年對小說的基本看法與我們當下對小說的理解並不完全相同。在考察民初小說觀念時，如果先入為主的以當下的小說觀念去衡量民初小說觀念，便會遮蔽民初小說觀念的豐富性，對某些重要問題視而不見，這會使民國初年小說觀念的研究淪為現代小說觀念與民初小說的相關材料的組合，而不是從民初小說相關材料中考察出當時的小說觀念，從而造成研究中的本末倒置。這一時期小說觀念的研究可以通過對具體某個人、某個雜誌小說觀念的研究入手。但考慮到這種研究方式可能會對民初小說觀念的整體把握不夠，所以本文選擇從小說觀念本身出發，以「專題」的方式去綜合考察這一時期的作者、編輯等人對小說的理解，具體到本文的研究中，擬打算在小說文類觀念、小說文體觀念及小說功用觀念等角度，將民初小說觀念剖為一個個的橫斷面。正如上文所說，民初對小說的理解與當下存在很大的不同，拋卻先入之見後對民初的小說觀念進行觀照，會發現一些格外值得注意的問題：

第一、民初時「筆記」曾盛極一時，這些記錄實事、據事直書的筆記在當時是否屬於小說？這種文類大行於世的情況，又體現著當時怎樣的小說觀念？

第二、民初小說的範圍與邊界較之當下要「寬廣」許多，此時期非常特殊的一種情形是，小說與戲曲的界限不夠分明，甚至出現了傳奇、彈詞等被視為小說的情況，這種現象應該如何看待？上述問題都需要通過對民初小說文類觀念的考察才能得以明晰。

　　第三、小說觀念的不同最爲直接體現在小說文體〔註9〕觀念上，民初尚處於現代小說觀念未成形時期，加之受到域外小說的影響，此時期在小說文體方面呈現出「兼收並蓄」的特點，即無論文言或白話，章回或筆記，長篇或短篇都可以「全盤」接受。這種文體混雜的情況是如何產生的，其具體情形又是怎樣的？

　　第四、長期以來民初小說所受詬病最多之處在於將小說作爲消遣的工具，被批評爲「消遣的金錢主義」。事實上，此時期的小說之主旨遠非「消遣」二字所能涵蓋。總體上看，民初小說既受到域外小說觀念的影響，又受到中國古代小說觀念的影響，可以說是二者綜合作用下的產物，相比於域外小說，民初小說更大程度上仍處在中國古代小說的傳統中。因此民初的小說觀念及其相關問題，只有在與中國古代小說觀念的聯繫中才能得到進一步的理解。所以本研究在民初小說文類觀念、文體觀念，功用觀念等方面，對上述問題分別進行分析與回答，並著重討論中國古代小說觀念對民初小說觀念的影響問題。

　　最後，本文在研究中於「文化詩學」的研究理路受益夥矣，力求在某種時代的思想、政治、文化氛圍中，把握某些具體的文學命題。因此在本研究通過對文本資料的爬梳整理，力求重建彼時的文化語境，以擺脫既定的成見，對民國初年小說觀念的進行「同情之理解」。需要說明的是，小說觀念並不僅僅體現在小說作者、雜誌編輯等人的言論中，亦反映在小說的具體文本中，因此本研究既所依靠的主要材料，既有文學文本，也有文學理論、文學批評文本，將盡可能使小說「理論」與「實踐」進行結合。

二、民國初年小說觀念相關研究綜述

　　從目前的研究狀況來看，專門針對民國初年小說觀念的研究成果較少，而以小說觀念爲對象的研究亦少，賀根民《中國小說觀念的近代化進程》、梁愛民《中國小說觀念的嬗變及其文化精神》等是其中的代表作，這些著作從更爲宏觀的角度考察了中國近現代的小說觀念，對民國初年小說觀念問題亦有討論。一些著作、論文雖然不是民初小說觀念的專門研究，但對本文所研究的相關問題有所涉及。整體來看，當下學界關於民國初年小說的研究主要分爲以下幾類：

〔註9〕　需要說明的是，本文所使用的「文體」對應的並非西方 style 的含義，而是更
　　　　多的借鑒中國古代對「體」的理解。

　　第一、文學史、小說史類。代表性著作有陳平原《中國現代小說的起點》（《20世紀中國小說史第一卷：1897～1916》）、《中國小說敘事模式的轉變》、《小說史：理論與實踐》；范伯群《中國通俗文學史》、《中國近現代通俗文學史》等。

　　第二、以雅俗研究爲中心。這其中包括湯哲聲《中國現代通俗小說流變史》、徐德明《中國現代小說雅俗流變與整合》、張贛生《民國通俗小說論稿》、張登林《上海市民文化與現代通俗小說》、〔美〕林培瑞《論一、二十年代傳統樣式的都市通俗小說》等。

　　第三、以禮拜六派、「鴛鴦蝴蝶派」爲研究對象。范伯群《禮拜六的蝴蝶夢》、劉揚體《流變中的流派——「鴛鴦蝴蝶派」新論》、袁進《鴛鴦蝴蝶派》、趙孝萱《「鴛鴦蝴蝶派」新論》、胡安定《多重文化空間中的鴛鴦蝴蝶派研究》、劉鐵群《現代都市未成型時期的市民文學——〈禮拜六〉雜誌研究》等。

　　第四、小說文體研究。關於此問題的研究在部分小說史著作中有所涉及，此外，還有一些關於文體問題的專門研究，比如郭占濤的《民國初年駢體小說研究》、何雲濤《清末民初小說語體研究》等。

　　上述研究爲本文提供了研究基礎，鑒於這類研究成果汗牛充棟，以下僅對與本書關涉密切的研究文獻進行綜述，具體而言則是從與民國初年小說觀念相涉的小說文類、文體、功用等方面開展，需要說明的是，若同一作者在其專著與論文中對同一問題均有論述時，以專著內容爲準，相關期刊論文的篇名茲不贅列。

　　在民初小說觀念的研究中，首要的問題是民初小說的範圍是什麼？在民國初年什麼屬於小說，什麼不屬於小說，這便是小說的「界限」問題。小說的「界限」指小說所包含的文類，小說的文類是小說觀念的重要方面。在當下的研究中，很少有人注意到民國初年小說所包含的文類，原因在於研究者多以當下的小說觀念去看待民國初年的小說，忽略了這一問題，如民國初年傳奇、彈詞等戲曲被看作是小說之一種。目前尚沒有相關的專題研究，但在一些研究中對此問題略有提及，袁進在《中國文學觀念的近代變革》一書中討論晚清文學「小說界」革命時指出：梁啓超提出的「小說」概念中包含了戲曲，這是晚清「小說」概念的一大特色。〔註10〕袁進認爲中國近代「小說界」將戲曲劇本作爲「傳奇類小說」，是對小說概念的一種誤解。他試圖分析

〔註10〕袁進：《中國文學觀念的近代變革》，上海：上海社會科學院出版社，1996年，第97～98頁。

了其中的原因，他認爲梁啓超等人爲了改革的需要，將小說與戲曲合二爲一，這樣既可以營造改良聲勢，又可以省卻「戲劇界」革命。此外，他指出，中國古代「小說」概念一直是混亂，無所不包的。但遺憾的是，袁進的研究範圍限於晚清，他基本沒有指出晚清的「小說」觀念是否在民國初年得到延續。梁愛民的《中國小說觀念的嬗變及其文化精神》、賀根民《中國小說觀念的近代化進程》亦簡單提到這一現象，但他們都未做深入的分析。

　　徐大軍在《中國古代小說與戲曲史關係綱要》一文中指出了清末民初小說與戲曲之間的含混關係。此文是徐大軍《中國古代小說與戲曲關係史》的前言，在其著作中，他更爲關注的是明清小說與戲曲之間的關係，對民國初年小說與戲曲之間的關係未深入發掘。但該書與其另一本著作《元雜劇與小說關係研究》爲本研究更好地瞭解小說與戲曲關係提供了幫助。值得一提的是，左鵬軍在《晚清民國傳奇雜劇考索》中指出學界對清末民初「傳奇體小說」的誤解，此書同時附有這一時期發表的傳奇，具有參考價值。此外，艾立中《清末民初「戲曲」內涵新論》亦涉及到清末民初小說與戲曲之關係。

　　總的來說，在對民國初年小說與戲曲關係的認識上，尚缺乏相關的專題研究，鮮有研究者在原始文獻的閱讀中發現此問題。即便在少數注意到這一問題的研究者那裡，也無更深入的探討。而如學者陳平原對蔣瑞藻《小說考證》的詰難：

> 小說、戲曲不分，這是當年學界的通病，只不過此書尤甚。名爲《小說考證》，其中所考小說（包括筆記小說）不過 90 餘種左右，不夠全書五分之一：不但傳奇、雜居、彈詞，甚至雜收略有本事可考的詩詞、粵謳等，體例頗爲蕪雜。〔註11〕

很顯然陳平原注意到民初存在小說與戲曲文類界限的現象，其從現代小說觀念的角度對蔣瑞藻的批評並非毫無道理，但從民初諸人的小說文類觀念出發，蔣瑞藻在《小說考證》中的這種做法恰恰反應了其受當時小說觀念的限制，某種程度上應予以理解。對民初小說與戲曲文類界限模糊現象的忽視與不解，所反映出來的是，研究者在民國初年小說研究中的問題，沒有在民國初年的歷史文化語境下看待小說觀念，而是以現代小說觀念去理解民國初年的小說，忽視了小說觀念與文、文學類似的觀念變化情況。

〔註11〕陳平原：《小說史：理論與實踐》，北京：北京大學出版社，1993 年，第 193頁。

　　民初小說文體研究多與清末小說文體的研究合爲清末民初小說文體研究。當下多數的研究都將清末與民初的小說文體問題放置在一起討論，單獨針對民初小說文體問題的研究並不多見。在小說文體問題上，「清末民初」的研究方式似乎並無太大問題，而清末、民初在對待某些文體問題上的觀點也較爲相似。但實際上，只有將清末與民初兩個時間段分開研究，才能夠看到它們在文體觀念上的不同之處。比如清末提倡以俗語、白話寫作，小說的語體問題在清末引起了廣泛的討論。到了民國初年，這一問題對民初諸人不再有吸引力，即使提倡白話寫作小說，也不是出於「開啓民智」的目的，而更多的是從哪種語言方式更適合寫作小說爲出發點，即是從小說本身出發。對小說文體問題的思考，從啓蒙回歸到小說本身，某種程度而言，民初可謂是有所進步。

　　在具體的研究中，研究者在這一時期小說文體問題上，更爲關注的是小說的「文白」問題。在相關研究中，較有代表性的是陳平原對清末民初小說「文白」問題的研究。在《中國現代小說的起點》第六章《文白並存的小說文體》論述了晚清民國初年小說中文言小說與白話小說「消長起伏」的面貌，對小說「文白」問題進行了充分的討論，其中更是涉及到了方言小說、譯本文體的問題。在「古文小說與白話小說」一節中，他著重論述了民國初年「駢體小說」問題。民國初年「駢體小說」大興，可以說是這一時期的獨特的現象，不少研究者已注意到這一現象，但民初「駢體小說」的專門研究依舊不多。郭占濤專著《民國初年駢體小說研究》（亦是其博士論文）專門以民國初年「駢體小說」爲研究對象，注意到了民國初年小說中這一重要問題。在其書中他界定了「駢體小說」，同時追溯了「駢體小說」的歷史流變。而在民國初年的「駢體小說」研究中，郭占濤研讀了大量文本，列出民國初年部分「駢體小說」的駢文比例。他認爲如果一部小說中駢文大約佔據 15%左右便可將其看爲駢體小說。書中他亦分析了民初「駢體小說」的文體特徵，及其題材類型及敘事模式。難能可貴的是，郭占濤並沒有完全局限於對民初「駢體小說」的上述研究，書中也探討民初「駢體小說」盛行的原因，以及時人對「駢體小說」的反駁與批判。附錄部分的《民初駢體小說引發的文學史問題》較有參考價值。此外，張廣興碩士論文《民初駢體小說文體學研究》（蘇州大學，2008）涉及到民初「駢體小說」的研究。

　　除了小說史，以及專門研究民初「駢體小說」的專著、論文外，其它涉

及到徐枕亞、鴛鴦蝴蝶派的研究也會論及民國初年小說的文體問題。1990 年前的研究者，在談及民初「駢體小說」時，並無太多論述分析，且多持貶義態度。如范伯群評價《玉梨魂》為「陳腔濫調的文字遊戲」〔註 12〕，而後研究者才開始逐漸重視民初「駢體小說」這一現象，並探討其出現的原因。趙孝萱在《「鴛鴦蝴蝶派」新論》一書中收錄《「選學妖孽」或是「桐城謬種」：清末民初文言小說駢儷化、古文化的兩種趨向》一文，此文探討了清末民初文言小說駢儷化的原因。趙孝萱認為清末民初小說駢儷化出現有兩點原因：一是「清代中葉駢文的盛行以及魏晉文風的大熾」、二是「與清末民初文人騁才的風氣有關」。趙孝萱在分析民初駢體小說產生原因時，從「文人」這一角度切入很獨到。此外，在小說「文白」語體問題上，何雲濤的博士論文《清末民初小說語體研究》、陳迪強《「五四」文學革命之前的小說語言狀況考論——以 1914～1916 年的小說雜誌為中心》亦有參考價值。或許是由於文言與白話的問題過於突出，在整個清末民初的小說文體問題研究中，對其它問題關注要遠少於「文白」問題。如章回體、筆記體的問題，如長篇小說與短篇小說等問題的研究成果較少。

　　民初小說觀念研究中，關於小說的地位與功用是一個重要的問題，而因為這一問題多與「禮拜六派」、「鴛鴦蝴蝶派」有關，故研究成果較為豐富。處於晚清和新文學之間的民國初年，如果用一個代表的「流派」來概括這一時期的文學，一般非「鴛鴦蝴蝶派」莫屬。「鴛鴦蝴蝶派」似乎成了民國初年文學，特別是小說的代名詞。隨著對民國初年小說研究的重視，與「鴛鴦蝴蝶派」有關的問題被重新思考，我們可以從以下幾點略陳當下的研究現狀：

　　1. 命名問題。關於鴛鴦蝴蝶小說的命名，最早是劉半儂〔註 13〕在一次聚會上半開玩笑的提法，最初是指徐枕亞的《玉梨魂》一類的小說。劉半儂認為「駢文小說《玉梨魂》就犯了空泛、肉麻、無病呻吟的毛病，該列入『鴛鴦蝴蝶派小說』」。隨後這一說法便傳開了，「便稱徐枕亞等人為『鴛鴦蝴蝶派』，從而波及他人」。這是鴛鴦蝴蝶派命名的一種說法，雖未知是否可信，但通過與此時期其它文本相互印證，「鴛鴦蝴蝶派」最初所指的只是徐枕亞「一

<hr>

〔註 12〕范伯群：《禮拜六的蝴蝶夢》，北京：人民文學出版社，1989 年，第 114 頁。
〔註 13〕劉半儂即為劉半農，其本人因曾使用帶有「鴛蝴」特色的「儂」字為名，在新文學論爭時期受到部分人的批評。

派」〔註14〕。而「波及他人」的說法也表明了「鴛鴦蝴蝶派」所指範圍的擴大，某種程度而言，「鴛鴦蝴蝶派」幾乎可以指 1949 年前所有非新文學陣營的作家。〔註15〕

　　在民國初年，雜誌《禮拜六》被看作是這一時期「鴛鴦蝴蝶派」的主要陣地，學界因此會有「鴛鴦蝴蝶派，亦名禮拜六派」〔註16〕的看法。如范伯群在《禮拜六的蝴蝶夢》中寫到「鴛鴦蝴蝶派這一文學流派，又稱『民國舊派文學』〔註17〕或禮拜六派」〔註18〕。湯哲聲在《鴛鴦蝴蝶——禮拜六小說觀念的價值取向及其評價》中將民國初年小說稱為「鴛鴦蝴蝶——禮拜六」〔註19〕。在關於「鴛鴦蝴蝶派」這一命名問題的研究上，值得一提的是胡安定的《多重文化空間中的鴛鴦蝴蝶派研究》。在這本書中，作者對「鴛鴦蝴蝶派」的命名問題切入，進而探討「鴛鴦蝴蝶派群體的形成與劃分」，及其傳播空間與派別內的自我認同。胡安定將鴛鴦蝴蝶派的命名與「新舊」文學話語權爭奪結合考察，有其新意。此外，趙孝萱的《「鴛鴦蝴蝶派」新論》、劉鐵群《現代都市未成形時期的市民文學——〈禮拜六〉雜誌研究》、余夏雲《雅俗之爭：新文學與鴛鴦蝴蝶派的場域占位鬥爭考察》（1896～1949）亦對「鴛鴦蝴蝶派」的命名問題進行了反思。

　　2.「鴛鴦蝴蝶派」的小說觀。在關於「鴛鴦蝴蝶派」研究中，與本選題密切相關的是關於此派小說觀念的研究。研究者普遍認為此派的小說觀是「消閒」、「娛樂」、「金錢」的。早在新文學初創時期，新文學提倡者如西諦、郭沫若、茅盾等人那裡對「鴛鴦蝴蝶派」的批評中，就已涉及以上幾方面。

〔註14〕周作人在《日本近三十年小說之發達》一文中提到「《玉梨魂》派的鴛鴦蝴蝶體」，又及其在《中國小說裡的男女問題》中指出：「近時流行的《玉梨魂》，雖文章很肉麻」。

〔註15〕此處參照胡安定的說法，見其《多重文化空間中的鴛鴦蝴蝶派研究》，第 15 頁。

〔註16〕魏紹昌等：《鴛鴦蝴蝶派研究資料・敘例》，上海：上海文藝出版社，1984 年，第 1 頁。

〔註17〕民國舊派文學，民國舊派小說的說法主要來自范煙橋《民國舊派小說史略》中。范煙橋不願意使用「鴛鴦蝴蝶派」這一帶有貶義的稱謂，而選擇了「舊派」的說法。見魏紹昌等人《鴛鴦蝴蝶派研究資料》（史料部分）。

〔註18〕范伯群：《禮拜六的蝴蝶夢》，人民文學出版社，1989 年，第 3 頁。

〔註19〕湯哲聲這一用法較為謹慎，「鴛鴦蝴蝶——禮拜六」意識到「鴛鴦蝴蝶派」與「禮拜六派」的區別與聯繫。

　　在目前關於「鴛鴦蝴蝶派」的研究中，上述觀點基本上得到了大多數研究者的贊同，彷彿這是不證自明的事實。且不說所謂的「鴛鴦蝴蝶派」小說是否如西諦（鄭振鐸）等人所批評的那樣，但僅以新文學提倡者的觀點為正確觀點，從研究的展開方面，似有不妥。而隨著對「鴛鴦蝴蝶派」與商業機制、現代傳媒等外部研究的展開，「鴛鴦蝴蝶派」的一舉一動都與「消閒」、「娛樂」、「金錢」相關。在某種程度上，這些研究將「鴛鴦蝴蝶派」研究帶入了更廣泛的研究路數中，是值得肯定和借鑒的。但有時候這些研究亦未免讓人覺得「觀念先行」。而在近年來部分學位論文中，在尚未明確何為「鴛鴦蝴蝶派」的情況下，就去探討其與商業機制、現代傳媒的關係，如《現代傳媒視野下的鴛鴦蝴蝶派》〔註20〕、《商品文學機制下的鴛鴦蝴蝶派小說創作》〔註21〕、《鴛鴦蝴蝶派與大眾傳媒的互動關係研究》〔註22〕等。

　　湯哲聲在《中國現代通俗小說流變史》中關於在談到「中國現代通俗小說觀念之流變」時較為謹慎，他細緻地分析了清末民初小說「消遣趣味」中的警世覺民的傾向，豐富了對這一時期小說觀念的認識。劉鐵群在《現代都市未成形時期的市民文學——〈禮拜六〉雜誌研究》中較好地論述了《禮拜六》與都市未成形時期的市民文學之間的關係。

　　以上我們並不是要顛覆新文學提倡者，及多數研究者關於「鴛鴦蝴蝶派」小說觀念問題上的看法。從對目前民國初年小說材料的掌握中，我們也在一定程度上認同「鴛鴦蝴蝶派」確實存在「消閒」、「娛樂」傾向化的小說觀念。但在某些問題上我們依舊需要慎重思考，我們的問題是：新文學提倡者對所謂的「鴛鴦蝴蝶派」的批判，究竟是對誰的批判？這個問題涉及到「鴛鴦蝴蝶派」命名問題。正如上文所說，「鴛鴦蝴蝶派」在不斷的擴大，從民國初年的徐枕亞等人，《禮拜六》雜誌同人，到指代民國初年的小說，最後與新文學觀念相抵的人都可以歸入此派。

　　如果我們回到新文學提倡者對「鴛鴦蝴蝶派」的批評中，可以發現《文學旬刊》上對「鴛鴦蝴蝶派」的批判主要集中在 20 年代前後，而對民國初年小說的評判涉及較少，既然新文學提倡者的批判對象是 20 年代初期的小說，那麼為何要將這種觀點不加思考的作為對民國初年小說的評價呢？不可否

〔註20〕蕭瑩：《現代傳媒視野下的鴛鴦蝴蝶派》，南昌大學，2009 年。
〔註21〕孫菲菲：《商品文學機制下的鴛鴦蝴蝶派小說創作》，山東大學，2012 年。
〔註22〕代寧：《鴛鴦蝴蝶派與大眾傳媒的互動關係研究》，遼寧大學，2013 年。

認的是，1920 年代初期「通俗」刊物的主編與作者，大多在民國初年就已經從事與小說相關的活動。那麼這些人在關於小說功用、地位等方面的認識始終是一致的嗎？亦或其中有什麼變化？目前學界在關於「鴛鴦蝴蝶派」研究中，很少注意到上述問題，一般都將新文學提倡者對 20 年代小說的評論直接加諸於民國初年小說身上。這一方面反映了新文學帶給我們強大的「影響」，另一方面也顯示出研究中「先入為主」觀念的存在，這是本研究所要盡量避免的。

需要指出的是，在關於民國初年小說研究中，較多是從通俗文學角度來考察這一時期的小說。這一時期的小說是論述近現代通俗小說不可缺少的一部分。范伯群《中國現代通俗文學史》、《中國近現代通俗文學史》、湯哲聲《中國現代通俗小說流變史》、徐德明《中國現代小說雅俗流變與整合》、〔美〕林培瑞《論一、二十年代傳統樣式的都市通俗小說》、張贛生《民國通俗小說論稿》、張登林《上海市民文化與現代通俗小說》等。而在一般涉及到民國初年小說的研究中，也會用「通俗」、「俗」作為評價，這裡不再引述。此外，在這一時期小說的研究中，研究者也常常陷入新與舊二元對立思維中。在雅與俗、新與舊的思維方式中，一些更為豐富的現象、問題易被遮蔽與忽略掉。不少研究者開始對這種思維方式進行反思，如趙孝萱在《「鴛鴦蝴蝶派」新論》中所做的那樣。

在海外研究方面，林培瑞 *Mandarin ducks and butterflie: popular fiction in early twentieth-century Chinese cities*、夏志清《〈玉梨魂〉新論》、賀麥曉 *Questions of style: literary societies and literary journals in modern China, 1911～1937*、王德威《晚清小說新論——被壓抑的現代性》等人的文章著作對本研究有啟發與幫助。

最後，本研究在文獻方面主要以民國初年各個小說雜誌為主要的憑依，但在基礎文獻方面，得益於前人的整理工作，部分研究資料集對本研究有所裨益：陳平原、夏曉虹所編的《二十世紀中國小說理論資料》（第一卷 1897～1916），「收錄範圍包括論文、序跋、發刊詞、雜評、筆記、廣告、書信等，並有個別作品的片段及評語，凡能反映此一時期小說創作面貌及小說觀念的變化的，均予以選錄。」〔註 23〕另外，在本書的附錄中亦附有《1897～1916

〔註23〕陳平原、夏曉虹主編：《二十世紀中國小說理論資料》（第一卷 1897～1916），
《凡例》，北京：北京大學出版社，1997 年，第 1 頁。

年中國小說理論資料編目》，具有文獻方面的參考價值。《二十世紀中國小說理論資料》（第一卷 1897～1916）中亦未能全部收錄民國初年關於小說觀念的全部文獻，部分文獻也只是選錄、節錄，個別重要文獻因諸種原因未收錄。儘管如此，本書依舊爲瞭解這一時期小說觀念，提供了重要幫助。此外，魏紹昌等編寫的《鴛鴦蝴蝶派研究史料》（上、下卷）、芮和師、范伯群等人輯錄的《鴛鴦蝴蝶派文學資料》（上下卷）、樽本照雄《新編增補清末民初小說目錄》、劉永文《民國小說目錄》（1912～1920）、孫楷第《中國通俗小說書目》（外二種）等等均對本文的研究有所裨益。

以上簡要分析了與民國初年小說觀念有關的研究現狀。從目前的情況來看，關於民國初年小說各個方面的研究取得了重大進展，不論是在研究路向，還是研究成果的價值上，都值得肯定。但整體來看當下的研究主要存在以下不足：

其一、從研究時段上來看，將民國初年作爲清末的補充，沒有重視民初這一時段的重要性。民國初年的小說所呈現出的紛繁複雜面貌，與晚清時救亡圖存，五四時啓迪民智的文學圖景均有極大區別。將民國初年的小說視爲晚清小說的遺脈餘緒，其實質是忽視了民初這個特定歷史文化時期對小說造成的諸多影響。

其二、忽略民國初年小說觀念的研究。現有的研究中對文學觀念在近代的含義與演變予以了充分的關注。而對近代小說觀念變化的研究則屈指可數。學界目前多當下的小說觀念去研究民國初年的小說，但未意識到民國初年小說觀念與當下的差別。這種將民國初年小說觀念作不證自明的理解，導致對在這一時期小說研究中，忽略了部分問題，比如民初小說與戲曲之間的特殊關係。

其三、對民國初年小說觀念承繼傳統小說觀念的重視不夠。民國初年小說觀念雖然受到域外小說觀念的影響，但其仍然處在古代小說觀念的傳統中。變革中的「不變」通常是最容易被忽略的。實際上，民初小說觀念的相關問題唯有在對中國古代小說觀念予以觀照的基礎上才能得以理解，如民初爲何會有小說「補史」的觀念？爲何會熱衷於寫作「筆記」、「雜組」，並將它們視爲小說？

本研究立足於民國初年小說的基本資料，做到「有一份證據說一分話，於無疑處有疑」，盡可能避免研究中先入爲主的行爲。本文受教於前人的研究，文中對前輩學人部分觀點的質疑亦是本著商榷的態度。

三、論文框架

本文對民國初年小說觀念的考察將以四章來展開：

第一章論述中國古代小說觀念對民國初年小說觀念的影響。在民國初年的小說觀念研究中，無法迴避中國古代小說觀念問題。雖然民國初年小說處在小說觀念的變革中，事實上，它仍處在中國古代小說的傳統中。在以往對民初小說的研究中，往往將民初小說放置在「晚清－五四」序列中考察，忽略了民初小說與中國古代小說的聯繫。本章首先對傳統視域中兩種小說觀念進行考察，作整體概觀，進而在此基礎上分析古代小說「補史」觀念對民初小說觀念的影響，最後以民初的「筆記」為個案作進一步的闡述。

第二章從文類的角度切入到民初小說觀念的研究中。本章首先通過對民初文獻資料的爬梳指出民國初年存在小說與戲曲文類「界限」模糊的問題，進而通過「傳奇體小說」的相關問題深入到民初小說觀念的研究中，而民初文類「界限」模糊的原因亦是本章要探討的問題。

第三章主要關注的是民國初年小說的文體觀念問題。民國初年現代小說觀念尚未完全形成，中國傳統的小說觀念、西方的小說觀念，以及晚清小說界革命的影響等，在這一時期複雜交織。本章將具體通過小說語體問題（文言與白話）、小說的體制問題（章回體與筆記體）、小說的篇幅問題（長篇與短篇）來考察民國初年小說的文體觀念。

第四章是關於民初小說地位與功用觀念的研究。民初小說觀念對「小道」的回歸始自晚清小說界革命低潮期「消閒」小說觀念的復燃，所以本章首先考察清末「小說界革命」的相關問題。在此基礎上指出民初將小說視為「小道」，以小說以消遣之物。本章所著重論述的是民初小說消閒觀念背後隱含著借小說以排遣鬱悶的情況。最後反思民國初年小說的評價問題。

結語部分對全文進行總結，指出本文需要進一步思考形成民國初年小說觀念的原因，以及民國初年小說觀念與「五四」小說觀念二者之關係。

第一章　傳統的餘響：古代小說觀念與民國初年小說觀念

　　1917 年《小說月報》改版，時任編輯的惲鐵樵在改版後第一期的「編輯餘談」中對此次改版進行了說明：

　　　　本卷體例重行修整，實較前此為妥。先時分欄曰長篇小說，曰短篇小說。其餘則曰筆記曰雜俎。此蓋以長短篇小說為正文，餘篇為附錄也。然正文恒少，附錄轉多。閱者疑焉，雜俎筆記分類亦復未允。且長短篇小說題曰小說，將謂後者非小說乎？標簽曰「小說月報」，內容有小說有非小說，此不可也。凡記瑣事之一則，無論其事屬里巷與閨閣廊廟或宮闈，要之，非正面發揮政治學術之大者皆小說也。——民國五年十二月鐵樵〔註1〕

惲鐵樵所處的時代，來自西方的 novle、story、romance、fiction 及日本「小說」觀念都對這一時期人們的小說觀念產生了衝擊。惲鐵樵本人也受到了域外小說觀念的影響，但他把小說界定為「非正面發揮政治學術之大者」，並將「筆記」、「雜俎」毫不區分的視為小說，對改版前「長篇小說」與「短篇小說」欄目分類的不滿，這些都顯示了其本人的小說觀念與域外小說觀念頗為相左，卻與中國古代史家、目錄學家的小說觀念有「不謀而合」之處。這一情況表明，小說觀念的轉變並非是一蹴而就的，即使晚清民國處於激烈的小說觀念變革時代，某種程度仍無法擺脫傳統的影響。

〔註 1〕惲鐵樵：《編輯餘談》，《小說月報》，1917 年，第 8 卷，第 1 期。

　　域外小說觀念對民初小說的諸多影響是顯而易見的，但我們更為看重的是傳統小說觀念在民初的延續，變革中的「不變」通常是最容易被忽略的。實際上，民初小說觀念的相關問題唯有在對中國古代小說觀念予以觀照的基礎上才能得以理解，如民初為何會有小說「補史」的觀念？為何會熱衷於寫作「筆記」、「雜俎」，並將它們視為小說？等等。鑒於此，本章首先對傳統視域中兩種小說觀念進行考察，作整體概觀，進而在此基礎上分析古代小說「補史」觀念對民初小說觀念的影響，最後以民初的「筆記」為個案作進一步的闡述。

第一節　「古小說」與「古典小說」：傳統視閾中的小說觀念

　　中國近現代小說觀念的複雜，一部分原因在於小說含義的纏雜。同樣被稱為小說，其所指可能完全不同，當中國的小說「遭遇」了域外的小說，加之以小說在中國傳統文化語境中的多義，這種現象就更為突出。胡懷琛在1934年出版的《中國小說概論》中有一段頗引人深省的表述：

> 不但是中國古代的小說，和中國現代的小說（就是受過西洋文學的洗禮而創造的小說）是同名異實；就是在中國古代的小說中也有同名異實的。例如宋元以後的《水滸》，《三國演義》等和宋元以前的小說是不是相同？然而他們都叫做「小說」。而且舊的文學家把一切，叢談，及其它的零碎的作品，都稱為小說。弄得小說的範圍十二分的廣泛。〔註2〕

胡懷琛注意到小說一詞「同名異實」的問題。不僅中國古代小說與受「西洋文學」影響的現代小說之間「同名異實」，中國古代小說本身更是存在這一問題。古代小說與現代小說在觀念上的差異是顯而易見，但對中國古代小說內部的「同名異實」則少有人關注。在對中國古代小說概念進行溯源時，通常會偏重於強調古代小說「小說家」的含義，事實上中國古代小說自身也在發展變化，儘管從古至今一直沿用小說一詞，但小說所指代的內容卻在發生變化。將《水滸傳》、《三國演義》等稱為小說，並非是近現代西方小說觀念引入後的現象，中國古代已經出現這種情況。

〔註2〕　胡懷琛：《中國小說概論》，上海：世界書局，1934年，第2～3頁。

　　早在清代劉廷璣便已經認識到中國小說中存在的「同名異實」的情況，其筆記《在園雜志》中有「歷朝小說」一條：

　　　　壬辰冬，大雪，友人數輩圍爐小酌。客有惠以《說鈴》叢書者。予曰：此即古之所謂小說也。小說至今日濫觴極矣，幾於《六經》史函相埒，但鄙穢不堪寓目者居多。蓋小說之名雖同，而古今之別則相去天淵。自漢、魏、晉、唐、宋、元、明以來，不下數百家，皆文辭典雅，有紀其各代之帝署官制，朝政宮幃，上而天文，下而輿土，人物歲時，禽魚花卉，邊塞外國，釋道神鬼，仙妖怪異，或合或分，或詳或略，或列傳，或行紀，或舉大綱，或陳瑣細，或短章數語，或連篇成帙，用佐正史之未，備統曰歷朝小說，讀之可以索幽隱，考正誤，助詞藻之麗華，資談鋒之銳利，更可以暢行文之奇正，而得敘事之法焉。降而至於「四大奇書」則專事稗官，取一人一事爲主宰，旁及支引，累百卷或數十卷者。〔註3〕

劉廷璣（1653～1761）《在園雜志》作於清康熙年間，當時便頗感於「小說之名雖同，而古今之別則相去天淵」。《說鈴》爲清吳震方所編，輯清初諸人筆記六十二種，加其自作筆記兩種，共六十四種，其中包括王崇簡《冬夜箋記》、王士禛《隴蜀餘聞》等。所謂「說鈴」，揚雄《法言》中有言：「好書而不要諸仲尼，書肆也；好說而不要諸仲尼，說鈴也。」〔註4〕「說鈴」即爲瑣屑之說，非木鐸之聲。劉廷璣將《說鈴》叢書中的各類筆記，及歷朝中的此類文字稱爲「古之所謂小說」、「歷朝小說」，其所說的「歷朝小說」即是傳統目錄學家所認爲的小說。區別於「歷朝小說」的是以「四大奇書」爲代表的「取一人一事爲主宰」之小說，同樣在劉廷璣那裡，這類小說也包括清代《平山冷豔》之類的作品。

　　以上，中國古代小說的確存在「同名異實」的現象，究其根本在於中國古代兩種小說觀念的問題。以現代小說觀念來看，「四大奇書」一類應算是中國古代小說的代表，但從另一方面看，中國古代小說並不僅僅有「四大奇書」這類小說，更包含劉廷璣所說的「歷朝小說」，雖然以當下之觀念多數「歷朝小說」算不得是眞正的小說，但這兩類小說共同構成了中國古代小說這一整體，這兩類小說所代表的小說觀念不僅影響了中國古代小說的發展，更是對近現代小說

〔註3〕劉廷璣：《在園雜志》，北京：中華書局，2005年，第82～83頁。
〔註4〕（漢）揚雄著，汪榮寶撰：《法言義疏》，北京：中華書局，1987年，第74頁。

產生了影響。

　　根據古代小說的具體情況，本文分別使用「古小說」與「古典小說」來指代劉延璣所說的「歷朝小說」與「四大奇書」為代表的兩類小說。「古小說」的說法較早見於魯迅的《古小說鉤沉》，該書收錄了魯迅 1909 年至 1911 年間所輯唐前小說 36 種，其中包括《青史子》、《笑林》、《述異記》、《漢武故事》等。魯迅將其所輯錄的唐前小說名為古小說，書中所收之篇目亦多為傳統目錄學家所承認之小說。魯迅所謂的「古小說」主要指的是史家、目錄學家承認的小說，本文所說的「古小說」借用了魯迅的說法。較之魯迅的「古小說」迄於周止於唐前，本文使用的「古小說」在時間範圍上跨度更廣，借「古小說」來泛指整個中國古代史家、目錄學家所認同的小說。

　　相對於「古小說」，「古典小說」則指的是我們當下所認為的更偏重於文學類的小說，如唐傳奇、宋元話本以及章回體小說等等。「古小說」相當於廣義的小說，「古典小說」則更多可以看作是狹義的小說。在某種程度上，「古小說」與「古典小說」會有交叉、重合之處。「古典小說」是偏於文學的小說，而所謂偏於文學的小說是以現代小說觀念去觀照中國古代小說的結果，「古小說」中的志怪類、故事類的小說也可算是這類偏於文學的小說。按說這類「古小說」也可以算作「古典小說」的一部分，但這裡所說的「古典小說」主要是指未被史家、目錄學家收錄於子部小說家目下，卻又被稱為小說的一類作品，從這一層面來看，本文所說的「古典小說」與通常意義上的古典小說有所區別。

　　中國古代小說並沒有像現代小說那樣明確的文體特徵，但我們可以以某些文類特徵來判定何為「古小說」。羅寧在《中國古代的兩種小說觀念》一文中談到「古小說」的文類與文體問題有如下論述：

　　　　之所以將歷代公私書目著錄的小說稱為文類，因為這些小說有明確的外在形式——以文字書籍為載體，有明確的歸屬——隸屬於四部分類法中的子部小說家，而且在內容方面也有一定的規定，即符合廣義小說的要求，與經藝大道相悖或無關。但是這種文類的確定與其體裁（如韻文還是非韻文）、內容（如志怪還是軼事）、風格（如傳奇還是非傳奇）、語體（文言還是白話）等無關，而體裁、語體、風格等要素屬於一般所說的「文體」範疇。〔註5〕

<hr>

〔註 5〕 羅寧：《中國古代的兩種小說觀念》，見《漢唐小說觀念論稿》，成都：巴蜀出版社，2009 年，第 321～322 頁。

引文中所說的「歷代公私書目著錄的小說」便是本文所說的「古小說」。儘管「古小說」沒有嚴格的文類界限，不同的人在對「古小說」進行分類時也可能會有不同的分類標準與準則。但總體來說，將何者歸爲「古小說」基本上是有據可依的。「古小說」是史家、目錄學家「小說家」目下小說的統稱。「小說家」的說法最早見於班固的《漢書·藝文志》（以下簡稱《漢志》）：

> 小說家者流，蓋出於稗官。街談巷語，道聽途說者之所造也。
> 孔子曰：「雖小道，必有可觀者焉，致遠恐泥，是以君子弗爲也。」
> 然亦弗滅也。閭里小知者之所及，亦使綴而不忘。如或一言可採，
> 此亦芻蕘狂夫之議也。〔註6〕

需要注意的是，班固在小說家目下列「小說十五家，千三百八十篇」，但並不能說明此時小說已具備文體意義，班固所說的小說至多只能看作「類」。對班固所說「小說家」的理解不能受現代小說觀念拘泥將其看作是文學小說的發端，從思想史的角度去解讀班固所謂的「小說家」則更爲恰當。班固將「小說家」列爲諸子十家之一，他認爲儒家等諸子九家起於王道衰微之時，較之六經，「雖有蔽短」，但爲「六經之支與流裔」，而小說家無用於萬方之略，故班固所言「可觀者九家而已」。從班固的表述來看，「小說家」位列諸子，卻並非某一固定學派，亦無固定的思想體系與觀點，凡歸入「小說家」目下之書，其思想多爲不合經藝荒誕之談，雖不至於離經叛道，但對政教統治幾無裨益，小說家之言「如或一言可採，此亦芻蕘狂夫之議也」。由此看出，班固雖採用「小說家」與「小說」的說法，但其與當下所說的小說差別彌深，「小說家」當爲無益於政教統治之雜說。

班固《漢志》關於「小說家」的看法對後世影響頗深，班固納小說家爲諸子之一，開創了古小說的傳統，自此史書與各類目錄學著作大體沿用班固對小說的看法，將小說視作諸子之一。班固以後，古人凡論及小說家、小說幾無不談班固，雖然不同時期的小說觀念有所變化。《隋志》始採用經史子集四部目錄學分類法，其中小說家被劃入子部，從這一點看，《隋志》沿用了《漢志》對小說的分類，《隋志》對小說的看法也幾於《漢志》相同〔註7〕。

〔註6〕（漢）班固撰：《漢書》卷三十，北京：中華書局，1962年，第1745頁。

〔註7〕《隋志》對小說的表述：小說者，街說巷語之說也。《傳》載輿人之誦，《詩》美詢於芻蕘。古者聖人在上，史爲書，瞽爲詩，工誦箴諫，大夫規誨，士傳言而庶人謗。孟春，徇木鐸以求歌謠，巡省觀人詩，以知風俗。過則正之，失則改之，道聽途說，靡不畢紀。《周官》，誦訓「掌道方志以詔觀事，道方匿以

後世史書沿用《隋志》仍於子部下列小說家，至清代《四庫全書》「小說家」仍同樣隸於子部。《四庫全書・小說家敘》論小說與《隋志》類似，大體不出班固之意。不過，較之《漢志》與《隋志》，《四庫全書》中對小說的分類更爲細緻。需要指出的是，從小說書目上看，列代史書小說家目下所收書目並不盡然相同，如《隋志》、《舊唐志》中將《搜神記》等列爲史部雜傳類，而自《新唐志》以下至《四庫全書》，《搜神記》等志怪異聞類統統被歸入「小說家」。

在「古小說」書目中，諸如唐傳奇類的「古典小說」被排除在小說家外，如《四庫全書》子部小說家中就未曾收錄唐傳奇類的作品，而這並非是因爲《四庫全書》編纂者的某種偏見，雖然他們表達了對「誣謾失眞」小說的不滿，但根本原因在於以目錄學家的視角，唐傳奇，包括宋話本等等這些今天被看作古代小說重要組成部分的小說，在他們眼中算不得是「小說家」。通過對史書以及《四庫全書》的考察，可以看出儘管「古小說」沒有嚴格的「文體」特徵，但從其內容、及在史家、目錄學家那裡的特定歸類，能夠判定中國古代確實存在這樣一類「古小說」。

相比於「古小說」，「古典小說」出現的時間較晚，根據現有資料，小說自宋代開始出現「同名異實」的情況。在宋代筆記《都城紀勝》、《夢粱錄》中都有關於小說屬於「說話」四家的記載，如

　　　說話有四家：一者小說，謂之銀字兒，如煙粉、靈怪、傳奇。
說公案，皆是搏刀趕棒，乃發跡變泰之事。說鐵騎兒，謂士馬金鼓之事。說經，謂演說佛書。說參請，謂賓主參禪悟道等事。講史書，講說前代書史文傳、興廢爭戰之事。最畏小說人，蓋小說者能以一朝一代故事，頃刻間提破。〔註8〕

從這段文字來看，這裡所說的小說顯然與「小說家」的含義不同，可以看作是「古典小說」的萌芽。此外，明代的郎瑛在《七修類稿》中亦有類似的看法：

　　　小說起宋仁宗，蓋時太平盛久，國家閒暇，日欲進一奇怪之事

詔闕忌，以知地俗」；而訓方氏「掌道四方之政事，與其上下之志，誦四方之傳道而觀衣物」，是也。孔子曰：「雖小道，必有可觀者焉，致遠恐泥。」見（唐）魏徵等撰：《隋書》卷三十四，北京：中華書局，1973 年，第 1012 頁。

〔註 8〕　（宋）孟元老等撰：《東京夢華錄》（外四種），上海：古典文學出版社，1957 年，第 98 頁。

以娛之，故小說得勝頭回之後即云話說趙宋某年，閭閻淘眞之本之起亦曰「太祖太宗眞宗帝，四帝仁宗有道君」，國初瞿存齋過汴之詩有「陌頭盲女無愁恨，能撥琵琶說趙家」，皆指宋也。若夫近時蘇刻幾十家小說者，乃文章家之一體，詩話、傳記之流也，又非如此之小說。〔註9〕

郎瑛的這段話涉及了兩種不同的小說，其一是起於宋仁宗時期的小說，這類小說與上文的「說話」類似；其二則是以「蘇刻幾十家小說」爲代表的另一種小說，據學者推測（胡蓮玉），「蘇刻幾十家」應該指《陽山顧氏文房小說》，此書爲明代顧元慶所輯錄，收明前作品共四十種，輯爲二十冊，從《陽山顧氏文房小說》所收小說目錄來看，這個小說應該指的是「古小說」。

在討論中國古代小說起源問題時，小說的起源通常與「說話」聯繫起來，宋元一代也被認爲是古代小說的眞正起源，如明代西湖釣史〔註10〕在《續金瓶梅集序》指出：「小說始於唐宋，廣於元，其體不一。田夫野老能與經史並傳者，大抵皆情之所留也。」〔註11〕《續金瓶梅》的作者認爲小說始於宋元的觀點，應是「古典小說」始於宋元，他有意對「古小說」與這類起於宋元的小說——「古典小說」進行了區分。實際上，正是因爲中國古代存在兩種小說——「古小說」與「古典小說」，所以中國小說的起源也是一個頗有爭議的問題。周作人在1914年發表的《小說與社會》一文中談到了中國小說源流的問題：

中國小說，其源流乃無可考。《詩經》中《國風》正猶他國之民歌，而不聞有史詩，即神人傳說亦復希有，則小說之萌芽且盡焉。《漢・藝文志》雖列「小說」一項，而其言曰小說家者流，蓋出於稗官，又曰街談巷議道聽途說者所造，其流乃迥別。唐時所作小說，多述鬼神兒女事，審其趣向，頗近西方小說，而目爲一變，顧與近世說部，如元明以來章回體小說，猶大有徑庭，不可驟相連接。元時，說部忽起，其體例文詞，皆前所未有。推測源流，當在異地，非中國文學之產物也。英人迦耳斯著《支那文學史》，其地說書之業

〔註9〕　（明）郎瑛撰：《七修類稿》卷二十二，上海：上海書店出版社，2009年，第229頁。

〔註10〕　即爲丁耀亢，明代萬曆年間人。

〔註11〕　（清）西湖釣叟：《續金瓶梅集序》，見丁錫根：《中國歷代小說序跋集》（中），北京：人民文學出版社，1996年，第1118頁。

最盛，元時兵力曾及其處，故流衍入中土。其言頗近理。觀中國小
說，皆用俗語，著重事實，章回之末，徒然而止。以此數例，而知
說部之興，與說書同源，蓋無可疑也。〔註12〕

在對中國小說源流的追溯時，如從「小說」一詞出現的時間先後，首先會提
到莊子「飾小說以干縣令」，繼而便是班固《漢志》關於小說家的論述。對事
物源頭的追溯往往越早越古爲好，所以《漢志》通常被作爲中國小說的源頭。
但周作人認爲班固所說的「小說」並非是中國小說眞正的源流，「其流乃迥
別」，他特意在小說二字上加上引號，指出中國小說源於異邦，與說書同源。
且不論周作人對中國小說源流的考察是否合理，單從其這段話中將班固的「小
說」與唐小說、元明章回體小說、元代說部進行區分的做法，便可窺見中國
古代小說觀念的混亂程度。

　　總體而言，不論是從古人的相關論述，還是中國古代小說的實際形態，
都能夠看出在史家、目錄學家所認可的「小說家」──「古小說」外，還存
在另外一種小說「古典小說」。從更爲寬泛的角度來看，凡是被史家、目錄學
家排斥在「小說家」外的小說，均可以被看作是「古典小說」。在某種程度上，
以現代小說的觀念去衡量中國古代小說，「古典小說」才算是眞正的小說，「古
小說」則不過是有著「小說」之名而已。但是，「古小說」與「古典小說」共
同構成了整個中國古代小說，影響中國小說的發展格局，對「古小說」尤其
應予以關注。「古小說」與「古典小說」雖爲兩種不同小說，「古小說」先於
「古典小說」出現，「古典小說」也有自身的發展軌跡，但二者並非完全沒有
關聯。「古小說」與「古典小說」二者共用小說之名，眞正將「古小說」與「古
典小說」聯繫起來的是小說可以補史觀念的確立。隨著「小說家」可以補史
觀念的確立，及史家將「鬼神之傳」剔除史部而入「小說家」後，「古小說」
面目一變，「古典小說」也正是在這一過程中才得以產生。從上文引《都城紀
勝》、《夢梁錄》等對「說話」四家之一「小說」的描述，可以看出正是「古
典小說」在內容而非形式上與「古小說」的相似性，如對志怪、歷朝故事的
偏好，才使其得以名之爲小說，而這是以「古小說」由「稗官小說」變爲「稗
官野史」，小說補史觀念的確立爲前提。

〔註12〕啓明：《小說與社會》，見陳平原、夏曉虹編：《二十世紀小說理論資料》（第
　　　　一卷），北京：北京大學出版社，1996年，第482頁。原文刊於1914年《紹
　　　　興縣教育會月刊》，第5號。

在民國初年，由於域外小說觀念的影響，民初對小說的理解也在發生變化。如上文所引周作人關於小說源流的討論，此時他已經明顯意識到班固所說之「小說」並非眞正意義上的小說。儘管如此「古小說」與「古典小說」的觀念依舊存在於這一時期，只是民初更偏向於認爲「古典小說」爲正宗的小說，但對於「古小說」他們也是承認的。事實上，他們並不會對小說進行嚴格的區分去判定哪一部是「古小說」，哪一部是「古典小說」，這種區分只有在現代小說觀念正式確立之後才會出現。中國古代小說觀念對民初小說觀念的影響體現在諸多方面，如小說的文體、小說的文類、小說的功用等等。在我們看來，民初小說「補史」觀念，以及將「古小說」——「筆記」視爲小說，都可以視作傳統小說觀念作用的結果。

第二節　古代小說「補史」觀念在民國初年的延續

中國古代小說被稱爲「稗官野史」，這一稱謂顯示了小說與史家之間的關聯。中國古代小說「補史」觀念是在史部雜傳降鬼神志怪爲小說家的過程中產生，自此史部遂無鬼神，小說與史家有了勾連。小說「補史」觀念對古代小說的發展產生了深遠的影響，一定程度上決定了中國小說的格局，小說「同名異實」現象的出現與其頗有關聯，而中國古代小說對歷史題材的偏好，以及野史筆記的寫作，亦與小說「補史」觀念密不可分。以小說「補史之闕」的觀念被普遍接受，甚至成爲判斷小說價值的標準。清末「小說界革命」將小說看成改良群治之關係、開啓民智的手段，對小說「補史」觀念造成一定的衝擊。但傳統的觀念並不容易被打破，清末民初延續了古代小說的「補史」觀念。本章主要對民初小說的「補史」觀念進行考察，但在此之前有必要對中國小說「補史」觀念的產生過程進行梳理，釐清何以小說由班固所說的「街談巷議」、「稗官小說」變而爲「稗官野史」，在本文看來，小說「補史」觀念的產生並非始自班固，而是經歷《隋志》、《史通》、《舊唐志》直至《新唐志》才得以確立。

一、小說與史之勾連：從「稗官小說」到「稗官野史」

班固有言「小說家者流，蓋出於稗官」，之後小說或被稱爲「稗官」〔註13〕、

〔註13〕關於稗官，可參見余嘉錫：《小說家出於稗官說》。見余嘉錫著：《余嘉錫論學雜著》，北京：中華書局，2007年，第265～279頁。

「稗官小說」、「稗說」，或常與「稗史」、野史並言，甚或直接以「稗官野史」
代其名，如：

　　故自武德、貞觀而後，吮筆爲小說、小錄、稗史、野史、雜錄、
雜紀者多矣。〔註14〕（《唐闕史》·序）

　　「不讀唐以後書」，固李北地欺人語。然近代人詩，似專讀唐以
後書矣。又或捨九經而徵佛經，捨正史而搜稗史小說，且但求新異，
不顧理乖。淮雨別風，貽譏踏駁，不如布帛菽粟，常足厭心切理也。
〔註15〕（沈德潛《說詩晬語》，卷下六一）

　　大凡稗官野史之書，有裨風化者，方可刊播將來，以昭鑒戒。
〔註16〕（《醒世姻緣傳序》）

　　小說之傳，由來久矣。自漢迄明，代有作者。瑕搜博采，摛藻
揚華，各有專門，以成一家之說。雖屬稗官野史，不無貫穿經典，
馳騁古今，洋洋大觀，足與班、馬媲美者。〔註17〕（《古今奇觀序》）

將中國古代小說看作是「稗官野史」也爲當下學界所認同，稗官野史儼然成
爲中國古代小說約定俗成的代名詞。如羅書華在《中國小說學主流》將稗官
野史看作是小說的根本定位，他指出：

　　班固所舉的書篇至今並無幸存者，然而，從書名及不少作品均
有諸如「後世所加」、「似依託也」等簡短的批點來看，被列爲小說
家的這些作品，大都與歷史有關，而又多虛誕、依託，另有小部分
似與神仙方術相關。這顯然是一種雜史小說觀、野史小說觀，它與
「小說家者流，蓋出於稗官」一起，成爲中國小說觀的基石。「稗官
野史」一度成爲中國小說之魂，同時也成爲它的別名。〔註18〕

羅書華的觀點很有代表性，將小說等同於「稗官野史」。班固所列「小說十五

〔註14〕 （唐）參寥子：《唐闕史·序》，見侯忠義：《中國文言小說參考資料》，北京：
　　　　北京大學出版社，1985 年，第 277 頁。
〔註15〕 （清）沈德潛撰，王宏林箋注：《說詩晬語箋注》，北京：人民文學出版社，
　　　　2013 年，第 386 頁。
〔註16〕 （清）東陵學道人：《醒世姻緣傳序》，1870 年，見丁錫根：《中國歷代小說序
　　　　跋集》（下），北京：人民文學出版社，1996 年，第 1628 頁。
〔註17〕 （清）管窺子：《今古奇觀序》，見丁錫根：《中國歷代小說序跋集》（下），北
　　　　京：人民文學出版社，1996 年，第 1794 頁。
〔註18〕 羅書華：《中國小說學主流》，上海：上海書店出版社，2007 年，第 36 頁。

家」今佚，書中內容無法詳觀，從班固對十五篇書目短批來看，《周考》七十六篇爲「考周事也」、《青史子》五十七篇爲「古史官紀事」，此二者似與史有所瓜葛。除此之外，其它的書目之內容並不能確定與史有多大關係。〔註19〕依班固之言，他明確表述的是小說爲稗官所採之街談巷語，卻並沒有說小說與史之間有何聯繫，他也不曾以史的視角思考評判小說，更不曾將小說家之言當作後世所說的「稗史」、野史。

「稗史」、「稗官野史」等說法，從某一方面來看似與班固有關，但這一說法並非來自班固，班固從未認爲小說是稗官野史，所以今人在引用班固關於小說家的論斷後，繼而將小說稱爲「稗史」、「稗官野史」，這種做法與班固本意相違，是以後世小說觀念強加於班固的做法。此外，從漢代其它人對小說理解，也可看出小說與史之間並無多少關係，小說根本不會被看作是稗官野史。桓譚對小說的論述後世亦常引用：

　　　　若其小說家，合從殘小語，近取譬喻，以作短書，治身理家，

　　有可觀之辭。〔註20〕

桓譚對小說的理解幾班固同，所謂「合從殘小語」大概就是將街談巷議、道聽途說的細碎之言加以整理，小說的作用並不是爲了補史，而是爲了「治身理家」。

　　既然小說最初與史家之聯繫十分有限，那麼爲何後世會認爲小說是「稗官野史」，並且將小說當作正史之末？如明代笑花主人在《今古奇觀》序言中所說的那樣：

　　　　小說者，正史之餘也。《莊》、《列》所載化人、佝僂丈人，昔事

　　不列於史：《穆天子》、《四公傳》、《吳越春秋》皆小說類也。〔註21〕

又如明代徐象梅仿照《世說新語》所作《琅嬛史唾》，稱其作品爲「史唾」頗有意味。《欽定四庫全書總目提要》小說家類「雜事屬」下收錄徐象梅的《琅嬛史唾》：

〔註19〕魯迅在《中國小說史略》談到《漢志》所錄小說十五家：「右所錄小說十五家，梁時僅存《青史子》一卷，至隋亦佚；惟據班固注，則諸書大抵或託古人，或記古事，託人者似子而淺薄，記事者近史而悠謬者也。」見魯迅：《中國小說史略》，北京：人民文學出版社，1973年，第3頁。

〔註20〕此爲桓譚《新語》佚文，轉引自（梁）江淹《李都尉從軍》李善注。見（梁）蕭統編，（唐）李善注：《文選》卷三十一，上海：上海古籍出版社，1986年，第1453頁。

〔註21〕（明）笑花主人：《今古奇觀序》，見丁錫根：《中國歷代小說序跋集》（中），北京：人民文學出版社，1996年，第792頁。

《琅嬛史唾》：明徐象梅撰。象梅有《兩浙明賢錄》，已著錄。
是書摭史傳及稗官事語，分類記敘，其體一仿《世說》，而別創品
目。[……]書成於萬曆己末，其曰「史唾」者，自以為拾史氏之唾
餘。蓋亦何良俊《語林》之類，而持擇不及良俊多矣。〔註22〕

「正史之餘」、「拾史氏之唾餘」都將小說與史家相連。中國古代小說的「史
傳」傳統並非始於班固，而是形成於隋唐時期，以《新唐志》降「鬼神傳」
而為小說家作為標誌。

　　從各類史書、目錄學著作的分類中，可以窺見小說與史家關係的變化。
《隋書‧經籍志》在將小說與史相勾連的關係中發揮了重要作用。如前文所
述，《隋志》對小說的看法基本上是延續了班固《漢志》中的觀點，但值得注
意的是，《隋志》在目錄分類中列經史子集四部，並將小說歸為子部，而在史
部下又首次提出雜史、雜傳的說法，並分列雜史、雜傳類。《隋志》小說目下
收錄《燕丹子》、《瑣語》、《笑林》、《世說》、《小說》等小說計二十五部，一
百五十五卷。《隋志》較為特殊之處在於其並沒有將《搜神記》、《齊諧記》、
《幽明錄》、《漢武故事》等後世所認可的「古小說」收錄在小說目下，卻將
這些「小說」列入史部。《隋志》將《漢武故事》、《西京雜記》等列入史部「舊
事篇」，而《搜神記》、《齊諧記》則歸入史部「雜傳」類。

　　《漢武故事》、《西京雜記》、《搜神記》等被當下看作是古代小說，而《隋
志》卻不曾將它們歸入小說家目下，這主要是受到《隋書》史觀的影響，《隋
志》認為史官不僅應該記錄「人君之舉」，更要「廣其所記」，這是古史官之
道。漢代通過搜集天下之事以計書的方式上呈史官，由史官撰寫成史。《史記》
中的游俠刺客列傳等傳記，大略都是以這種方式才得以列傳的。〔註23〕儘管
如此，史書中所記錄的人事有限，例如那些「操行高潔，不涉於世者」的傳

〔註22〕（清）紀昀、陸錫熊、孫士毅等：《欽定四庫全書總目》（整理本），北京：中
　　　　華書局，1997年，第1901頁。
〔註23〕「古之史官，必廣其所記，非獨人君之舉。《周官》，外史掌四方之志，則諸
　　　　侯史記，兼而有之。[……]是以窮居側陋之士，言行必達，皆有史傳。自史
　　　　官曠絕，其道廢壞，漢初，始有丹書之約，白馬之盟。武帝從董仲舒之言，
　　　　始舉賢良文學。天下計書，先上太史，善惡之事，靡不畢集。司馬遷、班固，
　　　　撰而成之，股肱輔弼之臣，扶義倜儻之士，皆有記錄。而操行高潔，不涉於
　　　　世者。《史記》獨傳夷齊《漢書》但述楊王孫之儔，其餘皆略而不說。」見
　　　　（唐）魏徵等撰：《隋書》卷三十三，北京：中華書局，1973年，第981～
　　　　982頁。

記可謂少之又少。所以雜傳的存在十分有必要，在《隋志》看來雜傳爲「史官之末事」，《隋志》列雜傳二百一十七部，共一千二百八十六卷：

> 又漢時，阮倉作《列仙圖》，劉向典校經籍，始作《列仙》、《列士》、《列女》之傳，皆因其志尚，率爾而作，不在正史。後漢光武，始詔南陽，撰作風俗，故沛、三輔有耆舊節士之序；魯、盧江有名德先賢之贊。郡國之書，由是而作。魏文帝又作《列異》，以序鬼物奇怪之事，嵇康作《高士傳》以敘聖賢之風。因其事類，相繼而作者甚眾，名目轉廣，而又雜以虛誕怪妄之說。推其本源，蓋亦史官之末事也。載筆之士，刪采其要焉。魯、沛、三輔，序贊並亡，後之作者，亦多零失。今取其見存，部而類之，謂之雜傳。〔註24〕

凡高僧隱士、烈女孝子、神仙異怪之傳等都可入史部雜傳。而神仙異怪類的作品多被後世認爲是小說中荒誕不經的一類。《隋志》將《搜神記》等入史部雜傳主要基於其史觀，「夫史官者，必求博聞強識、疏通知遠之士，使居其位。百官眾職，咸所貳焉。是故前言行，無不識也；天文地理，無不察也。人事之紀，無不達也。」〔註25〕且不論《隋志》將《搜神記》等多記載荒誕不經、神仙怪異之書收入史部是否合理，但《隋志》對史官廣記需天下事，無所不識，無所不察的要求，無疑有使史家與小說之間有聯繫的可能，那些不能夠入史部的書目，便從史部中分離出來被歸入小說類，其中尤以雜史、雜傳類爲多。小說由此與史之間有了勾連，逐漸被看作時「正史之餘」。

　　在探討小說何以從「稗官小說」到「稗官野史」的轉變時，劉知幾（661～721）的《史通》不能被忽略。《史通》是一部史學理論著作，書中專闢《雜述》篇，論述「史流之雜著」，認爲正史之外雜有十家，分別是偏記、小錄、逸事、瑣言、郡書、家史、別傳、雜記、地理書、都邑部，當下學界統稱其爲「偏記小說」。爲了更加清晰地看出小說與史家之間的關係，以下將以劉知幾在《史通》中逸事、瑣言、別傳、雜記中所列諸篇目爲本〔註26〕，並參照它們在《隋志》、《舊唐志》、《新唐志》、《四庫全書》中的歸屬，力求更爲清晰地展現小說家與史家之間的關係：

〔註24〕（唐）魏徵等撰：《隋書》卷三十三，北京：中華書局，1973 年，第 982 頁。
〔註25〕（唐）魏徵等撰：《隋書》卷三十三，北京：中華書局，1973 年，第 992 頁。
〔註26〕見（唐）劉知幾著，（清）浦起龍通釋：《史通通釋‧雜述》卷十，上海：上海古籍出版社，2009 年，第 253～261 頁。

表1　《史通・雜述》中「小說」在各書中的分類情況

篇　　目	《隋志》	《史通》	《舊唐志》	《新唐志》	《四庫全書》
《汲冢紀年》 （竹書紀年）	史部 古史	逸事	史部 編年	史部 編年	史部 編年類
《西京雜記》	史部 舊事篇	逸事	史部 列代故事	史部 故事類	子部 小說家
《瑣語》	子部 小說家	逸事	未收錄	未收錄	未收錄
《拾遺記》	史部 雜史	逸事	雜史	雜史	子部 小說家
《洞冥記》	雜傳	逸事	未收錄	未收錄	未收錄
《世說新語》	子部 小說家	瑣言	子部 小說家	未收錄	子部 小說家
《語林》	未收錄	瑣言	未收錄	未收錄	未收錄
《笑林》〔註27〕	子部 小說家	瑣言	子部 小說家	子部 小說家	未收錄
《宋奇語錄》	未收錄	瑣言	未收錄	未收錄	未收錄
《談藪》	未收錄	瑣言	未收錄	未收錄	未收錄
《列女傳》	史部 雜傳	別傳	史部 雜傳	史部 雜傳記類	史部 傳記
《忠臣傳》	無	別傳	無	未收錄	未收錄
《孝子傳》	無	別傳	無	史部 雜傳記類	未收錄
《志怪》	史部 雜傳	雜記	史部 雜傳鬼神	子部 小說家	未收錄
《搜神記》	史部 雜傳	雜記	史部 雜傳鬼神	子部 小說家	子部 小說家
《幽明》	史部 雜傳	雜記	史部 雜傳鬼神	子部 小說家	未收錄
《異苑》	史部 雜傳	雜記	未收錄	未收錄	子部 小說家

〔註27〕見（唐）劉知幾著，（清）浦起龍通釋：《史通通釋・舊事》卷八，上海：上
　　　海古籍出版社，2009 年，第 214 頁。

《史通》中所列書目《隋志》等各家或有收入，或未錄，但從表格中大致可以看出一些問題。較之《隋志》，劉知幾將《隋志》中「雜傳」又細化爲「別傳」和「雜記」兩類，將博採前史而成的別傳與鬼怪奇異之事分開。後晉時期所作《舊唐書・經籍志》（以下簡稱《舊唐志》）在這一點上與劉知幾的分類有相似之處。《舊唐書・經籍志》大體仿照《隋志》的做法，在史部列雜傳，而雜傳下又具體分爲孝友、良史、高逸、列女、仙靈、鬼神等〔註28〕數家，有意將鬼神、仙靈等與高逸、列女等分開，但其在小說類目下所收錄書目大體與《隋志》相當〔註29〕。

　　小說分類自《新唐書・藝文志》（以下簡稱《新唐志》）發生顯著的變化。《新唐志》中亦有「雜傳記類」，較之《隋志》與《舊唐志》，《新唐志》的一個顯著特變便是將《隋志》與《舊唐志》中如《搜神記》等鬼物奇怪之傳剔除史部雜傳類，始列入小說家類，自此「史部遂無鬼神傳」〔註30〕。《新唐志》中並無小序類文字解釋這一變化，顯然是因爲此類內容荒誕不經，故不被史部收錄。儘管如此，《新唐志》仍然認爲小說爲「史官之流」：「至於上古三皇五帝以來世次，國家興滅終始，僭竊僞亂，史官備矣。而傳記、小說、外曁方言、地理、職官、氏族，皆出於史官之流。」《新唐志》對小說的這一判斷與劉知幾的看法頗爲一致。自《新唐志》以後，「鬼神傳」遂降而爲小說家。除「鬼神傳」被剔除史部，以葛洪《西京雜記》爲代表的「故事類」在《四庫全書》中亦被降爲小說。《西京雜記》在《隋志》、《史通》、《舊唐志》、《新唐志》中屬於史部「舊事篇」、「故事類」一類，雖算不得正史，但亦未從史部中分出。《四庫全書》中被列爲小說家下「敘述雜事」一類，「其中所述，

〔註28〕《舊唐志》雜傳類：右雜傳一百九十四部，褒先賢者舊三十九家，孝友十家，忠節三家，列藩三家，良史二家，高逸十八家，雜傳五家，科錄一家，雜傳十一家，文士三家，仙靈二十六家，高僧十家，鬼神二十六家，列女十六家，凡一千九百七十八卷。見（後晉）劉昫等撰：《舊唐書》卷四十六，北京：中華書局，1975年，第2006頁。

〔註29〕《舊唐志》小說類增張華《博物志》，魯迅在《中國小說史略》中談到《舊唐志》小說分類：「石晉時，劉昫等因韋述舊史作《唐書・經籍志》（後略稱《唐志》）則以毋煚等所修之《古今書錄》爲本，而意主簡略，刪其小序發明，史官之論述由是不可見。所錄小說，與《隋書・經籍志》（後略稱《隋志》亦無甚異，惟刪其亡書，而增張華《博物志》十卷，此在《隋志》，本屬雜家，至是乃入小說。」（見魯迅，《中國小說史略》，北京：人民文學出版社，1973年，第4頁。）

〔註30〕魯迅：《中國小說史略》，北京：人民文學出版社，1973年，第4頁。

雖多爲小說家言，而摭採繁複，取材不竭」〔註31〕。

以上從目錄學小說家與史部書目分類角度，討論了小說與史乘之間的關係，可以看出小說何以由街談巷議、道聽途說，思想蕪雜的細碎短言發展成爲「正史之餘」、「正史之補」。一方面，《隋志》所言明的史家觀念要求史官必須要廣其所及，盡可能無所不包、事無鉅細地記錄天下之事，顯然史官無法做到這一點，與此同時，一些人所記錄正史之外的事情能夠作爲正史的補充，儘管其中多有虛誕怪妄之說，但究其根本也算是「史官之末事」，故凡是記錄天下之事的書目從廣義上來看皆可以算是史書，這也是《隋志》將《搜神記》等入史部雜傳類，劉知幾將其歸入史流十品之一的原因。另一方面，又因《搜神記》一類內容荒誕神異、而一些故事類如《西京雜記》等似與史實有差，這樣的內容不符合史家之精神，所以被別除史部降而爲小說家，由此小說始與史乘有了關聯成爲「史家之末事」。

綜上所述，小說作爲稗官野史、「正史之闕」，並非始自漢代，而是形成於隋唐時期，《新唐志》中將「鬼神傳」降爲小說是其標誌。自此以後才有將小說看作史家餘唾的觀念。需要指出的是，儘管小說常常被認爲有補史之功用，但其在實際意義上與史家差別彌深，史書作者以及各類目錄學家，甚至於小說的撰寫者，他們都清楚這一道理，所以評判小說家時，與史實不符，記事荒誕不經亦是各家對小說最嚴厲的指責。

小說與史乘之間的關係影響了中國小說整體的發展，中國古小說因此徘徊於子部和史部之間，其所包括的內容也愈加蕪雜，而以史家之精神來作小說，也成了後世小說的一個重要特點，不論「古小說」與「古典小說」均是如此。將小說與史相勾連，在某種程度上也使小說的地位得到提高，班固以小說爲小道，且爲芻蕘狂夫之議，雖後世的看法多與其類似，但從中國古代小說的作者從身份上來看，他們並非是鄉野鄙人，如明代笑花主人在《今古奇觀序》中所指出的那樣：「《開元遺事》、《紅線》、《無雙》、《香丸》、《隱娘》諸傳、《睽車》、《夷堅》各志，名爲小說，而其文雅馴，閭閻罕能道之。」〔註32〕在史家應廣記天下事的史觀，及小說可以補史觀念的影響下，文人作小說亦是中國古代小說的重要現象，也是這種觀念的產物。在文人所作的小說中，

〔註31〕紀昀、陸錫熊、孫士毅等：《欽定四庫全書總目》（整理本），北京：中華書局，1997年。

〔註32〕（明）笑花主人：《〈今古奇觀〉序》，見丁錫根：《中國歷代小說序跋集》（中），北京：人民文學出版社，1996年，第792頁。

其中非常重要的一類便是「筆記」類，這些「筆記」是中國古代小說的重要組成部分，在「筆記」中既可以記載舊事野史、見聞瑣記，又不乏神怪之事，可以說是中國古代小說徘徊於子史之間的例證。

石昌渝在《中國小說源流論》中談到雜傳與小說的關繫時指出：

> 「俗皆愛奇」，記史者爲了迎合讀者心理，給傳聞添枝加葉，盡意誇張，那些久遠的歷史本來只存大略，卻也要發揮想像來描摹其細節，這樣的作品失去了史傳的品格，於是便從史傳中分離出來，逐漸形成兩種文體，一是雜史雜傳，一是筆記小說。傳統目錄學把雜史雜傳歸在史部，把筆記小說歸在子部，其實這兩種文體並沒有絕對的界限，它們的母體都是史傳，它們被史傳開除，都是因爲虛妄，它們的區別在於篇幅，雜史雜傳盡於大事繫年和人物傳記，而筆記小說是尺寸短書，記的是細碎雜事。〔註33〕

石昌渝在這裡提到了「筆記小說」，他認爲雜史雜傳與「筆記小說」分屬史部和子部，但究其根源其二者母體爲史傳，所以二者的文體界限並不分明，這在一定程度上指出了「筆記」與史的關聯，而中國古代「筆記」的繁盛也與此有很大的關係。

提到「筆記」，首先會聯想到的是「筆記小說」。在當下，「筆記小說」被看作是古代文言小說的主要代表，也是「古小說」的重要組成部分。但嚴格說來，中國古代並沒有一類小說被稱爲「筆記小說」，「筆記小說」是近現代出現的一個專有名詞。關於「筆記」，《文心雕龍》中有「溫太眞之筆記，循理而清通，亦筆端之良工也」的說法，溫嶠今所存之文甚少，劉勰所說之「筆記」應是泛指溫嶠的文章，似並無明顯的文體含義。至宋一代始出現以「筆記」爲名的著作，如龔頤正《芥隱筆記》、宋祁所撰的《宋景文筆記》（三卷）、陸游的《老學庵筆記》、錢時的《兩漢筆記》、蘇軾的《仇池筆記》〔註34〕、謝采伯的《密齋筆記》、《密齋續筆記》等，明清一代這樣的情況更多，如明繆希雍的《先醒齋廣筆記》、清紀昀的《閱微草堂筆記》等等。

〔註33〕石昌渝：《中國小說源流論》，北京：生活・讀書・新知三聯書店，1994年，第94～95頁。

〔註34〕《四庫全書》中記此書爲《仇池筆談》，且認爲此書：「舊本題宋蘇軾撰。今勘驗其文，疑好事者集其雜帖爲之，未必出軾之手著。」見紀昀、陸錫熊、孫士毅等：《欽定四庫全書總目》（整理本），北京：中華書局，1997年，第1607頁。

　　這類以「筆記」命名的著作不能簡單地等同於現在所說的「筆記小說」。首先，「筆記」類著作內容頗爲駁雜，其體多爲條目多的短書，用以辨名物、記史事、述見聞，「凡意有所得，即隨手札記」〔註35〕，可以說是古人的讀書札記。以宋代龔頤正《芥隱筆記》爲例，書中多爲論詩考證之事，有「退之之用字」、「樂天詩」、「李商隱詩」等條目，《四庫全書》評此書爲「考證博洽，具有根柢，而謬誤處亦時有之」〔註36〕。這類「筆記」更類似於學術札記，顯然不能看作是「筆記小說」。古人這類「隨手札記」的「筆記」，除直接稱之爲「筆記」以外，還常用「筆談」、「筆錄」、「雜識」、「雜錄」、「雜記」、「隨筆」等說法。其次，按當下的理解，「筆記小說」側重的是現代小說方面的含義，「筆記小說」只是古代小說類型之一，是以現代小說敘事、虛構等要素去理解、整合古代的著作與作品，儘管學界對何爲「筆記小說」及「筆記小說」所囊括的內容頗有不同之見〔註37〕，但將記史事見聞、舊事逸聞等的「筆記」看作是「筆記小說」則獲得了廣泛認可。需要注意的是，儘管在古代目錄學著作中，亦有將「筆記」隸於小說家的情況，但這與「筆記小說」的出發點不同。

　　馬端臨在《文獻通考》卷一九五引鄭樵言曰：「古今所編書所不能分者五：一曰傳記，二曰雜家，三曰小說，四曰雜史，五曰故事」，「筆記」類著作在分類歸目上也面臨著難以分類的情況，《四庫全書》編纂者在小說家「雜事之屬」書目後案曰：

　　　　記錄雜事之書，小說與雜史，最易相淆。諸家雜錄，亦往往牽
　　混。今以述朝政軍國者入雜史：其參以里巷閒談，詞章細故者，則

〔註35〕紀昀、陸錫熊、孫士毅等：《欽定四庫全書總目》（整理本），北京：中華書局，1997年，第1582頁。

〔註36〕紀昀、陸錫熊、孫士毅等：《欽定四庫全書總目》（整理本），北京：中華書局，1997年，第1584頁。

〔註37〕目前對「筆記小說」的理解大略有以下兩種主要的觀點：一種觀點認爲「筆記小說」是以「筆記」形式寫成的小說，其重點放在小說上，即並不是所有的「筆記」都是小說。另一種觀點則將所有的「筆記」都看作是「筆記小說」，其重點在於「筆記」：「筆記小說」是泛指一切用文言寫的志怪、傳奇、雜錄、瑣聞、傳記、隨筆類的著作，內容廣泛駁雜，舉凡天文地理、朝章國典、草木蟲魚、風俗民情、學術考證、鬼怪神仙、艷情傳奇、笑話奇談、逸事瑣聞等等，宇宙之大，芥子之微，琳琅滿目，眞是萬象包羅。（本社編：《漢魏六朝筆記小說·出版說明》，上海：上海古籍出版社，1999年。）「筆記小說」這一說法本身便容易讓人產生誤解，再加上中國古代的「筆記」數量繁多，內容駁雜，難以分類，這更造成了「筆記小說」概念混亂的問題。

　　均隸此門。〔註38〕

以《四庫全書》中的目錄分類來看，「筆記」的歸屬大致可以分為四類：一、部分「筆記」被收入雜家，這部分「筆記」多為讀書札記，其中亦不乏記錄史事舊聞的，但多為可信之事；二、以本於史事的態度記錄國家大事入雜史；三、記錄見聞瑣事、神怪之事的「筆記」則入小說家。四、一類筆記「游離」於雜家、雜史、小說家之間。如明陶宗儀所撰《南村輟耕錄》三十卷內容雜多，既有記錄聞見史事的，又談論典製曲藝等，可以說是一部體式鮮明的「筆記」類著作。《四庫全書》將此書歸為小說家目下〔註39〕，認為「此書乃雜記聞見瑣事」，並評價到：

　　　　就此書而論，則於有元一代法令制度，乃至正末東南兵亂之事，
　　　　記錄頗詳。所考訂書畫、文藝，亦多足備參證。惟多雜以俚俗戲謔
　　　　之語、閭里鄙穢之事，頗乖著作之體。葉盛《水東日記》深病其所
　　　　載猥褻，良非苛論。然其首尾賅貫，要為能留心於掌故。故朱彝尊
　　　　《靜志居詩話》謂「宗儀練習舊章，元代朝野舊事，實藉此書以存」，
　　　　而許其有裨於史學，則雖瑜不掩瑕，故亦論古者所不廢矣。〔註40〕

依《四庫全書》編纂者的看法，儘管《南村輟耕錄》中有大量有價值的考訂書畫、文藝的著作，其中亦有詳細的史事記錄，但因雜有「俚俗戲謔之語、閭里鄙穢之事」故入小說家。

　　在某些情況下，是否於史事有補成為判定「筆記」是小說家與否的標準。《曲洧舊聞》為宋朱弁所撰，內多記北宋遺事，故用「舊聞」二字，書中亦有諸如詩文評類的內容。馬端臨在《文獻通考》記《曲洧舊聞》一卷，且列入小說家目下〔註41〕，而《四庫全書》中將《曲洧舊聞》十卷〔註42〕收入雜家類，原因如下：

<hr/>

〔註38〕紀昀、陸錫熊、孫士毅等：《欽定四庫全書總目》（整理本），北京：中華書局，1997年，第1870頁。

〔註39〕此書在《欽定四庫全書總目》名《輟耕錄》三十卷，無「南村」二字。見紀昀、陸錫熊、孫士毅等：《欽定四庫全書總目》（整理本），北京：中華書局，1997年，第1869頁。

〔註40〕紀昀、陸錫熊、孫士毅等：《欽定四庫全書總目》（整理本），北京：中華書局，1997年，第1869頁。

〔註41〕類似的情況還有沈括的《夢溪筆談》。

〔註42〕四庫認為《通考》誤矣。見紀昀、陸錫熊、孫士毅等：《欽定四庫全書總目》（整理本），北京：中華書局，1997年，第1611頁。

《通考》列之小說家。今考其書，惟神怪、諧謔數條，不脫小說之體，其餘則多記當時祖宗盛德及諸名臣言行，而於王安石之變法，蔡京之紹述，分朋角立之故，言之尤詳。蓋意在申明北宋一代興衰治亂之由，深於史事有補，實非小說家流也。惟其中間及詩話、文評及諸考證，不名一格，不可目以雜史，故僅改入之雜家類焉。〔註43〕

四庫編纂者認為雖然朱弁在《曲洧舊聞》記錄了一些神怪、荒誕不經的事跡，這些內容也的確屬於小說，是「小說之體」。但綜觀全書，《曲洧舊聞》中所記錄北宋舊事，言之詳盡，於史事有補，這些內容不應被看作小說，加之《曲洧舊聞》中有雜有詩話、文評等內容，遂將《曲洧舊聞》收入雜家類。與陶宗儀《南村輟耕錄》相比，二者都記錄舊事，有裨於史學，且書中兼有詩文評類的內容，但《四庫全書》中對它們的評價與分類全然不同。《四庫全書》編纂者認為馬端臨《文獻通考》中將《曲洧舊聞》認作小說家是極不妥當的，所以在《四庫》中將《曲洧舊聞》從「小說家」提至「雜家」一類，若非書中雜有詩文評類內容，《曲洧舊聞》應入史部「雜史」類。而《南村輟耕錄》卻因「瑜不掩瑕」被歸入小說家。

從《南村輟耕錄》與《曲洧舊聞》的比較中可以看出：首先，古代「筆記」著作內容雜多，並非都是「筆記小說」一類。其次，「筆記」類中記錄見聞史事的著作亦根據記錄內容不同分別歸入小說家、雜家，甚至是雜史目下。「筆記」類著作中充斥著古人記錄史事見聞、野史舊事的內容，他們喜作此類多與其「補史」的觀念有關。而同樣以記事為主的「筆記」很可能依據所記之事是否本於史實而分屬於小說家與雜家、雜史類。小說家目下的「筆記」所記之事多被判定是神鬼荒誕、作意好奇、虛構史實，瑣碎鄙陋，如宋代郭彖的《睽車志》、洪邁的《夷堅志》等。從上述「筆記」的分類中可以看出，「筆記」多為文人所作，其中除辯名物、評詩文等讀書札記一類的內容外，記錄史事舊聞、奇聞鬼怪之事猶多，也正是這一內容使「筆記」與史相勾連。

這類記錄見聞瑣事、神怪之事的「筆記」，不僅隸於古代小說家目下，更是現代所說「筆記小說」的主要組成部分，故為方便論述，以下稱這類「筆

〔註43〕 （清）紀昀、陸錫熊、孫士毅等：《欽定四庫全書總目》（整理本），北京：中華書局，1997 年，第 1611 頁。

記」爲「筆記小說」。「筆記小說」的出現，一方面是受到「廣記天下之事」
史觀的影響，極盡記錄之能事；另一方面，則與文人頗喜著錄、作意好奇的
喜好有極大關係，這也使「筆記小說」逐漸失去史之品格，成爲一種消閒、
消遣的方式。從某種程度來說，「筆記」、「筆記小說」亦是文人身份的體現。
而與干寶等人以《搜神記》所記爲實有之事不同，後世文人已不將「筆記」
中荒誕不經的事情看作真實發生過的。

　　「筆記小說」是文人在著述之外，聊以自娛的一種方式，文人語談志怪、
奇聞瑣事、野史舊聞雖時有「有益勸懲」的觀點，但總的來看，「筆記小說」仍
舊是一種消遣的方式，「筆記」體例短小，不必聯綴成篇，亦可隨時補錄，不
似著述之事般耗費精力。紀昀所作《閱微草堂筆記》是清代「筆記小說」代
表之一，由《灤陽消夏錄》、《如是我聞》、《槐西雜誌》、《姑妄聽之》、《灤陽
續錄》五種「筆記」組成，清盛時彥集此五種合爲《閱微草堂筆記》。紀昀在
五種筆記前分別綴有小序，從中大略可以看出其作「小說」之緣由：

　　　　畫長無事，追錄見聞，憶及即書，都無體例。小說稗官，知無
　　關於著述；街談巷議，或有益於勸懲。聊付抄胥存之，命曰《灤陽
　　消夏錄》云爾。〔註44〕（《灤陽消夏錄自序》）

　　　　余性耽孤寂，而不能自閒，卷軸筆硯，自束髮至今，無十數日
　　相離也。三十年前，講考證之學，所坐之處，典籍環繞如獺祭。三
　　十年後，以文章與天下相馳驟，抽黃對白，恒徹夜構思。五十以後，
　　領修秘籍，復折而講考證。今老矣，無復當年之意興，惟時拈紙墨，
　　追錄舊聞，姑以消遣歲月而已。〔註45〕（《姑妄聽之自序》）

從紀昀的表述來看，其作「小說」是主要在於消遣時日。在兩篇自序中，他都
提到了小說無關於著述的看法，在《姑妄聽之自序》中更是敘述了自己做學著
述的經歷，這一反覆的舉動很顯然是在「筆記小說」與學問著述之間劃定界限，
小說爲小道，自然算不得著述之事，惟以消遣之用。文人寫作「筆記小說」以
及閱讀「筆記小說」已然成爲一種風氣，雖然「筆記小說」登不上大雅之堂，
亦不是情趣高雅的愛好，但依然受到文人的喜愛，可謂是「偏嗜」：

〔註44〕　（清）觀弈道人：《灤陽消夏錄自序》，見丁錫根：《中國歷代小說序跋集》
　　　　　（上），北京：人民文學出版社，1996年，第179頁。
〔註45〕　（清）觀弈道人：《姑妄聽之自序》，見丁錫根：《中國歷代小說序跋集》（上），
　　　　　北京：人民文學出版社，1996年，第181頁。

　　　　曩傳《灤陽消夏錄》，屬草未定，遽爲書肆所竊刊，非所願也。
然博雅君子，或不以爲紕繆，且有以新事續告者，因補綴舊聞，又
成四卷。歐陽公曰：「物嘗聚於所好。」？緣是知有一偏嗜，必有浸
淫而不自己者，天下之事往往如斯，亦可以深長思也。〔註46〕（《如
是我聞自序》）

《灤陽消夏錄》尚未完成，便被竊刊，博雅君子不以「筆記」中所記爲謬，
反「以新事續告」，從中可以看出文人對這類話題的熱衷，而至《閱微草堂筆
記》付梓成書，同樣是購者甚繁〔註47〕。清代霽園主人在《夜譚隨錄》自序
中有一段十分有意思的描述，同樣能說明文人對奇聞異事的偏嗜：

　　　　予今年四十有四矣，未嘗遇怪，而每喜與兩三朋友於酒場茶榻
間，滅燭談鬼，坐月說狐，稍涉匪夷，輒爲記載，日久成帙，聊以
自娛。喜坡公強人說鬼，蛍白用廣見聞，抑曰談虛無勝於言時事也。
故人不妨妄言，己亦不妨妄聽。夫可妄言也，可妄聽也，而獨不可
妄錄哉？雖然，妄言妄聽而即妄錄之，是志怪也。即《夜譚隨錄》，
即爲志怪之書也可。〔註48〕（《夜譚隨錄自序》）

這段話生動描述了文人相聚談論奇聞異事的場景，文人對此的興趣可見一
斑。

　　小說的發展在廣記天下事之史觀的影響下，出現了大量文人所作記載前
朝舊事、奇聞異事的「筆記」，這類「筆記」若以嚴肅之態度記載史事，於正
史有補，目錄學家通常將其歸入雜史、或者雜家類。若其中多爲誇張史事、
或者是記錄神鬼奇怪之事，頗多荒誕不經之語，便會被歸入小說家一列。文
人作「筆記小說」，一部分文人本著補史的目的來記錄，而另一部分文人則是
將「筆記小說」作爲學問著述之外的消遣，是否能夠補正史之闕不再是他們
所關心的問題。從另一層面來看，不論是古小說、還是古典小說，即便作者
宣稱作書的目的是爲了補史，並且認可小說能夠與正史參行的觀念，但實際

〔註46〕（清）觀弈道人：《如是我聞自序》，見丁錫根：《中國歷代小說序跋集》（上），
　　　　北京：人民文學出版社，1996 年，第 180 頁。
〔註47〕清代盛時彥在《閱微草堂筆記又序》中寫道：「曩集河間紀曉嵐先生筆記五
　　　　種，合爲一編，付之剞劂，購者甚繁。」見丁錫根：《中國歷代小說序跋集》
　　　　（上），北京：人民文學出版社，1996 年，第 184 頁。
〔註48〕（清）霽園主人：《夜譚隨錄自序》，丁錫根：《中國歷代小說序跋集》（上），
　　　　北京：人民文學出版社，1996 年，第 167 頁。

上通過小說是難以達成這一目的的，即使在某些情況下小說與雜史、雜傳類難於區分，但總體來看，小說與史無疑有著涇渭分明的界限。某種意義上來說，單將小說看作於史事有補，並且過分強調小說具備這一功用，會使小說淪為史家之附庸，並不利於小說自身的發展，這樣說來將小說看作是一種消遣娛樂的方式，反而會有利於小說的發展：

> 凡為小說及雜劇戲文，須是虛實相半，方為遊戲三昧之筆。亦要情景造極而止，不必問其有無也。古今小說家，如《西京雜記》、《飛燕外傳》、《天寶遺事》諸書，《虬髯》、《紅線》、《隱娘》、《白猿》諸傳，雜劇家如《琵琶》、《西廂》、《荊釵》、《蒙正》等詞，豈必真有是事哉？近來作小說，稍涉怪誕，人便笑其不經，而新出雜劇，若《浣紗》、《青衫》、《義乳》、《孤兒》等作，必事事考之正史，年月不合，姓字不同，不敢作也。如此，則看史傳足矣，何名為戲？〔註49〕

在小說與雜劇戲文中「必事事考之正史」顯示了史傳傳統對小說的影響之深，而小說若是凡以補史為目的，事事本於史事，無疑會束縛小說的發展，將小說看作是遊戲之筆倒是將小說從史家之附庸中解放出來。

　　小說與史之關係除了直接體現在古小說「筆記」中，亦在「古典小說」中有所表現。如「古典小說」對歷史題材的偏愛等等，浦安迪注意到「古典小說」受史家影響的問題，在其《中國敘事學》中論及明清「奇書」時，便指出：「我認為，中國明清奇書文體的淵源與其是說在宋元民間的俗文學裏，還不如說應該上溯到遠自先秦的史籍，亦即後來「四庫」中的「史部」。［……］明清奇書文體作為一種 16 世紀的新興虛構性敘事文體，與「史」的傳統（特別是野史和外史）有著特別深厚而複雜的淵源。［……］可見中國舊稱小說為「稗史」並未無根之談，它一語道破了「歷史敘述」（historical narrative）和「虛構敘述」（fictional narrative）之間的密切聯繫。」〔註50〕相比於胡適等人強調「奇書文體」的宋元口傳文學傳統，浦安迪認為明清「奇書文體」與史的關聯更大，究其原因主要在於：首先，明清「奇書」中很大一部分都是「演

〔註49〕　（明）謝肇淛：《五雜俎》卷十五，上海：上海書店出版社，2009 年，第 313 頁。

〔註50〕　〔美〕浦安迪：《中國敘事學》，北京：北京大學出版社，1996 年，第 28～29 頁。

義」體歷史小說；其次，從文體的形式與結構技巧來看，「史文」筆法的痕跡明顯。

以上我們探討了中國古代小說的「補史」觀念，細緻梳理了小說由「街談巷議」變而爲「稗官野史」的過程，並在古代小說中闡明「補史」觀念的影響。自《隋志》將《搜神記》等列入史部雜傳，至劉知幾在《史通》中將小說作爲「史家之流」，最後到《新唐志》去史部志怪類入子部小說家，自此「史部遂無鬼神」，但中國古代小說的史傳傳統在這一過程中得以確立，並左右了古代小說的發展。「古小說」中以補史名義而作的「筆記類」小說得以興盛，而「古典小說」中對歷史演義內容的偏好也與古代小說的史傳傳統相關。從實際情況來看，中國古代小說的「寫作」並非全部是以「補史」爲目的，而一些打著「補史」名號的小說事實上也於史無補，在很大程度上不過是滿足文人對掌故談資、奇聞怪談、前朝舊事的癖好罷了。儘管如此，以小說來補史之闕的觀念一直延續至民初。

二、民國初年小說的「補史」觀念

中國古代小說觀念對民初小說的影響體現在諸多方面，如對某一內容的偏好，如審美趣味等等不一而足，在這其中以小說「補史」的觀念較爲特殊，中國古代小說具有史傳傳統，與史家相勾連是中國古代小說的重要特點之一。民國初年認同並在一定程度上繼承了小說「補史」的觀念，這顯示了中國古代小說觀念影響之深，但這一時期對小說「補史」觀念的理解也開始與傳統有了區別。

梁啓超在《變法通議·論幼學》「說部書」中談及小說家的作用時指出：

今宜專用俚語，廣著群書：上之可以借闡聖教，下之可以雜述史事，近之可以激發國恥，遠之可以旁及彝情，乃至官途醜陋，試場惡趣，鴉片頑癖，纏足虐型，皆可窮極異形，振屬末俗，其爲補益豈有量哉。〔註51〕

從這段話可以看出，不論是強調小說於政教統治有益，還是激發國恥、揭露惡習的作用，都是從小說的政治功用出發，小說在晚清地位的提高與改良群治的政治運動有極大的關係，所以梁啓超等人十分重視小說的政治功用，希

〔註51〕 梁啓超：《變法通議·論幼學》，見陳平原，夏曉虹主編：《二十世紀中國小說理論資料》，北京：北京大學出版社，1997 年，第 28 頁。原載於《時務報》，1897 年，第 8 冊。

望能夠借小說之力達到新民的目的。以這一角度觀之，小說可以「雜述史事」究竟對這一目的有多大的幫助則爲未可知。所謂小說可以「雜述史事」，梁啓超認爲小說具有記錄史事的作用，但從「雜述」二字的表述來看，小說記錄史事其目的似乎並不在於以史爲鑒，而只是純粹的記錄而言。在十分看重小說政治功用的晚清卻依舊不忘提及小說於史有補的作用，由此可以看出中國古代小說補史觀念可謂根深蒂固。事實上，小說補史的觀念本身就體現了中國古代小說觀念與近現代小說觀念的差異，在現代小說觀念確立以後，中國古代小說的補史觀念便不復存在，因爲小說並不是爲了純粹的記錄而存在的。

　　民初「筆記類」小說頗爲盛行，這些「筆記類」小說中除奇聞怪談、鬼怪狐仙的內容外，另一類主要內容便是敘述前朝軼事、掌故舊聞、或記錄當世之見聞。或因清王朝覆滅，民初諸人尤其喜談前朝舊事，「筆記類」小說也由此興盛，「辛亥以後，國人喜談勝朝遺事，尤樂道宮禁軼聞」〔註52〕。雖然民初的「筆記類」小說中所記載的事情多爲道聽途說的附會之事，作「筆記」完全是爲了滿足作者與讀者「俗皆愛奇」的心理。但另一方面，亦有以「信史」之態度來記所見所聞的「筆記」。如迦龕在《清宮舊談錄》中所說的那樣：

　　　　蓋我非白宮娥，未睹開天之盛，與其想像揣測，貽譏大雅，毋

　　寧就所知而可考者，一一寫記，尤可自信與信人。〔註53〕

總體來看，民初大多數人並不從小說爲史之支流、小說補史這樣的觀念出發來判定小說的價值，小說補史的觀念在民初算不上是主導觀念，但基本上這一觀念在民初還是會得到認可，而若小說能夠於史有補則不失爲小說的另一種價值。近代翻譯家、小說家林紓在民國初年寫作《踐卓翁小說》，此書自序中一段話頗有啓發性：

　　　　余年六十以外。萬事皆視若傳舍。幸自少至老。不曾爲官。自
　　謂無益於民國。而亦未嘗有害。屏住窮巷。日以賣文爲生。然不喜
　　政論。故著意爲小說。計小說一道。自唐迨宋百家輩出。而余特重
　　唐之段柯古。柯古爲文昌子。文筆奇古。乃過其父。淺學者幾不能
　　句讀其書。斯誠哉小說之翹楚也。[……]蓋小說一道。雖有別於史
　　傳。然間有紀實之作。轉可各史家之採摭。如段氏之玉格天尺。唐
　　書多有取者。余伏匿窮巷。即有見聞。或且出諸傳之化。然皆筆而

〔註52〕迦龕：《清宮談舊錄》，《小說大觀》，1913年3月，第9集，第1頁。
〔註53〕迦龕：《清宮談舊錄》，《小說大觀》，1913年3月，第9集，第1頁。

－41－

藏之。能否中於史官。則不敢知。然暢所欲言。亦足爲敝帚之饗。
〔註54〕

林紓不僅翻譯西方小說，也喜好寫作「古小說」。林紓這篇自序作於 1913 年，後商務印書館在 1922 年輯林紓所作「筆記」，編爲《畏廬漫錄》與《畏廬瑣記》兩冊。這篇序文也被用來作爲《畏廬漫錄》的序。林紓的「筆記」多爲記錄其生平見聞，以及奇聞異事、故事掌故等。從這篇序言可以看出，首先，林紓承認「筆記」爲小說；其次，林紓在談及小說時，特別說明了小說與史傳的關係。他認爲小說自然與史傳不同，但小說所記內容或會對史家有所裨益，而就其所作的小說而言，林紓似希冀其能得到史家之採撮。

民國初年最爲重視小說與史傳之關係的當屬歷史小說家蔡東藩。蔡東藩 1916 年至 1926 年間寫就的《中國歷代通俗演義》，小說在時間跨度上起於清而迄於民初。在最先完成的《清代通俗演義》自序中，蔡東藩認爲小說爲史之支流，而其所作的歷史演義類小說也是在最大程度上以史事爲本：

> 竊謂稗官小說，亦史之支流餘裔，得與述古者並列；而吾國社會，又多歡迎稗乘。取其易知易解，一目了然，無艱僻淵深之慮。書籍中得一良小說，功殆不在良史下；私心怦怦，爰始屬稿而勉成之。自天命紀元起，至宣統退位止，凡二百九十七年間之事實，擇其關係最大者，編爲通俗演義，幾經搜討，幾經考證，巨政固期核實，瑣錄亦必求眞；至關於帝王專制之魔力，尤再三致意，懸爲炯戒。成書四冊，凡百回，都五六十萬言，非敢妄擬史寇，以之供普通社會之眼光，或亦國家思想之一助云爾。〔註55〕

很顯然，蔡東藩對小說與史家之間關係的理解，與中國古代在相關問題的看法上有一致之處。以正史爲本而作小說，即以超出了小說補史的觀念，而將「良小說」與「良史」相比，認爲前者的重要性不輸後者，可以說蔡東藩已然將小說當作歷史的傳聲筒。

像蔡東藩這樣以考證史實的方式來作小說，已然將小說等同於歷史，二者唯一不同之處只是文體形式上的區別。蔡東藩的這種觀念與做法，頗類似於清末吳趼人。吳趼人是歷史小說的提倡者，他在《歷史小說總序》中闡明

〔註54〕 林紓：《踐卓翁小說自序》，1913 年。見陳平原，夏曉虹主編：《二十世紀中國小說理論資料》，北京：北京大學出版社，1997 年，第 28 頁。
〔註55〕 蔡東藩：《清史演義・自序》（上冊），上海：上海文化出版社，1981 年，第 1～2 頁。

了其對歷史與小說關係的理解：「蓋小說家言，興趣濃厚，易於引人入勝也。是故等是魏、蜀、吳故事，而陳壽《三國志》，讀之者寡；至如《三國演義》，則自士夫迄於輿臺，蓋靡不手一篇者矣。惜哉！歷代史籍，無演義以爲之輔翼。吾於是發大誓願，編撰歷史小說，使今日讀小說者，明日讀正史如見故人；昨日讀正史而不得入者，今日讀小說而如身臨其境。小說附正史以馳乎？正史藉小說爲先導乎？請俟後人定論之。」〔註56〕可以看出，吳趼人並非將小說完全等同於史，他清楚地知道以小說來寫歷史，難免會有「附會無稽」之處，但其在小說寫作中有時無法協調小說之虛構與史之事實之間的關係，也會採取蔡東藩考證史實的方式演義小說，如《雲南野乘》〔註57〕。

　　民國初年，蔡東藩、迦龕等人在小說與歷史、虛構與事實的選擇上，更爲偏向歷史史實，以近乎實錄的方式，採用小說的形式將歷史敷演而出，某種意義上是將小說與歷史等同，忽視了小說的虛構性。事實上，即使在傳統的小說與歷史關係中，讓小說完全「屈從」於歷史的情況並不多見，像《三國演義》這樣具有代表性的「歷史小說」，也不過是「七分事實，三分虛構」。民國初年，在處理小說與歷史關繫時，一方面無法擺脫傳統小說「補史」、爲史家之附庸的觀念；另一方面，隨著對小說虛構性一面的認識，又盡可能地試圖強調小說的獨立性。這種矛盾的觀念正是在域外小說觀念介入，民初小說觀念發生改變的體現。下文將以惲鐵樵「革命外史系列」寫作爲例說明這一問題。

　　1912年第三期的《小說月報》上，刊登了這樣一則「本社告白」：

　　　　本報自第四期起載有革命外史一種，專記各省革命時之遺聞軼事，凡爲各種報紙未經詳載可資觀感，而有興味者中於篇海內宏大，倘以此等材料見惠，務祈詳述事實之始末，文字不必甚工，祇須達意，一經採用，當以本雜誌奉酬，倘亦愛讀諸君所嘉許乎，無任盼禱之至。〔註58〕

《小說月報》編輯惲鐵樵爲徵求革命外史小說而專門發布啓事，對這類外史、

〔註56〕吳趼人：《歷史小說總序》，《月月小說》，1906年，第10頁。

〔註57〕見《雲南野乘》附白：「此書雖演義體裁，要皆取材正史。除史冊外，別取元人董莊愍《威楚日記》、明人《楊用修《滇載記》，又程道遠《綏輯暇錄》、《僳倮類考》、《古滇風俗考》及國朝馮再來《滇考》，以爲考證。」（參見趼：《〈雲南野乘〉附白》，《月月小說》，1907年，第11號，第8頁。）

〔註58〕惲鐵樵：《本社告白》，《小說月報》，1912年，第3卷，第3期，第32頁。（注：爲「新劇」欄目第32頁，民國初年小說雜誌通常都是按照每篇小說內容計頁，很少有整本雜誌爲連續頁碼的。）

軼聞、野史內容與題材的嗜好，很顯然是受小說「補史」觀念的影響。在接下來的第四期中，《小說月報》如期刊載了「時事小說」《血花一幕——革命外史之一》，作者署名爲焦木，焦木爲惲鐵樵的筆名。惲鐵樵不僅對外徵稿，其本人更是親自寫作了這類小說，但在這篇小說的後記中他卻表現出對是否應該寫作這類小說的矛盾心理，不妨贅引全文：

> 小說之文，寓言八九，蜃樓海市，不必實事，鉤心鬥角，全憑匠心，俾讀者可以坐忘，可以以臥遊，而勸誡即寓乎期間也。此文據事直書，失其旨矣。故吾草是篇，屬稿及半，輒欲棄去。雖然，兒女愛情，死人人員，苟可以資炯戒者，猶且不可無記，況關乎國家社會者哉！又吾所記者，皆猥鄙纖細事，治亂之故，盛衰之微，當世不乏馬、遷、班、范其人。若此瑣瑣屑屑，或未必入二十世紀中國史，則尤可不無記矣。本現在之事實，留眞相於將來，一孔之間，以爲無取乎憑虛架空也。是以不避不文之誚而卒成之。繼此以往，續有所聞，且續有所記，第二第三，以至袞然成軼，亦未可知。或曰：若所爲者，既不正史，又不小說，非驢非馬，縱慾爲今日存信史，其如言之無文，行之不遠何？余笑曰：揚子《太玄》，或覆醬瓿；李白詩集，且蓋酒翁。他日之事，吾安知之？鄙人不肖，誠不自知謏劣，率爾濡筆，妄欲災禍梨棗，聊以自娛耳。〔註59〕

可以看出，惲鐵樵本人並未將小說看成是對實事的忠實記錄者，在他看來，小說之事應該爲「蜃樓海市」，強調小說的虛構性而非紀實性，從這一方面來看，惲鐵樵的小說觀念與傳統小說觀念有所差別，很顯然是受域外小說觀念影響的結果，這種小說觀念使得惲鐵樵在寫作這篇「據事直書」的小說時幾乎輟筆放棄。這種現象的出現是民初試圖擺脫小說「補史」觀念、史家附庸地位的表現，但在當時來看，想要完全擺脫這一觀念並非易事。以惲鐵樵來看，他還是堅持完成了這篇小說，甚至表示會繼續寫下去，將此類小說裒輯起來。面對可能存在的對這類小說既非正史，亦非小說的指責，惲鐵樵並未辯解，反而表明自己不過是「災禍棗梨」、「聊以自娛」罷了。在隨後的《小說月報》第五期，刊登了《鞠有黃花——革命外史之二》。不過此期之後，惲鐵樵「革命外史系列」的「連載」沒能繼續下去，不知何故其本人不再續寫，

〔註59〕焦木：《〈血花一幕——革命外史之一〉後記》，《小說月報》，1912 年，第 3 卷，第 4 期，第 12 頁。

而他所期待的投稿也石沉大海。進一步而言，強調小說的「補史」功能，實際上是要求小說的內容要符合事實。對於小說所記載的鬼神奇怪之事，古人即以其為虛妄，但這並沒有阻止對小說要盡可能真實的需求。惲鐵樵很清楚自己的這類作品算不上真正意義上的小說，只是他無法說服自己不以這種的方式來記事。

對小說寄與「補史」、記事的希求致使對民初一些人對小說所記內容的真實性有了更高的要求。在 1915 年第十二號的《小說月報》上曾刊載讀者許與澄的來信，許與澄「關於《小說月報》之意見」首先便提出了對小說真實性的要求：

> 掌故小說須取真實主義　似真非真之掌故小說，最易誤人。除確係臆造，意寓勸懲者外，苟有所本，宜特別標明「記事」、「實事」等字樣，並將出於何書，參考何書，一一付諸篇末，既不致起人疑慮，且使閱者多識一件故實，是亦《月報》之功也。〔註60〕

掌故類小說多以筆記為主，許與澄認為掌故一類的小說，除了具有勸懲目的小說可以臆造外，其它均要「據事直書」，遵守「真實主義」的原則。這種對小說真實性的要求顯然已經超出了小說本身，這類觀點根本上是將小說作為補充知識，廣見聞的手段，他們對閱讀小說的期許，既不是為了有趣，也不是為了美的愉悅，僅僅是為了從小說這裡獲得某種確實性的知識。

許與澄的上述看法可以表明民初部分人對小說「真實性」的執拗追求，事實上，民初持這種觀點的人並不在少數。試以《小說月報》上的另一事件來觀之。1915 年《小說月報》在「本社函件最錄」中刊登了讀者陳通甫的來信，陳通甫信中對該報在 1914 年第八期發表的錢基博《技擊餘聞補》中《石勇》一篇提出質疑。錢基博感於林紓所作「筆記」《技擊餘聞》「文字峻潔」，遂作《技擊餘聞補》。《石勇》一篇主要講述溫州東鄉人石勇視力超群，頗有異能，經寺僧推薦給福建的「經略大臣」。石勇參加了當時的中日海戰，在戰爭中因預判敵艦到來而立功，後官至「福建水師提督」的故事〔註61〕。陳通甫對《石勇》的質疑主要在於內容不夠真實，不合事實，他列出兩個理由：首先，前清光緒二十年福建無「經略大臣」；其次，根據其記憶，甲午後「福建水師提督」無名為石勇者。乍一看上述理由，似乎陳通甫是在批評某部歷

〔註60〕許與澄：《節錄許與澄先生來函》，《小說月報・本社函件最錄》，1915 年，第 6 卷，第 12 期，第 2 頁。

〔註61〕見錢基博：《技擊餘聞補・石勇》，《小說月報》，1914 年，第 5 卷，第 8 期，第 1 頁。

史著作悖於史事。他以歷史的真實性標準去要求小說，在今天看來，無論怎樣都是不合情理的。但放置於中國小說的史傳傳統中來看，這一指責並沒有那麼過分，小說「補史」的觀念要求小說要盡可能的具有真實性，尤其是在文人所作的「筆記」、掌故中。

同一期的《小說月報》在陳通甫來信的下面，刊登了錢基博的回信。錢基博在回信中最初措辭的十分謙虛，他首先稱讚陳通甫閱讀「稗官小史」時的細緻，面對陳通甫的指責，他則搬出紀曉嵐所說的「如是我聞」、「姑妄聽之」來應對。他表明文人喜好記錄所見所聞、傳聞異辭，《石勇》一篇亦是其根據他人作傳而作。不過，根據錢基博的表述，似乎他並未認為《石勇》是一篇具有虛構性的小說，而是基本據實而作。在他看來，陳通甫斷定福建沒有名為石勇的「福建水師提督」，實屬不可理喻。錢基博回擊到「史書宰相表，其何人止伯什數，然能道姓氏於人人者，寧有幾哉？」〔註62〕陳通甫如何能夠做到「果係貴官，一經提起姓名，腦中應有痕蒂」〔註63〕。

可以看出，無論是陳通甫的批評，還是錢基博的回應，他們爭論的焦點都在於《石勇》一篇所記事跡的真實性。〔註64〕錢基博雖然借用了紀曉嵐「姑妄聽之」的說法，但從他信中的回應，不難看出他還是堅持認為其並沒有虛造事實。此外，值得注意的是，陳通甫在批評錢基博的同時，順便提到了許指嚴，並表達了對《小說月報》編輯部的不滿，「歷誦《小說月報》內所刊著作，以指嚴君秘史為第一，蓋詳且駭，秘而實，近世無出其右者，世界所公認也。此君聞在貴館編輯所特不解伊之佳著，反散登於別種雜誌及日報之中，而《小說月報》轉不多觀，竊為貴館深惜也。」〔註65〕許指嚴是當時的掌故大家，喜好寫作清代近世的軼聞、趣事，具有代表性的作品如《清史野聞》、《近十年之怪現狀》、《新華秘錄》等〔註66〕。許指嚴自1914開始在《小說月報》上不定期刊載「掌故小說」，如《金川妖姬志》、《圓明園總管世家》等。

〔註62〕錢基博：《本社函件最錄》，《小說月報》，1915年，第6卷，第3期，第4頁。
〔註63〕錢基博：《本社函件最錄》，《小說月報》，1915年，第6卷，第3期，第4頁。
〔註64〕關於二者的論辯，可參見《小說月報·本社函件最錄》，1915年，第6卷，第3期，第1～4頁。
〔註65〕陳通甫：《本社函件最錄》，《小說月報》，1915年，第6卷，第3期，第1～2頁。
〔註66〕關於許指嚴的介紹可參見鄭逸梅《南社叢談》、欒梅健《掌故小說大家——許指嚴》（《蘇州大學學報》（哲學社會科學版），1991年，第4期，第91～94頁。）

陳通甫認為與錢基博的小說相比，許指嚴的小說更具眞實性，具有刊載的價值。上文許與澄「掌故小說須取眞實主義」的建議，從時間上看，是在錢基博與陳通甫通信發表的八個月後，現在無法判斷許與澄是否針對的是錢基博，但顯然他與陳通甫的觀點是一致的。

　　上述事例很明顯地表明民初在小說觀念上依舊延續了「補史」的觀念。但這一時期問題的複雜性在於民初諸人已經開始意識到小說應該具有虛構性，而非完全的本於事實。傳統小說在觀念上被賦予了「補史」的要求，從地位上被看作是史家之附庸，但具體來說，古人也認識到小說所記之事有時是荒誕虛構的，在一定程度上，文人也喜好作這類小說，如狐鬼神怪題材的小說。他們嗜好此類小說，但在對這些小說進行評價時，多以其不能發揮「補史」作用、記事荒誕而不滿。中國古代多數情況下對小說的認識不脫離史家，小說本該「補史」，但是否做到則又是另一回事。但民國初年不同，這一時期有的人已經開始重新思考小說與史傳之間的關係，小說出現擺脫史家之附庸、「史官之末事」的趨勢，儘管依舊有人堅持小說的「眞實主義」，但總體來看可謂是大有進步。成之對小說與史傳關係的看法顯示了這一問題在民初的發展趨向：

> 小說發達之次序，本寫實先而理想後，此文學進化之序也。大抵理想小說始於唐，自唐以前，無純結撰事實爲小說者。古之所謂小說者，若《穆天子》傳，若《吳越春秋》，正取其事之恢奇，而爲史氏記錄之所不及者耳。若寓言，則反不以之爲小說也。吾謂今之小說，實即古之寓言；今所謂野史雜史者，乃古小說耳。然則今有紀實之小說，竟以之作野史讀可矣。其實貴爲何如！然此非純文學也。自文學上論之，終以理想小說爲正格。〔註67〕

成之有意區分了「理想小說」與「古小說」，他認爲「古小說」主要是記錄史家所未錄之事，這類小說便是所謂的野史、雜史，民國初年的紀實小說也是這類野史性質的小說，而他特別指出，「自文學上論之，終以理想小說爲正格」，成之對理想小說的推崇態度則預示了中國古代小說觀念影響力的減弱。

　　小說「補史」觀念的「殘留」在民初催生了「黑幕小說」的興起。「黑幕小說」並非是眞正意義上的小說，其描摹記錄社會之種種黑幕，其中雖不乏

〔註67〕成之：《小說叢話》，見陳平原、夏曉虹編：《二十世紀中國小說理論資料》（第一卷），北京：北京大學出版社，1997 年，第 445 頁。

編造之事，但卻較爲注重內容的眞實性。「黑幕小說」的興起與民初的社會環境有關，同小說「補史」觀念亦撇不開關係。小說「補史」觀念要求小說要盡可能地記錄事實，「黑幕小說」正是這一要求極端化的產物。可以看出，民初在看待何爲「寫實」時，因爲傳統「補史」觀念的影響，而理解有所偏差，多將「寫實」看作是據事直書。這一狀況在「五四」之後得到改觀，1919 年周作人在《再論「黑幕」》中，談到「黑幕」與「寫實」的關繫時指出：

> 倘若黑幕是寫實派的第一流著作，我不解：莫泊桑做得出《人生》，何以不能更近一步，做一部黑幕；中國「文人」做得出黑幕這樣好書，何以又不略退一步，做一部《人生》呢？倘說只要寫出社會的黑暗實事，無論思想技巧如何，都是新文學好小說，那中國小說好的更多。譬如《大清律例》上的例案與《刑案彙覽》，都是事實，而且全是親口招供，豈非天下第一寫實小說麼？別國還是古典派傳奇派時代，中國已有囚徒的寫實小說，眞可謂開化最早了。[……]
> 中國的寫實派作家，居然多到如此麼？〔註68〕

在周作人看來，「黑幕小說」與「寫實小說」之間沒有任何關係，甚至前者根本不應該被看作是小說。周作人對小說「寫實」的理解，已不再與據事直書、實錄有任何瓜葛，「五四」之後，隨著現代小說觀念的確立，小說「補史」觀念的影響逐漸減弱，小說也不再以「補史」爲其旨歸。

綜上所述，民初諸人對小說與史家之關係的理解總體上與中國古代一脈相承，但民初已不再刻意強調小說爲史家之支流的地位，及小說「補史」的功用。民初並沒有完全脫離中國古代小說「補史」、記事的觀念，傳統的強大之處在於，人們一方面想脫離傳統，另一方面卻又無法徹底擺脫，不過，民初對這一問題也開始有了不同於傳統的見解。至現代小說觀念確立之後，傳統的「補史」觀念便逐漸失去了影響力。

第三節　個案分析：作爲「古小說」的民國初年「筆記」

「筆記」在當下並不被視爲眞正意義上的小說，之所以有「筆記小說」的說法，實際上是從小說史的角度對其進行的命名。「筆記」的出現，及其被作爲小說之一種，與中國古代小說觀念及其史傳傳統有著極大的關聯。中國

〔註68〕仲密：《再論「黑幕」》，《新青年》，1919 年，第 6 卷，第 2 號。

古代「筆記」多被歸入子部小說家目下，故子部「筆記」可以看作是「古小說」重要代表之一。子部「筆記」作爲中國「古小說」之一，在民初是否已經消亡成爲歷史的文物？綜觀民國初年報刊雜誌以及小說出版的整體情況，不難看到這一時期仍然有大量的文人「筆記」發表與發行，民初呈現出一股「筆記」熱，各類小說報刊雜誌上多設有「筆記」、「雜俎」一類的欄目，而第一部收錄中國古代「筆記」的書籍——《筆記小說大觀》也在民初得以出版。雖然民國初年確實存在不少「筆記」式的文字，但這些「筆記」在當時是否依舊被看作是小說？如果民初存在本文所說的「筆記類」小說，這在一定程度上能說明民國初年延續了中國傳統的小說觀念。

以現代小說觀念來看，所謂「筆記類」小說算不得是眞正意義上的小說，拋開語體方面文言與白話的區別，「筆記類」小說「有聞必錄，隨意起止」的體制也不符合現代小說的要求。民國初年認可「筆記類」小說，一方面說明現代小說觀念尚未完全確立，另一方面也說明了傳統小說觀念影響之深，想要隔斷與傳統的聯繫並非易事。即使處在變革之中，傳統的「斷裂」也不可能做到一蹴而就，其中留下的痕跡與線索，值得我們重視與挖掘。本章將以民初的「筆記」爲個案，通過民初將「筆記」視爲不可質疑的小說文類，來說明傳統「古小說」觀念在民初的延續情況。

一、民國初年的「筆記」

1919 年羅家倫撰文批評了當時中國小說界以「罪惡最深的黑幕派」、「濫調四六派」、「筆記派」等爲代表的三派小說，相對於前兩派小說，羅家倫對「筆記派」的批評較爲溫和：

> 第三派的小說？比上兩種好一點的，就是筆記派。這派的源流
> 很古，但是到清初而大盛，近幾年此風仍是不息。這派的祖傳，是
> 《聊齋誌異》、《閱微草堂筆記》、《池北偶談》等書。[……]總之，
> 此派的小說，第一大毛病，是無思想。我望做這派小說的人有點覺
> 悟；登這派小說的《小說月報》等機關，也要留意才好。〔註69〕

從羅家倫的表述來看，「筆記派」小說在民國初年頗爲盛行，羅家倫認爲「筆記派」小說從內容上看大致可以分爲「言情的」、「神怪的」、「技擊的」、「軼事的」四類，從新文學的角度出發，這些小說雖然並無太大的危害，但卻缺

〔註69〕羅家倫：《中國今日之小說界》，《新潮》，1919 年，第 1 卷，第 1 號。

乏思想性，需要進行改良。羅家倫在其所說的「筆記派」下列舉了《聊齋誌異》、《閱微草堂筆記》、《池北偶談》三書，並指出「筆記派」小說在中國古代淵源深厚。羅家倫所說的「筆記派」即是中國古代「古小說」一類，可以算作是中國本土小說的重要代表，由此可以看出，民國初年這類「筆記」類的「古小說」並沒有隨著西方小說的引入而消失，反而保留下來，並且在報刊雜誌上多有刊載，有蔚為大觀之勢。

除羅家倫所「點名」的《小說月報》外，民國初年大部分的雜誌上都專門設有「筆記」、「雜記隨筆」、「雜俎」一類的欄目，用以刊登民初「筆記」，如《小說時報》的「雜記隨筆」、《民權素》的「談叢」、《中華小說界》的「筆記」、《娛閒錄》的「筆記」、「雜俎」等等。需要指出的是，民國初年報刊雜誌上所刊載的「筆記」內容蕪雜，其中既包括羅家倫所說的四類內容，也有類似風俗介紹、趣味雜談等，甚至詩話論說都有可能被歸在「筆記」欄目下，錢靜方（泖東一蟹）刊載於《小說月報》上的《小說叢考》、及孫毓修《歐美小說叢談》就曾被放在「筆記」一欄下〔註 70〕。綜觀民國初年雜誌上的「筆記」欄目及其內容，能夠發現民初對「筆記」的理解與古代的看法幾無不同，「筆記」也被看作是小說的重要類別之一，在相關文章中可以看到此類論述，如管達如 1912 年發表的《論小說》在談到小說「體制上之分類」時將小說分為「筆記體」與「章回體」，他這樣論述「筆記體」：

> 一、筆記體　此體之特質，在於據事直書，各事自為起迄。有一書僅述一事者，亦有合數十數百事而成一書者，多寡初無一定也。此體之所長，在其文字甚自由，不必構思組織，搜集多數之材料。意有所得，縱筆疾書，即可成篇，合刻單行，均無不可。雖其趣味之深濃，不及章回體，然在著作上，實有無限之便利也。〔註71〕

管達如對「筆記體」小說特點的概括十分精當，「筆記體」也因為其體式上隨意靈活的特點，「有聞必錄，隨意起止」，雖然不利於小說興味的表達，但卻因其特有的優勢得以在民初保留。

上文的論述在一定程度上能夠證實民國初年諸人依舊將「筆記」看作小說的一種，值得注意的是，他們在談論「筆記」類小說時，卻通常直接使

〔註70〕錢靜方的《小說叢考》與孫毓修的《歐美小說叢談》始刊於《小說月報》1913
　　　　年第 4 卷第 1 期，二者最初屬於「文苑」一類，第 4 卷第 2 期則為「筆記」，
　　　　自第 4 卷第 3 期起則為《小說叢考》與《歐美小說叢談》單列「說林」一欄。
〔註71〕管達如：《說小說》，《小說月報》，第 3 卷，第 7 期，第 1 頁。

用「筆記」或「筆記體」類似的說法，很少直接稱其為「筆記小說」。據現有
資料，「筆記小說」的說法始於民國初年〔註72〕上海進步書局刊印《筆記小說
大觀》，此書共計三十五冊，其中囊括晉代至清代「筆記」二百七十一部。《筆
記小說大觀》的編者王文濡並沒有對「筆記小說」作出釋名，但從《筆記小
說大觀》的目錄來看，其所收錄的「筆記」篇目多屬於子部小說家目下〔註73〕。
從這一層面來看，「筆記小說」中的「小說」似乎不是借用西方「小說」的含
義與用法，因為從《筆記小說大觀》所收錄的書目來看，這些書目並不是根
據西方小說觀念來選取的，它們本身就屬於中國小說的行列，所以這裡的「筆
記小說」似乎更應該被理解為是「筆記小說家」。民初延續清末小說界在小說
篇名前標注分類的做法，比如「社會小說」、「歷史小說」、「哀情小說」等等，
但「筆記小說」幾乎從未作為小說的標識出現。從所掌握的資料來看，民初
報刊雜誌刊載的小說中沒有「筆記小說」的標識，目前唯一發現的是商務印
書館 1915 年再版的小說《海外拾遺》〔註74〕在封面上明確標明了「筆記小說」。

　　總而言之，「筆記小說」的說法在民初並沒有獲得廣泛的認同，直到二十
年代末「筆記小說」的說法才得到的接納，並獲得廣泛的使用，正式用來指
稱一種小說文類。明確用「筆記小說」說法的有鄭振鐸、青木正兒等。鄭振
鐸在 1929 年末寫就的《中國小說的分類及其演化的趨勢》中將中國小說分為
五類，其中「第一類是所謂『筆記小說』」。值得注意的是，青木正兒 1936 年
出版的《中國文學概說》中關於「筆記小說」的說法：

　　　　小說成了一體，我想是從唐代起吧。若尋其源，則或須元溯於
　　周代的傳說、寓言與俗說之類。不過「小說」這名稱的出現，是在
　　漢代；當時所稱的小說，好像多為記載道家與神仙家的奇怪之說者，
　　可是那些書現在都不存了。這個系統的東西，在六朝亦盛，曾有若

〔註72〕 關於《筆記小說大觀》的出版時間，姑且從王慶華所說的 1912 年。參見王慶
　　　　華：《古代文類體系中「筆記」之內指稱──兼論近現代「筆記小說」概念的
　　　　起源及推演》，《華東師範大學學報》（哲學社會科學版），2010 年，第 5 期，
　　　　第 99～104 頁。1983 年廣陵書社影印時並沒有說明年份，只是說二十年代
　　　　初，於是有人認為是 1928 年。

〔註73〕 「筆記」也有非「小說家」，屬於他類的，如《曲洧舊聞》屬於雜家。見（清）
　　　　紀昀、陸錫熊、孫士毅等：《欽定四庫全書總目》（整理本），北京：中華書局，
　　　　1997 年，第 1611 頁。

〔註74〕 再版版本上寫明初版的日期為戊申年七月，即為 1908 年 7 月，初版封面上是
　　　　否有「筆記小說」的字樣不得而知。

千種流傳下來，大抵是雜錄種種神怪的事，此流後世不絕，有許多
的著述產生，這叫做筆記小說或札記小說等。〔註75〕

　　而以歷史小說值得注目的有《燕丹子》。[……]它也是敘述荊軻
為燕太子丹刺秦始皇而失敗的事，但與《史記》相比，則把事實加
了修飾，當然應該認為是短篇小說。如此看來，到這時候，在雜錄
體的筆記（札記）小說之外，短篇小說也成立了。〔註76〕

通過上面兩段引文可以看出：第一、「筆記小說」在當時已經被看作是一種固
定的小說文類；第二、青木正兒將「札記小說」作為「筆記小說」的同義詞。
上文已就第一點做出了說明，青木正兒亦能夠為鄭振鐸的觀點提供佐證。而
與「札記小說」有關問題將在下文具體論述。

二、「札記小說」與「筆記」

　　「札記小說」又稱「札記體小說」。相對於「筆記小說」，民國初年採用
「札記小說」、「札記體小說」的說法更為常見。以徐枕亞主編的《小說叢報》
為例，《小說叢報》中明確標明「札記小說」、「札記短篇」的情況如下：

表2　《小說叢報》刊載「札記小說」情況

小說名稱	小說類別	作　者	刊　　　　期
《劉傑》	札記小說	瘦吟	1915 年 3 月，第 9 期
《養痾客談》	札記小說	錢牧齋	1915 年 5 月～11 月，第 11～16 期
《付虎記》	札記小說	鐵冷	1915 年 8 月，第 13 期
《湘鄉軼史》	札記小說	民哀	1915 年 12 月，第 17 期
《吳祿貞軼事》	札記小說	浮萍	1916 年 1 月，第 18 期
《左文襄軼事》	札記小說	天虛	1916 年 5 月，第 21 期
《吳三桂軼史》	札記短篇	民哀	1917 年 5 月，第三年，第 10 期
《斷頭僧》	筆記短篇	牖雲	1917 年 7 月，第三年，第 12 期
《請假簽》	筆記短篇	沃丘仲子	1918 年 12 月，第四年，第 8 期

〔註75〕〔日〕青木正兒著，隋樹森譯：《中國文學概說》，上海：開明書店，1936 年，
　　　　第 43 頁。

〔註76〕〔日〕青木正兒著，隋樹森譯：《中國文學概說》，上海：開明書店，1936 年，
　　　　第 137 頁。

《小說叢報》創刊於 1914 年，停刊於 1919 年。在 1914 年至 1919 年的 44 期刊物中共刊載「札記小說」9 篇，除明末錢謙益的《養屙客談》為連載外，其它均載於一期且作者為當世之人。其它刊物如《禮拜六》、《娛閒錄》等也曾刊載過名為「札記小說」的作品。

「札記小說」的說法最初來自梁啓超，民初諸人沿用了這一名詞。新小說報社在 1902 年 8 月 18 日《新民叢報》第十四號上發表的《中國唯一之文學報〈新小說〉》中詳細介紹了即將出版的《新小說》的內容，其中列有「札記體小說」一項：

> 十一、札記體小說
>
> 如《聊齋》、《閱微草堂》之類，隨意雜錄。〔註77〕

從「札記」與「筆記」的詞義上看，二者為同義詞，含義相同，梁啓超在「札記體小說」下所列舉的《閱微草堂筆記》等亦是古代「筆記」類小說的代表。所以，能夠判定其所說的「札記體小說」即是屬於「筆記」一類的作品。梁啓超本人並未對「札記體小說」做過多的解釋，唯一指出的便是「札記體小說」有「隨意雜錄」的特點。

需要指出的是，在《中國唯一之文學報〈新小說〉》一文中，除了「札記體小說」以外，其它小說如「歷史小說」、「政治小說」、「軍事小說」等均標明了各自的作用與目的，甚至連「世界名人逸事」梁啓超都特意指出其於「青年立志最有裨助」。這似乎表明梁啓超在設立「札記體小說」時並沒有想好這類小說有何社會功用，在特別強調小說社會功用的晚清，何以會設立這樣一個「無用」的「札記體小說」？比較合理的解釋是，與「政治小說」等明顯受到西方小說觀念影響而設立的小說不同，「札記體小說」更多是受中國傳統小說觀念的影響而設立。以「筆記類」小說、「札記體小說」為代表的「古小說」，在西方小說觀念的衝擊下，憑藉傳統的慣性與巨大影響力得以保存。

一個重要的問題是，既然已經設立了「札記小說」一類，並且這一分類已獲得較為廣泛的認可，那麼民初諸人為何要在「札記小說」以外外單獨再設立「筆記」、「雜俎」這樣的欄目？而「札記小說」也不曾被歸在「筆記」欄目下，這是否說明民初認為「札記小說」之外的「筆記」算不上是小說了？

〔註77〕 新小說報社：《中國唯一之文學報〈新小說〉》，《新民叢報》，1902 年，第 14 號。

　　上文曾指出民初報刊雜誌「筆記」欄目下所包羅的內容十分蕪雜，除了那些記事以外的內容，還包括一些考證論說、甚至燈謎笑話等。如果嚴格說來，記事之外的「筆記」確實不能被看作是小說，這跟古代「筆記」的分類情況相同，並不是所有的「筆記」都隸於子部小說家。但就民初的實際情況而言，當時雖然確立了「札記小說」的分類，但他們仍然認為「筆記」欄目下的部分內容可以算作是小說。惲鐵樵在 1917 年《小說月報》第一號的《編輯餘談》中談到了「何為小說」這一問題：

> 本卷體例重行修整，實較前此為妥。先時分欄曰長篇小說，曰短篇小說。其餘則曰筆記曰雜俎。此蓋以長短篇小說為正文，餘篇為附錄也。然正文恒少，附錄轉多。閱者疑焉，雜俎筆記分類亦復未允。且長短篇小說題曰小說，將謂後者非小說乎？標籤曰「小說月報」，內容有小說有非小說，此不可也。凡記瑣事之一則無論其事屬里巷與閨閣廊廟或宮闈，要之，非正面發揮政治學術之大者皆小說也。——民國五年十二月鐵樵〔註78〕

由此可見，雖然民初接納了西方小說「長篇小說」與「短篇小說」的分類，在一定程度上認可了西方的小說觀念，但將所有「非正面發揮政治學術之大者」都看作是小說，顯然是受到中國傳統「古小說」觀念的影響。這也能夠說明，雖然「筆記」、「雜俎」一類並未題曰小說，但從實際層面來看，它們也屬於小說的範圍內。所以，即便清末民初有「札記小說」的說法，但也不能否認這一時期「筆記」、「雜俎」等欄目中的內容非小說，下文將通過對民初「札記小說」與「筆記類」小說具體文本的對比作進一步的闡釋。

　　在進行二者文本比較前，首先需要繼續回溯到晚清發掘與此相關的重要細節。在《中國唯一之文學報〈新小說〉》一文發表後，《新小說》並沒有立即出版，於是《新民叢報》1902 年 10 月 2 日第十七號再次為《新小說》的出版造勢，刊登了《中國唯一之文學報〈新小說〉要目豫告》，詳細介紹了即將出版的《新小說》第一期刊登的內容，甚至具體到小說的章回、情節，並解釋了《新小說》推遲出版的原因是「因所搜相片圖畫未能集齊」。在這期《新小說》要目預告末尾特別指出：

> 此外尚有札記體小說、世界名人逸事等數十條、新樂府數章、皆絕世妙文，趣味盎然，恕不具告。

〔註78〕惲鐵樵：《編輯餘談》，《小說月報》，1917 年，第 8 卷，第 1 期。

但仔細觀察可以發現，在《新小說》第一號中並沒有「札記體小說」一類，卻有「雜記」一類，其中「雜記」下包括《東京新感情》、《燕京劫華記》、《考試新笑話》數則。《新小說》第一號直到第七號都無所謂的「札記體小說」，直到第八號開始才以連載的方式刊登了「札記體小說」《嘯天廬拾異》。除《嘯天廬拾異》外，共出版二十四期的《新小說》還刊載了《反聊齋》、《知新室譯叢》（第二十號，上海知新室主人譯述）等「札記小說」。

　　既然《新小說》第一期預告中特意說明了此期中有「札記體小說」，為何刊物中沒有這類小說？通過《新小說》實際目錄與目錄預告中的差別，以及「雜記」與「札記體小說」下收錄內容的比對，可以發現，較之「札記體小說」，「雜記」所包括的內容要略微寬泛些，但大體而言幾與「札記體小說」相同。同時代也有「雜記小說」的說法：

> 吾以為欲振興吾國小說，不可不先知吾國小說之歷史。自黃帝藏書小酉之山，是為小說之起點。此後數千年，作者代興，其體亦屢變。晰而言之，則紀事之體盛於唐。記事體者，為史家之支流，其源出於《穆天子傳》、《漢武帝內傳》、《張皇后外傳》等書，至唐後而大盛。雜記之體興於宋。宋人所著雜記小說，予生也晚，所及見者，已不下二百餘種，其言皆錯雜無倫序，其源出於《青史子》。於古有作者，則有若《十洲記》、《拾遺記》、《洞冥記》及晉之《搜神記》，皆宋人之濫觴也。〔註79〕

天僇生的這段話中宋人的「雜記小說」，從其表述可以看出，這個「雜記小說」說的正是古代「筆記類」的小說。可見，「雜記」、「雜記小說」在某種程度上也可以看作是「札記體小說」，由此大致能夠解釋為何《新小說》第一期預告與實際內容的不同。

　　民國初年的「札記小說」與「筆記」的關係類似於晚清「札記體小說」與「雜記」的關係。從廣義層面來看，「札記小說」也屬於「筆記」。但從二者的具體文本來看，「札記小說」與「筆記」類小說還是略有不同的，以下將選取《禮拜六》中的一篇「札記小說」與《小說叢報》中的一則「筆記」進行比較，進行具體說明：

> 某生性狂妄，以膽力自詡。人或談鬼怪之事，輒嗤之以鼻曰：「鬼物何畏哉？爾輩自不中用耳。若我遇鬼，必抽其筋，剝其皮，鹽其

〔註79〕天僇生：《中國歷代小說史論》，《月月小說》，1907年，第11號，第2頁。

腦，不斷送其鬼命不止。」人以其妄也，置不與辨，唯匿笑而已。
一日，因事遠出，訪其同學友某，其友設宴款之。酒半酣，生漸露
固態，抵掌談平生經歷事，膽氣勃勃，其友睨之而笑，不覺也。友
固吳中舊族，院宇深廣，兼以地處鄉僻，四無居鄰，於時秋末冬初，
木葉蕭蕭，打窗作異響，樹頭怪鳥，悲鳴不已。寒風穿紙窗入，孤
燈一盞，搖搖弗定。暈爲慘碧色，滿堂森然有鬼氣。生至此，酒力
盡退，始稍稍有懼意。雙眸炯炯，不能成寐，夜將半，忽聞室隅有
軋軋聲，大驚，探其頭而視之，則赫然一棺在焉。棺之前和，正與
生臥榻相對，隱約見某公之柩數字，無何一老人破棺而出，蒼顏白
髮，衣冠儼然，手持旱袋一，燃以火徐徐而吸，時或張其口，對生
微笑，時或抒其發，向生作點首狀。生見之，駭懼欲死，自度今夕
必不免，亟自榻上躍下，向外狂奔，且奔且呼僵屍……僵屍……老
人自後追之，告以無恐。生嘗聞僵屍能追人奔，益急。其友聞聲驚
起，疑爲盜，舉火燭之，則某生也。蓋已仆地死矣，面灰敗口，流
涎沫，呼之，不應，撫之，微有氣息，乃昇而置之於榻，良久始稍
稍驚醒，問其故，期期不能出口。忽見老人，觳觫至不可狀曰：「僵
屍……僵屍……」其友悟笑曰：「君勿懼此，非僵屍也，乃弟之老父
耳。吾父性曠達，嘗謂人死以後，萬緣皆空。惟此身之一棺，爲九
原下至親密之好友，故於六旬初度後，即以此爲安樂窩，頃以君醉
眼模糊，故未指以相告，此弟之過也。」生搖首曰：「吾不信天下竟
有活死人……吾不信天下竟有活死人……」老人笑，其友亦笑，生
知其誤，大慚然，自此以後，生遂不敢以膽力自詡云。﹝註80﹞（札
記小說《活死人》）

　　洛陽某生性迂謹，授徒度日，鄰某被盜殺於途。官來勘驗，捕
生去，以生衣有血跡形狀可疑。回署提訊，生扭捏不能道一語，官
謂殺人已實，定位（爲？）主犯，出詳有日矣。鄰右聞之，皆大詫
異，以爲謹願如某生者亦會殺人，人心眞不可測。適督學使者按臨，
知其事，疑生文章繩飭，不類殺人。命帶署研訊，生始赧然供家貧，
每寢以衣代茵，血痕係內子月紅所漬，此非士子所應有，深以慚也。
驗之，果然。學使大笑曰：「廉恥有甚於此者乎。」因釋生歸，疏劾

﹝註80﹞ 劍秋：《活死人》，《禮拜六》，1914年，第1期，第23～24頁。

某令昏憒，褫其官。〔註81〕（筆記《東訥說薈·某生》）

《活死人》與《某生》用很短的篇幅記述一件事情，所記之事也不甚複雜。從篇幅長短上看，「札記小說」與「筆記」差別不大，二者均為「短篇」，所以會有「札記短篇」與「筆記短篇」的說法。「札記小說」與「筆記」的區別主要體現在：「札記小說」較之「筆記」在敘事上要更為生動一些，情節相對完整，而且通常「札記小說」中會有較多的人物對話。而「筆記」雖然也有一定的故事性，但相對來說，更偏重於記事性，類似於「平鋪直敘」的記錄。可以看出，《某生》一篇只是按照事情發展的順序，介紹某處某人發生何事，既沒有人物對話，也沒有詳細的細節與心理描寫，讀之頗為寡淡。而《活死人》一篇則十分生動，讀之彷彿躍然紙上，狂妄某生自詡膽氣勃勃的狂妄，後戮悚不止的恐懼，都描摹得栩栩如生。

通過文本的對比可見，「札記小說」與「筆記」的區別主要在於「小說」二字，「札記小說」是更具有近現代小說特點的「筆記」，而「筆記」則是更偏重於記錄。關於「札記小說」與「筆記」的區別，清代紀昀對《聊齋誌異》的批評對理解此問題頗有啟發性。紀昀批評《聊齋誌異》「一書而兼二體」：

> 《聊齋誌異》盛行一時，然才子之筆，非著書者之筆也。[……]
> 今一書而兼二體，所未解也。小說既述見聞，即屬敘事，不比戲場
> 關目，隨意裝點。[……]今燕昵之詞、媟狎之態，細微曲折，摹繪
> 如生。使出自言，似無此理；使出作者代言，則何從而聞見之？又
> 所未解也。〔註82〕

在紀昀看來，小說應據事直書，這才是「著書者之筆」，而逞才摛藻的描摹是「才子之筆」，在小說寫作中不值得提倡。《聊齋誌異》與《閱微草堂筆記》都可算是中國古代「筆記派」小說的代表，但《聊齋誌異》的不同之處在於它既有「著書之筆」，又有「才子之筆」，有的文章看似據事直書，而有些則極盡誇張之能事，在這一點上不符合「筆記派」小說「既述見聞，即屬敘事」的要求。無獨有偶，管達如也將《聊齋誌異》與《閱微草堂筆記》分別看作是文言小說的兩派：「此體之中，又分為兩派：一、唐小說，主詞華；一、宋

〔註81〕佛影：《筆記·東訥說薈·某生》，《小說叢報》，1914 年，第 1 期，第 9～10頁。

〔註82〕盛時彥：《〈姑妄聽之〉跋》，朱一玄編：《〈聊齋誌異〉資料彙編》，天津：南開大學出版社，2012 年，第 498 頁。

小說，主說理。近世著述中，若《聊齋誌異》，則唐小說之代表也；若《閱微草堂筆記》，則宋小說之代表也。此體雖無逸下之功，而亦無誨盜誨淫之習，由其托體高故也。故於社會無大勢力，而亦無大害。」〔註 83〕管達如所說的「唐小說」與「宋小說」的區別，頗似紀昀所說的「一書而兼二體」。

　　總體來看，民國初年「札記小說」與「筆記」的區別便類似於紀昀所說的「一書而兼二體」，「札記小說」是「才子之筆」，而「筆記」則是「著書之筆」。所以說，清末民國初年在「筆記」欄目外增設「札記小說」不啻為小說觀念上的進步，這種進步體現在對真正的「小說」特點的重視。「札記小說」的出現，一方面說明中國古代小說觀念影響之深，古代「筆記類」小說是子部小說的重要組成部分，即使是在接受西方小說觀念影響的、進行小說觀念變革的清末民初也不能夠輕易地擺脫傳統的影響，清末民初大量的「筆記」文本及特意設立「札記小說」一類都能說明這一點。但是另一方面，正是因為近現代小說觀念的變革，清末民初諸人開始意識到真正的「小說」與傳統的「筆記類」小說的區別，傳統的「筆記類」缺少小說的某些特性，所以為了使傳統的「筆記類」小說能夠得以保存，對其進行改造，讓其具備小說特性，才會有「札記小說」的出現。

　　最後，需要說明的是，雖然「札記小說」與「筆記類」小說略有差別，而這種差別也是實際存在的，但不應擴大或者過分強調這種區別。因為有時從文本層面上很難分清楚「札記小說」與「筆記類」小說的不同，如這則刊載在晚清《月月小說》上的「札記小說」——《設法與行星通消息》：

　　　　設法與行星通消息

　　　　法蘭西科學大書院中，近忽聞懸賞四十萬圓，提倡學術，凡是見此賞者，殆莫不駭異焉，蓋吾人今日猶未免囿於故習也，苟使他日智慧日進，目的已達，則又將以今日之駭異為少見多怪矣。然其提倡之事，固亦甚奇，謂不論何人，凡能創新一法，可以與地球以外之行星通消息者，當以此款贈之云。噫，自今以往，誠不知將成何世界也。〔註84〕

這則「札記小說」的作者是上海知新室主人周桂笙，他也曾在《新小說》上連載「札記小說」《知新室譯叢》。《設法與行星通消息》無論從哪一方面看都

〔註83〕管達如：《說小說》，《小說月報》，1912 年，第 3 卷，第 5 期，第 2～3 頁。
〔註84〕上海知新室主人譯述：《新庵譯萃》，《月月小說》，第 1 期，第 220 頁。

不似小說，只能算作是「筆記」。這也在一定層面說明，「札記小說」只是在近代小說觀念影響下的產物，它並沒有那麼嚴格的文類界限。而隨著五四新文學現代小說觀念的確立，「筆記」與「札記小說」都被徹底排除在現代小說之外（詳見第三章的論述）。「五四」時期對中國傳統的子部小說「筆記」的態度較之清末民初有很大的差別。民初的小說觀念與中國古代小說觀念相比已然發生了巨大的改變，但從當時的小說觀念來看，依舊能夠看到其與傳統無法割裂的一部分，這一點通過對傳統的「筆記類」小說的態度就可以看出。從古代子部小說家「筆記」到清末民初的「札記小說」再到「五四」將「筆記」排除在短篇小說之外，這一系列的變化既表明了近現代小說觀念變化的軌跡，也說明了即使在小說觀念激烈變革的時代，也會為傳統的事物留下一席之地，這正是所謂的「在傳統與現代之間」。

中國古代小說觀念對民初小說觀念的影響是確實存在的，但這一時期小說觀念及小說的研究通常籠罩在「晚清－民國」框架下，只關注小說觀念的變革，卻忽略了其與傳統小說觀念的聯繫。民國初年與中國古代小說觀念的聯繫，並不僅僅體現在「筆記類」小說、「札記小說」方面，只是這一問題長久以來都未曾受到研究者的重視。實際上，傳統小說觀念對民國初年小說觀念的影響要更為深遠。

小　結

本章通過對中國古代小說觀念的考察，進而分析了中國古代小說觀念對民初小說觀念的影響。如果以「新－舊」的思維模式來看，民國初年的小說正處在這樣一個新舊過渡時期。晚清小說界革命為中國小說的變革開闢新的路徑，但從實際層面而言，晚清小說界革命並沒有成為中國傳統小說的終結者，作為晚清小說界革命餘響的民初小說亦是如此。在民初小說觀念的研究中，若忽略古代小說傳統的影響，無疑會遮蔽這一時期小說觀念的複雜性與豐富性，對某些現象與問題會視而不見，如民國初年的「札記小說」問題。當然，西方小說觀念對這一時期小說觀念的影響是顯見的，但在具體研究中這種「唯新是從」的研究思路應該盡可能避免。事實上，只有將民國初年小說放置在中國古代小說傳統中進行整體觀照，才能理解這一時期小說觀念變革的意義與價值。

第二章 「界限」問題：民國初年小說的文類研究

　　1923 年鄭振鐸在《小說月報》上發表了《關於中國戲曲研究的書籍》，文中列出了三十本有助於中國戲曲研究的資料，包括兩本小說研究資料——蔣瑞藻的《小說考證》與錢靜方的《小說叢考》，鄭振鐸爲此特意做了說明：「以上二書雖名爲小說考證，實則並包括院本傳奇在內。」《小說考證》與《小說叢考》刊行時間在民初前後，其內容正如鄭振鐸所言，不僅是小說的考證，也是戲曲的考證。既然名爲小說考證，顯然是以收錄各類小說爲作書之旨，卻爲何要將傳奇、彈詞等戲曲內容收錄其中？從現代小說觀念來看，傳奇、彈詞等應屬於戲曲文類，而不是小說文類。陳平原在《小說史：理論與實踐》中評價蔣瑞藻的《小說考證》「體例頗爲蕪雜」、「小說、戲曲不分」〔註 1〕，對錢靜方的《小說從考》亦表達了類似的看法：「和蔣瑞藻的《小說考證》一樣，此書兼及戲劇、傳奇、彈詞，小說考證只占三分之一篇幅。」〔註 2〕他顯然也意識到這兩本書中存在的文類混雜情況。

〔註 1〕 原文爲：「此書收錄金元以來，470 餘種章回小說、筆記小說、戲曲、曲藝的研究資料，徵錄範圍頗廣，除前人的文集、詩話、曲話、筆記外，尚有不少清末民初報刊雜誌上的筆記及同時代人的稿本。〔……〕小說、戲曲不分，這是當年學界的通病，只不過此書尤甚。名爲《小說考證》，其中所考小說（包括筆記小說）不過 90 餘種左右，不夠全書五分之一；不但傳奇、雜劇、彈詞，甚至雜收略有本事可考的詩詞、粵謳等，體例頗爲蕪雜。」（見陳平原：《小說史：理論與實踐》，北京：北京大學出版社，1993 年，第 194 頁。）

〔註 2〕 陳平原：《小說史：理論與實踐》，北京：北京大學出版社，1993 年，第 193 頁。

　　問題的關鍵在於，蔣瑞藻的《小說考證》與錢靜方的《小說叢考》中收錄戲曲是否只是個別現象，還是民國初年普遍存在類似的小說文類「界限」不清的問題？如果眞是如此，這一現象又是如何發生的？本章將對民國初年小說文類問題進行考察，嚴格說來，小說文類問題不僅包括小說與其它文類的問題，還包括小說的內部文類問題，如第一章所論及的「古小說」「筆記」問題，本章則將焦點主要放在民初小說與戲曲兩大文類關係的研究上，目前學界尚缺乏針對此問題的專門研究。在具體的行文安排上，首先考察民初及清末時期是否存在以戲曲爲小說的情況，進而對較爲混亂的「傳奇」、「傳奇體小說」問題予以辯證。視戲曲爲小說之一種是清末民初獨有的現象，在現代小說觀念確立後，這種文類界限模糊的情況得到匡正，事實上，中國古代亦未出現此類情況，本章最後會嘗試對這一現象的成因進行探討。

第一節　民國初年戲曲作爲小說之一種

　　1915 年第 9 期的《小說月報》刊登了名爲「新體彈詞」的《孟子齊人章演義》，在這篇彈詞後附有編輯惲鐵樵的點評，在說明了彈詞的優點以及表達了其對彈詞的提倡後，惲鐵樵發布了徵求彈詞的布告。根據惲鐵樵的小說觀，他認爲凡是《小說月報》上所刊載的內容全部爲小說（見第一章開篇引文），根據這一點，他明顯將彈詞看作是小說。彈詞是一種說唱文學，在今天看來，彈詞應屬於戲曲一類，無論如何都算不得是小說。

　　無獨有偶，1912 年管達如在《說小說》中對小說進行「文學上之分類」時，按照小說的語體分爲文言體、白話體及韻文體〔註3〕，而在韻文體之下又分爲兩種：

> 　　此體中亦可復分爲兩種：一、傳奇體，一彈詞體是也。傳奇體者，
> 蓋言唐宋時之倚聲，而變爲元代之南北曲，自元迄清，於戲劇界中佔
> 有重要位置者也。[……]彈詞體者，其初蓋亦用以資彈唱。〔註4〕

管達如認爲傳奇體與彈詞體均爲小說，根據他的表述，傳奇體所指的並非是唐傳奇，而是「於戲劇界中佔有重要位置者」，將傳奇、彈詞囊括到小說的範圍內。

〔註 3〕　參見管達如：《説小說》，《小說月報》，1912 年，第 3 卷，第 5 期、第 7 期。
〔註 4〕　管達如：《説小說》，《小說月報》，1912 年，第 3 卷，第 7 期，第 1 頁。

此外，成之〔註5〕1914 年的《小說叢話》中在小說分類方面也有與管達如類似的觀點：

> 小說之分類，可自種種方面觀察之。第一從文學上觀察，可分
> 爲如左之區分：〔註6〕

又如：

> 四、傳奇小說　此種小說，亦以饜人好奇之心爲主。所以異於
> 神怪小說者，彼所述奇異之事，爲超絕的，而此限界的也。此等小
> 說，不必紀實。凡杜撰之事，屬於恢奇，而其事又爲情理中所可有
> 者，皆屬之。如寫武人則極其武，寫美人則極其美是也。其大多數
> 常以傳一特別有趣味之事爲主，如《西廂記》其適例也。〔註7〕

可以看出，成之也認爲作爲戲曲的彈詞、傳奇毫無疑問可以歸入小說一類，
從這種觀念出發，《西廂記》顯然是較爲「典型」的小說。結合本章開篇所提
到的這一時期發表的蔣瑞藻《小說考證》及錢靜方的《小說從考》將戲曲考
證作爲小說考證的重要內容，能夠說明民國初年將戲曲看作是小說之一種是
較爲普遍的觀念。從以上所徵引材料中，大抵能夠看出民國初年無論是探討
小說問題的文章，還是關於小說考證的實踐中，傳奇、彈詞等均被看作是小
說的一種類型。以當下的小說觀念，小說與戲曲是兩大不同的文類，二者雖
然在敘事性的特點上有相似之處，但也並不至於將二者視爲同一種文類，民
國初年打破了小說與戲曲之間的文類界限。不過，需要指出的是，小說與戲
曲視爲同一種文類的情況，最早並不是在民國初年出現的，這一現象可以上
溯至晚清，晚清之前則幾乎不見類似的狀況。

〔註5〕據相關考證，成之應爲呂思勉。參見關詩珮《呂思勉〈小說叢話〉對太田善
　　　男〈文學概論〉的吸入——兼論西方小說藝術論在晚清的移植》，《復旦學報》
　　　（社會科學版），2008 年，第 2 期，第 20～35 頁。
〔註6〕成之：《小說叢話》，《中華小說界》，1914 年，第 3 期，第 5 頁。
〔註7〕成之：《小說叢話》，《中華小說界》，1914 年，第 5 期，第 28 頁。

　　袁進在《中國文學觀念的近代變革》論及晚清文學「小說界」革命時指出：

　　　　梁啓超提出的「小說」概念中包含了戲曲，這是晚清「小說」概念的一大特色。〔註8〕

袁進注意到梁啓超等人的小說概念與現代小說所指不同，並認爲小說中包含了戲曲是晚清小說概念的獨特之處。現存的清末小說類文獻在很大程度上能夠證明這一現象在清末即以出現，詳見以下所徵引的材料：

1. 1905年《新小說》第二十號《小說叢話》：

　　　　吾嘗自謂平生最好讀小說，然自束髮至今，二十年來所讀中國小說，合筆記、演義、傳奇、彈詞，一切計之，亦不過二百餘種，近時新著小說，亦百餘種。〔註9〕

2. 1904年泉唐羅氏藏版《女獄花》敍：

　　　　中國舊時之小說，有章回體，有傳奇體，有彈詞體，有志傳體，朋興焱起，雲蔚霞蒸，可謂盛矣。〔註10〕

3. 1908年《中外小說林》第二年第六期，發表老伯《曲本小說與白話小說之宜於普通社會》：

　　　　曲本小說，以傳奇小說爲最多。〔註11〕

4. 1908年《月月小說》第一年第十二號，《月月小說跋》：

　　　　《月月小說》，獨倡自著，如歷史，如社會，如哲理，如科學，如教育，如情俠，如偵探，如滑稽預言，如詞曲戲劇，羅十餘種，薈萃一帙。且各能適閱者性近，爲啓蒙之鑰，爲針盲之砭，誰曰不然？蒙生平無他嗜好，惟好讀小說。〔註12〕

〔註8〕　袁進：《中國文學觀念的近代變革》，上海：上海社會科學院出版社，1996年，第97～98頁。

〔註9〕　知新主人（周桂笙）：《小說叢話》，《新小說》，1905年，第20號，第149頁。

〔註10〕　陳平原，夏曉虹：《二十世紀中國小說理論資料》（第一卷），北京：北京大學出版社，1997年，第137頁。

〔註11〕　老伯：《曲本小說與白話小說之宜於普通社會》，《中外小說林》，1908年，第2年，第6期。見陳平原，夏曉虹：《二十世紀中國小說理論資料》（第一卷），北京：北京大學出版社，1997年，第330頁。

〔註12〕　見陳平原，夏曉虹：《二十世紀中國小說理論資料》（第一卷），北京：北京大學出版社，1997年，第340頁。

5. 1911 年狄平子《小説新語》：

　　吾國舊時小説，如《水滸》，如《西廂》、如《紅樓》、如《金瓶》，
皆極著名之作。或謂《金瓶》有何佳處，而亦與《水滸》、《紅樓》
並列？不知《金瓶》一書，不妙在用意，而妙在語句。吾謂《西廂》
者，乃文字小説，《水滸》、《紅樓》乃文字兼語言之小説，至《金瓶》
則純乎語言中小説，文字積習，蕩除淨盡。〔註13〕

由此可見，清末將傳奇、彈詞等戲曲類歸入小説範圍內，是當時一種普遍的
觀念。即便是提倡「小説界革命」的梁啓超，其所欲新之小説卻包括戲曲。

　　以當下的小説觀念觀之，清末民初小説與戲曲之間的關係無疑是混雜
的，梁啓超等人所提倡的「小説界革命」是現代意義上的小説革新運動，小
説地位始從史家之餘唾、稗官雜談，變爲文學之最上乘。由「小説界革命」
引發的近現代小説觀念的變革，對現代小説觀念的形成意義重大。但需要注
意的是，從小説本身來看，我們不能忽略這一過渡時期小説觀念的複雜情況。

　　隨著五四新文學運動現代小説觀念確立以來，小説和戲曲的關係亦在時
人的言論中有所體現。1929 年 10 月商務印書館出版胡懷琛的《中國小説研
究》一書，胡懷琛在書中分別以中國小説實質之分類、中國小説形式上之分
類、中國小説在時代上之分類等來說明其對中國小説的基本看法，其中他認
爲中國小説在形式上可以分爲記載體、演義體、描寫體、詩歌體，同樣戲曲
可以看作是詩體小説之一種：

　　詩歌體，就是把詩歌的方式，來做小説。他的發生很早，變化
很多。最早的詩歌體小説，就是紀事詩；最後的詩體的小説，就是
戲曲。〔註14〕

胡懷琛關於詩歌體小説的說法類似於清末民初小説家所說的韻文體小説，而
他認爲戲曲爲詩體小説，這種觀點也與清末民初諸位小説家的觀點頗爲類
似。這似乎說明儘管 1929 年現代文學觀念已經建立，但在小説與戲曲二者關
繫上仍然存在界限不清的問題。不過，在說明了戲曲是最後的詩體小説後，
胡懷琛立即表達了這樣的觀點：

〔註13〕狄平子：《小説新語》，《小説時報》，1911 年，第 9 期。「原文並未署名，但對
　　　勘刊於《新小説》之《小説叢話》，可斷定爲狄平子所作。」見陳平原，夏曉
　　　虹：《二十世紀中國小説理論資料》（第一卷），北京：北京大學出版社，1997
　　　年，第 393 頁。
〔註14〕胡懷琛：《中國小説研究》，商務印書館，1929 年，第 125 頁。

照我們現在的小說定義說，紀事詩當然不是小說，戲曲也當然不是小說，都不應把他放在小說的範圍以內講。但是由於紀事詩變成戲曲，中間所經過的路程，和小說多少有些關係。所以在舊習慣裏，竟把「彈詞」、「傳奇」也都認做是小說。還有一層，我們倘然認「彈詞」、「傳奇」是歌劇，把他放在戲曲範圍裏去講；那麼「演義」應該不應該脫離小說的範圍而獨立？也就成了問題。

從紀事詩變到戲曲，所經過的路程，大概如下：(a)紀事詩，(b)紀事詞，(c)搊彈詞，(d)元曲，(e)崑曲，(f)京戲。此外再有別的枝流派別：(g)為彈詞，(h)為攤簧，(i)為大鼓。再有許多，不及偏舉。總之是詩歌體的小說罷了。認他是小說，或是不認他是小說。隨個人自己的便。〔註15〕

胡懷琛根據「我們現在的小說定義」，明確表明小說與戲曲分屬於兩個不同的文類，但由於小說與戲曲在紀事方面多有牽連，故將戲曲看作是小說之一種。他在文中特意指出，認戲曲為小說是一種「舊習慣」，這說明戲曲與小說之間混雜的情況確實曾經存在。與清末民初諸人將戲曲看作小說的篤定不同，胡懷琛對此持一種無所謂的態度，正如他所說「認他是小說，或是不認他是小說。隨個人自己的便。」〔註16〕

清末梁啟超諸人在小說分類中將傳奇體小說、彈詞歸為韻文小說，便出現了戲曲被看作是小說的現象。民國初年管達如、成之等人受清末小說觀念的影響，對小說與戲曲關係的理解幾與清末無差。正是因為這種小說觀念的作用，此時期蔣瑞藻、錢靜方在撰寫關於小說考證書籍的過程中，會不厭其煩地將大量的戲曲收錄其中。五四文學革命確立了現代小說觀念，鄭振鐸對小說與戲曲二者關係的理解已不再同於清末民初的看法，他明確將小說與院本傳奇為代表的戲曲做出了明確的區分。而胡懷琛《中國小說研究》中儘管認識到不應把戲曲看作小說，但在對小說進行分類時，仍不忘提及傳奇、彈詞為代表的「詩歌體」小說，顯示了從清末到五四小說觀念變化的歷史痕跡。

在考察了民國初年及清末所存在將戲曲視為小說的現象，作為戲曲代表文類的「傳奇」引起了本文的注意。清末民初常有「傳奇體小說」、「傳奇小說」的說法，在今天看來，「傳奇」是一個多義詞，其不僅可以指明傳奇（戲曲）、

〔註15〕 胡懷琛：《中國小說研究》，商務印書館，1929年，第125～126頁。
〔註16〕 胡懷琛：《中國小說研究》，商務印書館，1929年，第126頁。

亦可以指唐傳奇（小說）。因此，如果不瞭解清末民初小說與戲曲文類界限模糊
的情況，很容易將「傳奇體小說」理解爲是小說而不是戲曲。鑒於當下對「傳
奇體小說」的理解頗爲混亂，以及爲了更進一步證實民國初年小說與戲曲兩大
文類界限不清的現象，下文將對「傳奇」及其相關問題做專門論述。

第二節 「傳奇」的多義：兼指戲曲與小說

鄭振鐸發表於 1930 年《學生雜誌》上的《中國小說分類及其演化的趨勢》
一文，在談到中國小說分類時，他將中國小說分爲短篇小說、中篇小說及長
篇小說三類，其中短篇小說又分爲筆記、傳奇、評話。在具體談到傳奇小說
時，鄭振鐸指出：

> 這裡所謂「傳奇」，並非長篇劇本的別名，如《荊釵記》、《還魂記》、
> 《琵琶記》、《拜月亭》之類，其所指的乃是我們所稱的唐人傳奇一類
> 的作品，如《霍小玉傳》、《李娃傳》、《靈應傳》，以至《聊齋誌異》（清
> 蒲松齡）等。這一類的小說，始足以當「小說」的稱號。〔註17〕

鄭振鐸在提到「傳奇」時，特別強調他所說的「傳奇」不是長篇劇本，而是
短篇小說中的一類。他認爲作爲小說的「傳奇」主要指的是《霍小玉傳》、《李
娃傳》爲代表的唐傳奇。鄭振鐸之所以指出其所說的「傳奇」爲小說，在於
「傳奇」一詞，含義頗雜。今人談「傳奇」，常在「傳奇」二字前冠以具體的
朝代來區分傳奇的不同之意，於是便有唐傳奇和明傳奇的說法。唐傳奇爲小
說，而明傳奇則是戲曲，同稱爲「傳奇」，卻有可能指的是兩種不同的文類。
唐傳奇的說法是由魯迅確立的，「傳奇」由此具有了小說方面的含義。唐傳奇
的說法，在某種程度上造成了「傳奇」一詞的多義，從而造成學界對「傳奇
體小說」的誤解，實際上「傳奇體小說」不是小說而是戲曲。

一、「傳奇體小說」非小說

清末民初在小說分類時常有「傳奇體」、「傳奇體小說」的說法，梁啓超
在「小說界革命」中即爲「傳奇體小說」留有一席之地。《新民叢報》第十四
號上發表了署名爲新小說報社的文章——《中國唯一之文學報〈新小說〉》，

〔註17〕鄭振鐸：《鄭振鐸全集》（第六卷），石家莊：花山文藝出版社，1998 年，第
228 頁。

此文介紹了《新小說》的宗旨、所刊內容等，在所刊內容分類中，第十二條
為傳奇體小說：

> 十二、傳奇體小說
>
> 本社員有深通此道者、酷嗜此業者一二人，欲繼索士比亞、福
> 祿特爾之風，為中國劇壇起革命軍，其結構辭藻決不在《新羅馬傳
> 奇》下也。（題未定）〔註18〕

《新羅馬傳奇》為梁啟超所作，於1902年6月至1902年11月連載於《新民叢
報》，從其文本形態與內容上來看，《新羅馬傳奇》並非現在所說的「唐傳奇」，
而是「明傳奇」。民國初年管達如的《說小說》一文中也有「傳奇體」的說法：

> 傳奇體者，沿唐宋時之倚聲，而變為元代之南北曲，自元迄
> 清，於戲劇界中，佔有重要之位置者也。此體所長，在文學優美，
> 感情高尚，足以引起社會上愛美之性質。惜文人填詞，不盡可歌，
> 而經伶工刪改，用以演劇者，又往往詞句惡劣，甚至不同，為可憾
> 耳。〔註19〕

管達如認為所謂的「傳奇體」是沿著唐宋詞曲、元曲，明清戲曲發展而來的。
很顯然，不論是梁啟超等《新小說》提倡者所說的「傳奇體小說」，還是管達
如所理解的傳奇體，均指的是戲曲一類。這便是說，儘管「傳奇體小說」從
詞義上來看中心詞為小說，但其實質是戲曲，而非小說。

又如，錢靜方《小說從考》開篇第一則為《小說傳奇考》，其將小說與傳
奇相併而談，但他所說的傳奇非指「唐傳奇」：

> 小說起於宋仁宗時。按七條類稿云：「宋仁宗時，太平盛久，國
> 家閒暇，日欲進一奇怪之說以娛之；故小說得勝頭迴之後，即云說
> 話趙宋某年云云。」如今古今奇觀一書，即其例也。今之小說，則
> 記載矣。傳奇者，裴鉶著小說，多奇異，可以傳示，故號傳奇。而
> 今之傳奇則曲本矣。張平子兩京賦云：「稗官小說，肇自虞初。」似
> 小說於宋前久已有之。不知平子所云，乃指說部而言，而非指此文
> 不雅馴之小說。此種小說，實始於宋。〔註20〕

〔註18〕 新小說報社：《中國唯一之文學報〈新小說〉》，《新民叢報》，1902年，第14
號。
〔註19〕 管達如：《說小說》，《小說月報》，1912年，第3卷，第7期，第1頁。
〔註20〕 錢靜方：《小說叢考》，《小說月報》，1913年，第4卷，第1期，第1～2頁。

錢靜方並非不清楚傳奇一詞的源流，但他強調「今之傳奇則曲本矣」。由此可以看出，清末民初之人在何爲傳奇這一問題上，並沒有太多的爭議，傳奇一詞在當時有著很明確的所指，即指戲曲或戲曲類的曲本。此外，胡懷琛在《中國小說史》中談到「在舊習慣裏，竟把「彈詞」、「傳奇」也都認做是小說」，很明顯這裡的傳奇也指的是戲曲。

在清末民初，傳奇作爲一種文類，特指戲曲、戲曲類的劇本。因當時小說與戲曲文類界限模糊，甚而戲曲也被看作小說之一種，所以清末民初所謂的「傳奇體小說」並不是眞正意義上的小說。具體到當時的作品中來看，多數傳奇體小說，在題目中醒目寫到「傳奇」二字，基本上凡是題名爲「某某傳奇」的作品，均是劇本，而非小說。如清末時梁啓超以如晦庵主人爲名發表於《新民叢報》上標注爲「小說」的《劫灰夢傳奇》（1902）便是此類，又如上文所提到的梁啓超所作的《新羅馬傳奇》。除了上述兩篇傳奇，梁啓超亦作《俠情記傳奇》，此三種傳奇可見於《飲冰室合集》，爲戲曲劇本。而民國初年的《黑海潮傳奇》（1912）、《好頭顱傳奇》（1912）、《警民鐸傳奇》（1912）、《花木蘭傳奇》（1914）等等也屬於此類作品。至如當時的一些小說集在收納小說作品時，常常會加入傳奇體小說，如上海文明書局1917年出版的《南社小說集》中，便收錄了貢少芹（1879～1923）所作的《哀川民》。貢少芹爲南社成員，素與張丹斧、李涵秋並稱爲「揚州三傑」，其所作傳奇體小說還有《亡國恨傳奇》、《刀環夢傳奇》、《復辟夢傳奇》等。《南社小說集》共收錄十三篇作品，其中前十二篇均爲小說，唯有最後一篇《哀川民》爲劇本。《哀川民》收錄在《南社小說集》時，並沒有注明其爲傳奇，若不對照文本便會誤以爲其爲小說。

以上，清末民初傳奇及「傳奇體小說」指的是戲曲，所指清晰明確。傳奇有其自身的文體特點，清末民初諸人已將其當作一種穩定的文類來看待，提到傳奇，無需去區別所說的傳奇是「唐傳奇」之類的小說，還是「明傳奇」之類的戲曲。依舊以梁啓超《劫灰夢傳奇》爲例，在這篇篇幅很短的「傳奇體小說」中，有這樣一段很有意思的話：

> （自語介）我想歌也無益，哭也無益，笑也無益，罵也無益。你看從前法國路易十四的時候，那人心風俗，不是和中國今日一樣嗎？幸虧有一個文人，叫做福祿特爾，做了許多小說戲本，竟把一國的人，從睡夢中喚起來了。想俺一介書生，無權無勇，又無學問

可以著書傳世。不如把俺眼中所看著那幾椿事情，俺心中所想著那
幾片道理，編成一部小小的傳奇。等那大人先生，兒童走卒，茶前
酒後，作一消遣。總比讀那《西廂記》、《牡丹亭》強得些些。這就
是盡我自己面分的國民責任罷了。〔註21〕

主人公的這段心聲自白也是梁啓超的心之所想。在這段話中，既能看到梁啓
超「欲新一國之民，必先新一國之小說」的觀點，又能看出在梁啓超那裡，
傳奇已然是一種特定的文類，其含義並不含混。清末民國初年，延續著明清
之際對傳奇的理解，將傳奇看作戲曲之一種。

雖然清末民初的「傳奇體小說」，在當時「自成一體」，且不乏一定數量
的作品問世。但隨著古代戲曲式微，以及西方戲劇觀念的影響彌深，「傳奇體
小說」逐漸消失，以至今人在談論晚清小說時，竟鮮有學者注意到所謂的「傳
奇體小說」其實並不是小說，而是戲曲。造成這一誤解主要有兩方面原因：
首先，以當下的小說觀念來看，「傳奇體小說」這樣的命名本身就容易讓人誤
解，特別是只從字面意義去理解「傳奇體小說」，沒有去翻看原文，自然會將
其誤認為是小說。其二，從今人的理解來看，傳奇本身便是一個含義混雜的
術語，在不同的時期既可以指小說，又可以指戲曲。所以在「傳奇體小說」
這一說法中，若不從具體的文本語境出發，很容易將「傳奇體小說」誤認為
是一種小說類型。當然最為根本的原因在於，大多數情況下對清末民初小說
觀念的理解與考察，沒有深入到這一時期具體的語境中，而是以當下的小說
觀念奪之，自然會忽略了這一時期小說與戲曲關係含混不清的問題，從而對
「傳奇體小說」的真正所指。

清末民初小說與戲曲關係含混不清，文類界限不夠明確，將戲曲當作小
說，故只有明白了清末民初傳奇、「傳奇體小說」的真正含義，才能理解當時
出現的一些文學現象。上文提到蔣瑞藻、錢靜方分別在其關於小說考證的書
中，用相當大的篇幅去考證《荊釵記》、《拜月亭》等傳奇戲曲作品，戲曲類
所佔的比重甚至比小說還要大。正是因為清末民初傳奇體小說是小說的一個
重要類型，所以在此觀念作用下，小說考證類書籍中包含大量傳奇戲曲類作
品的考證便不足為奇。

與蔣瑞藻、錢靜方在小說考證方面所受到的批評類似，樽本照雄的《新

〔註21〕如晦庵主人（梁啓超）：《劫灰夢傳奇》，《新民叢報》，1902 年，第 1 號，第
108 頁。

編增補清末民初小說目錄》、陳大康《中國近代小說編年》以及劉永文《晚清小說目錄》同樣因在小說目錄類書籍中收錄了「傳奇體小說」而受到指責。左鵬軍在其書《晚清民國傳奇雜劇考索》中針對樽本照雄以及陳大康所編書目中存在的這一問題進行匡正。在評價樽本照雄《新編增補清末民初小說目錄》時，左鵬軍指出：「儘管清末民初時期的『小說』概念比後來要寬泛許多，大致包括今天的小說，戲劇和說唱文學在內，但是，按照此處的編輯體例，著錄的範圍應當是現代意義上的『小說』，即應將不屬於『小說』的戲劇和說唱文學作品排除在外。可是，書中著錄了若干並不屬『小說』的作品，如傳奇雜劇、班本、話劇、彈詞等。」〔註22〕關於陳大康的《中國近代小說編年》，左鵬軍認為：「按照作者在《凡例》和《前沿》中揭示的體例構想，此書的著錄範圍應當是比較嚴格的現代意義上的『小說』，即應將並不屬於今天所謂『小說』範圍的戲曲與說唱文學作品排除在外。但是，智者千慮，或有一失，書中著錄了若干並不屬『小說』作品，如傳奇劇本，花部戲曲，彈詞等，亦偶有屬入一般所認定的『近代』以前時期作品的現象。」〔註23〕在《〈晚清小說目錄〉補正》一文中，左鵬軍也以同樣的原因指出了劉永文所編小說目錄問題所在。〔註24〕

　　當下大部分清末民初小說目錄編纂類書籍都有收錄「小說」過多的現象。如果說蔣瑞藻與錢靜方是清末民初小說觀念影響下將傳奇等看作小說之一種，那麼樽本照雄等人更多是因為沒有注意到清末民初小說在文類界限上與當下小說觀念不同，也沒有認清傳奇體小說是戲曲而非小說，所以才出現將「傳奇體小說」收錄在清末民初的小說目錄中的情況。

　　不過，從另外一方面來看，如果當下清末民初小說目錄類文獻完全不收錄那時的「傳奇體小說」，只是因為清末民初的小說觀念與現在的小說觀念有齟齬之處，似乎也不妥當。將「傳奇體小說」排除在清末民初小說之外，會導致這一時期小說的基本狀況得不到全面的反映。而「傳奇體小說」也會被更加徹底地埋沒於各類文獻中。以當下的小說觀念來看，「傳奇體小說」並不

〔註22〕左鵬軍：《晚清民國傳奇雜劇考索》，北京：人民文學出版社，2005年，第214頁。

〔註23〕左鵬軍：《晚清民國傳奇雜劇考索》，北京：人民文學出版社，2005年，第227頁。

〔註24〕詳見左鵬軍：《〈晚清小說目錄〉補正》，《漢語言文學研究》，2010年，第4期，第53～59頁。

是眞正意義上的小說，但無論如何它是清末民初文化語境的產物，我們都應該去接受它，而不是將其剔除。所以，在本文看來，在清末民初小說目錄編纂時，必須要收錄時下的「傳奇體小說」，但編者需要對此進行說明，解釋何爲「傳奇體小說」，以及將其收入清末民初小說目錄的緣由。

二、對古代文獻中「傳奇」的誤讀

作爲文體概念的唐傳奇是由魯迅得以確立的，中國古代文獻並非沒有唐傳奇的說法，只是不足以成爲一個文體概念。在對傳奇一詞進行概念考察溯源時，通常會提到明代胡應麟《少室山房筆叢》中關於傳奇的說法，以此作爲傳奇「小說」含義存在的重要文獻資料。魯迅在《中國小說史略》中更是借助於胡應麟的觀點與說法，完成對唐傳奇這一文體概念的確立。從魯迅在《中國小說史略》中對胡應麟《少室山房筆叢》中相關文獻的引用，可以看出魯迅受到胡應麟的影響頗深，如魯迅所持唐代「始有意爲小說」的看法，便來自胡應麟：

> 凡變異之談，盛於六朝，然多是傳錄舛訛，未必盡幻設語。至唐人乃作意好奇，假小說以寄筆端，如《毛穎》、《南柯》之類尚可，若《東陽夜怪錄》稱成自虛、《玄怪錄》元無有，皆但可付之一笑，其文氣亦卑下亡足論。〔註25〕

胡應麟在《少室山房筆叢》中對小說家進行了分類與歸納，並且首次將傳奇歸爲小說的範圍中，爲魯迅確立唐傳奇這一文體概念提供了文獻上的支撐。魯迅在《中國小說史略》中亦引用了胡應麟關於小說分類的說法：

> 小說家一類又自分數種。一曰志怪，《搜神》、《述異》、《宣室》、《酉陽》之類是也；一曰傳奇，《飛燕》、《太眞》、《崔鶯》、《霍玉》之類是也；一曰雜錄，《世說》、《語林》、《瑣言》、《因話》之類是也；一曰叢談，《容齋》、《夢溪》、《東谷》、《道山》之類是也；一曰辨訂，《鼠璞》、《雞肋》、《資暇》、《辨疑》之類是也；一曰箴規，《家訓》、《世範》、《勸善》、《省心》之類是也。談叢、雜錄二類最易相紊，又往往兼有四家，而四家類多獨行，不可攪入二類者。至於志怪、傳奇，尤易出入，或一書之中二事並載，一事之內兩端具存，姑舉

〔註25〕 （明）胡應麟：《少室山房筆叢》，上海：上海書店出版社，2009 年，第 371 頁。

其重而已。〔註26〕（胡應麟《少室山房筆叢‧九流緒論下》）

胡應麟的小說分類是目錄學家對小說的分類，這也是爲何辨訂、箴歸等被看作小說的原因，正如魯迅所說：「史家成見，自漢迄今蓋略同：目錄亦史之支流，固難有超其分際者矣。」〔註27〕儘管如此，將《飛燕》、《太眞》、《崔鶯》、《霍玉》等納入到小說範圍內，也可算是一種突破。胡應麟在這裡並沒解釋何爲傳奇，但其所舉的四部作品，《飛燕》爲漢代伶玄所作《趙飛燕傳》，胡應麟稱其爲「傳奇之首」〔註28〕，《太眞》疑爲宋代作品，而《崔鶯》、《霍玉》則爲今所說唐代傳奇小說的代表作。

在《少室山房筆叢》卷四十一《莊嶽委談下》中，胡應麟說道：

> 傳奇之名，不知起自何代，陶宗儀謂唐之傳奇，宋之戲諢，元之雜劇，非也。唐所謂「傳奇」，自是小說書名，裴鉶所撰，中如藍橋等記，詩詞家至今用之，然什九妖妄寓言也。裴晚唐人，高駢幕客。以駢好神仙，故撰此以惑之。其書頗事藻繪而體氣俳弱，蓋晚唐文類爾，然其中絕無歌曲、樂府若今所謂戲劇者，何得以傳奇爲唐名。或以中事績相類，後人取爲戲劇張本，因展轉爲此稱不可知。范文正記岳陽樓，宋人譏目傳奇體，則固以爲文也。〔註29〕（《少室山房筆叢‧莊嶽委談下》）

胡應麟關於傳奇的這段話，常被學者引用來說明傳奇與唐小說的關係。或許正是因爲胡應麟提到了唐裴鉶小說集《傳奇》及陶宗儀「唐之傳奇」，再加上其在小說家分類傳奇目下列出《崔鶯》、《霍玉》等當下稱之爲唐傳奇的作品，故學界多認爲胡應麟此處所說的傳奇應指唐傳奇無疑。石昌渝在《中國小說源流論》中對胡應麟關於傳奇的理解，具有普遍性和代表性：

> 明代胡應麟賦予「傳奇」以明確的含義，他說：「『傳奇』之名，不知起自何代」，在他看來，「傳奇」屬於「小說家」類，與志怪、雜錄、叢談、辨訂、箴歸併列，「傳奇」名下的作品，他舉例有《飛

〔註26〕（明）胡應麟：《少室山房筆叢》，上海：上海書店出版社，2009 年，第 282～283 頁。

〔註27〕魯迅，《中國小說史略》，北京：人民文學出版社，1973 年，第 6 頁。

〔註28〕（明）胡應麟：《少室山房筆叢》，上海：上海書店出版社，2009 年，第 283 頁。

〔註29〕（明）胡應麟：《少室山房筆叢》，上海：上海書店出版社，2009 年，第 424 頁。

燕》、《太眞》、《崔鶯》、《霍玉》等，與我們今天稱之爲「傳奇小說」
者大體相和。〔註30〕

顯然，石昌渝認爲胡應麟賦予了傳奇一個明確的含義，而這一含義與我們今
日所說的「傳奇小說」相同。胡應麟所舉《崔鶯》、《霍玉》等唐傳奇的代表
作，在當下以唐傳奇作爲一種文類，大多數人在文獻閱讀過程中，在這種先
入爲主觀念的作用下，《崔鶯》、《霍玉》的舉例無疑具有迷惑性，因此很容易
認爲胡應麟所說的傳奇與今之「傳奇小說」大體相和。

　　那麼，胡應麟所說的傳奇眞的是指當下所說的傳奇小說、唐傳奇嗎？
先從上文引述《莊嶽委談下》中一段話來看。在這段話中，胡應麟分別提
到了陶宗儀所說的「唐之傳奇」、唐代裴鉶的小說書名《傳奇》、以及宋人
譏范仲淹《岳陽樓記》爲「傳奇體」。這樣的表述很容易將其所說的傳奇當
作唐傳奇、傳奇小說之意來理解，再加上胡應麟在小說家目下又列出了傳
奇一類。不過這段話中，有一處重要的表述，多爲後人所忽略，胡應麟引
用陶宗儀在《南村輟耕錄》「院本名目」中的「唐之傳奇」說法，並對此說
頗不以爲然。他認爲《傳奇》不過是唐人裴鉶小說書名，而裴鉶的作品中
並沒有歌曲、樂府等戲劇必備的內容，「何得以傳奇爲唐名」？胡應麟對此
也很疑惑，根據他的解釋，或許當世戲劇張本與裴鉶《傳奇》中所傳之事
相類，故當時的戲劇被稱爲傳奇。此外，如果注意到這段話的上下文語境，
可以發現胡應麟在《莊嶽委談下》中所談的是與戲曲有關的內容，與唐人
小說幾無關係。

　　除了上文常被學界引用的兩段關於傳奇的解釋性文字，在《少室山房筆
叢》中，胡應麟亦在他處多次提到傳奇，只有將胡應麟的這些說法結合來看，
才能明白胡應麟所說的傳奇之眞正含義，以下擇要錄之：

1. 《西廂記》雖出唐人《鶯鶯傳》，實本金董解元。董曲今尚行世，
　　精工巧麗，備極才情，而字字本色，言言古意，當是古今傳奇鼻
　　祖，金人一代文獻盡此矣。然其曲乃優人絃索彈唱者非搬演雜劇
　　也。〔註31〕（《少室山房筆叢・莊嶽委談下》）

〔註30〕 石昌渝：《中國小說源流論》，北京：生活・讀書・新知・三聯書店，1994 年，
　　　　第 145 頁。
〔註31〕 （明）胡應麟：《少室山房筆叢》，上海：上海書店出版社，2009 年，第 428
　　　　頁。

2. 董氏傳奇稱崔氏孀婦寓僧寺，河中兵亂，杜確弭之，張生、紅娘等於《鶯傳》悉合，獨鄭恒不可曉。〔註32〕（《少室山房筆叢・莊嶽委談下》）

3. 今王實甫《西廂記》爲傳奇冠，北人以並司馬子長固可笑，不妨作詞曲中思王、太白。〔註33〕（《少室山房筆叢・莊嶽委談下》）

胡應麟稱王實甫的《西廂記》爲「傳奇冠」，董解元的《西廂記諸宮調》則爲「古今傳奇鼻祖」，可見如果認爲胡應麟的傳奇只是指唐傳奇，或者類似於唐傳奇的小說，似乎並不正確。又如：

1. 高則誠則在勝國詞人中似能以詩文見者，徒以傳奇故並沒之，同時盧摯處道亦東甌人，樂府聲價政與高埒而製作弗傳，世遂以盧爲文士而高爲詞人，信有幸有不幸也。〔註34〕（《少室山房筆叢・莊嶽委談下》）

2. 近時左袒《琵琶》者，或至品王、關上。余以《琵琶》雖極天工人巧，終是傳奇一家語，當今家喻戶習，故易於動人，異時俗尚懸殊，戲劇一變，後世徒然據紙上以文義摸索之，不幾於齊東、下裏乎？〔註35〕（《少室山房筆叢・莊嶽委談下》）

3. 俳優戲文始於《王魁》，永嘉人作之，識者曰：「若見永嘉人作相，宋當亡。」及宋將亡，乃永嘉陳宜中作相。其後元朝南戲尚盛行，及當亂，北院本特盛，南戲遂絕。右見葉氏《草木子》。葉元末人，據此則傳奇始自永嘉人作之，今《王魁》本不傳而傳《琵琶》，《琵琶》亦永嘉人作，遂爲今南曲首。二事極相類，大可笑也。〔註36〕（《少室山房筆叢・莊嶽委談下》）

4. 今傳奇有《董永》者，詞極鄙陋，而其事實本《搜神記》，非杜撰

〔註32〕（明）胡應麟：《少室山房筆叢》，上海：上海書店出版社，2009 年，第 428～429 頁。

〔註33〕（明）胡應麟：《少室山房筆叢》，上海：上海書店出版社，2009 年，第 429 頁。

〔註34〕（明）胡應麟：《少室山房筆叢》，上海：上海書店出版社，2009 年，第 430 頁。

〔註35〕（明）胡應麟：《少室山房筆叢》，上海：上海書店出版社，2009 年，第 430 頁。

〔註36〕（明）胡應麟：《少室山房筆叢》，上海：上海書店出版社，2009 年，第 431 頁。

也。〔註37〕（《少室山房筆叢・莊嶽委談下》）

5. 用修又云：呂蒙正父龜圖多內寵，與其母劉氏不協，並蒙正出之，頗淪躓窘乏，劉誓不嫁。及蒙正登仕，乃迎二親，同堂異室奉養之。近世傳奇《鱠瓜亭》亦緣此附會也。〔註38〕（《少室山房筆叢・莊嶽委談下》）

在上述引文中，胡應麟所稱為傳奇均為戲曲類的作品，其中「俳優戲文」《王魁》今佚，已不可考，相傳王魁為宋嘉祐年間的狀元，後演繹出與其有關的故事和戲曲。胡應麟所說的傳奇《董永》亦不可查，但明代有不少關於董永的戲曲，如心一子的《遇仙記》等。至於《鱠瓜亭》也為戲曲，王國維在《曲錄》中對其有記載。

我們不妨再來看一段胡應麟關於傳奇的表述：

> 凡傳奇以戲文為稱也，亡往而非戲也，故其事欲謬悠而亡根也，其名欲顛倒而亡實也，反是而求其當焉，非戲也。故曲欲熟而命以生也，婦宜夜而命以旦也，開場始事而命以末也，塗污不潔而命以淨也，凡此咸以顛倒其名也；中郎之耳順而婿卓也，相國之絕交而娶崔也，《荊釵》之詭而夫也，《香囊》之幻而弟也，凡此咸以謬悠其事也，繇勝國而迄國初一轍也。近為傳奇者若良史焉，古意微矣。
> （古無外與丑，蓋丑即副淨，外即副末也。）〔註39〕（《少室山房筆叢・莊嶽委談下》）

在這段話中，胡應麟認為傳奇「以戲文為稱」，但其所載盡是謬悠之事，傳奇中的角色——生旦末淨其命名也是「顛倒其名」，如「污穢不潔而命以淨」。其所舉的兩部傳奇作品為《荊釵記》和《香囊記》，其中《荊釵記》為元代南戲作品〔註40〕，《香囊記》是明代邵燦所作，在胡應麟看來，無論是元代的傳奇，還是明代的傳奇，在記載謬悠之事方面「繇勝國而迄國初一轍也」。顯而易見，胡應麟這裡所說的傳奇屬於戲曲一類，並非是我們今天所理解的唐傳奇、傳奇小說。

〔註37〕（明）胡應麟：《少室山房筆叢》，上海：上海書店出版社，2009 年，第 432 頁。

〔註38〕（明）胡應麟：《少室山房筆叢》，上海：上海書店出版社，2009 年，第 433 頁。

〔註39〕（明）胡應麟：《少室山房筆叢》，上海：上海書店出版社，2009 年，第 425～426 頁。

〔註40〕王國維大膽考證，此為明代朱權所做。

綜上所述，僅憑胡應麟在小說家分類中分有傳奇一類，及其指出《鶯鶯傳》、《霍小玉傳》等為傳奇的代表作，並不足以說明胡應麟所認為的傳奇就是唐傳奇之類的小說。從文本來看，胡應麟在談到戲曲類作品時，使用傳奇這一稱謂要更多，其在他處提到今所說的唐傳奇，並不使用唐傳奇的說法，而更多的稱之為「唐人小說」，如「偶閱《說郛》所載唐人小說」〔註41〕、「《倩女離魂》事亦出唐人小說」〔註42〕等。在胡應麟那裡，傳奇的確有某種文體方面的含義，但這個傳奇指的並不是唐傳奇，而是戲曲類的作品，其對何為傳奇有著明確的認識，如：

> 浸淫勝國，崔、蔡二傳奇迭出，才情既富，節奏彌工，演習梨園幾半天下，上距都邑，下迄閭閻，每奏一劇窮夕徹旦，雖有眾樂，亡暇雜陳。〔註43〕（《少室山房筆叢・莊嶽委談下》）

所謂崔、蔡二傳奇便是《西廂記》與《琵琶記》，像這樣唱詞優美，富有才情的作品，便是胡應麟所認為的傳奇應具備的要素。既然胡應麟已將傳奇看作一種明確的戲曲文類，為何他又將傳奇劃入小說家的一類？

結合胡應麟在《少室山房筆叢》中關於傳奇的描述，及胡應麟的小說家分類來看，我們傾向於小說家的傳奇為胡應麟在小說內容上的分類方式。雖然胡應麟意識到了傳奇小說有不同於志怪小說之處，將其單獨作為一類，但此處的傳奇卻並無更多、更為明確的文體含義。在小說家分類時，採用傳奇一說，應是從小說的內容來看，意為傳奇之事。

與胡應麟類似，元代陶宗儀在《南村輟耕錄》中所說的傳奇也屢遭到誤讀。在追溯傳奇、唐傳奇一詞的文獻來源時，除胡應麟在《少室山房筆叢》中關於傳奇的看法以外，當下引用最多的便是陶宗儀在《南村輟耕錄》中的說法，《南村輟耕錄》為筆記雜錄類，書中約有四處提到傳奇二字：

1. 稗官廢而傳奇作，傳奇作而戲曲繼。金季國初，樂府猶宋詞之流，傳奇猶宋戲曲之變，世傳謂之雜劇。〔註44〕（卷二十七《雜劇曲名》）
2. 唐有傳奇。宋有戲曲、唱譚、詞說，金有院本、雜劇、諸宮調。

〔註41〕 （明）胡應麟：《少室山房筆叢》，上海：上海書店出版社，2009 年，第 428 頁。
〔註42〕 （明）胡應麟：《少室山房筆叢》，上海：上海書店出版社，2009 年，第 429 頁。
〔註43〕 （明）胡應麟：《少室山房筆叢》，上海：上海書店出版社，2009 年，第 425 頁。
〔註44〕 （元）陶宗儀著，李夢生校點：《南村輟耕錄》，上海：上海古籍出版社，2012 年，第 297 頁。

院本、雜劇，其實一也。國朝，院本、雜劇始釐而二之。〔註45〕
（卷二十五《院本名目》）

3. 傳奇：崔氏鶯鶯婢曰紅娘。〔註46〕（卷十四《婦女曰娘》）

4. 按：唐元微之傳奇《鶯鶯》事，以爲張生寓蒲之普救寺，適有崔
   氏孀婦，亦止茲寺。〔註47〕（卷十七《崔麗人》）

從上述引文中，似乎可以認爲陶宗儀理解的傳奇便是當下所說的傳奇小說、
唐傳奇，特別是當他明確表達了「唐有傳奇」、「唐元微之傳奇」這樣的說法。
因《南村輟耕錄》爲筆記雜錄體，書中每一「專題」通常是有說則長，無說
則短。在此書中，陶宗儀不曾系統解釋何爲傳奇，只在介紹「雜劇曲名」和
「院本名目」時偶有提及。若想在陶宗儀的文本中準確理解其所說傳奇的含
義並不容易，所以簡單地將陶宗儀的傳奇與當下的傳奇小說對等起來，作爲
證明唐傳奇文體確立的重要文獻資料，未免草率。

　　根據上文所述，胡應麟在《少室山房筆叢》中將陶宗儀在其「院本名目」
中的說法概括爲「唐之傳奇，宋之戲諢，元之雜劇」，並對陶宗儀「唐之傳
奇」的表述表達了不滿，認爲傳奇不過是唐人小說的名字，體例、文氣並無
可以稱爲「戲劇」的因素，爲何要使用「唐之傳奇」的說法。胡應麟本人是
將傳奇作爲戲曲的一種，而他對陶宗儀看法的引述及批評，也說明胡應麟將
陶宗儀所說的傳奇歸入戲曲一類中，傳奇中應該有樂府、歌曲。陶宗儀生活
於元末明初，胡應麟則爲明萬曆中人，胡應麟對陶宗儀傳奇含義的理解，爲
我們把握陶宗儀的說法提供了幫助。此外，陶宗儀在《南村輟耕錄》中的「雜
牌曲名」與「院本名目」均與戲曲有關的，是此二者的分類歸納。爲何要歸
納「雜牌曲名」和「院本名目」？陶宗儀在「雜牌曲名」一條中作如此解釋：
「金章宗時，董解元所編《西廂記》，世代未遠，尚罕有人能解之者，況今
雜劇中曲調之冗乎？因取諸曲名，分調類編，以備後來好事稽古者之一覽云」
〔註48〕，同樣在「院本名目」條目中也有類似的說法：「偶得院本名目，用

〔註45〕（元）陶宗儀著，李夢生校點：《南村輟耕錄》，上海：上海古籍出版社，2012
　　　　年，第 276 頁。

〔註46〕（元）陶宗儀著，李夢生校點：《南村輟耕錄》，上海：上海古籍出版社，2012
　　　　年，第 162 頁。

〔註47〕（元）陶宗儀著，李夢生校點：《南村輟耕錄》，上海：上海古籍出版社，2012
　　　　年，第 196 頁。

〔註48〕（元）陶宗儀著，李夢生校點：《南村輟耕錄》，上海：上海古籍出版社，2012
　　　　年，第 297 頁。

載於此，以資博識者之一覽。」〔註49〕本著這樣的目的，陶宗儀在上述兩個條目中歸類列舉了大量的曲牌名，以及院本名目，所及內容與今之所謂傳奇小說毫無關係。由此可見，陶宗儀所說的「唐之傳奇」在很大程度上並非是指唐代的小說，至於其「《傳奇》鶯鶯傳」及「元微之傳奇」的說法，很可能是因為元稹的《鶯鶯傳》曾名為《傳奇》。

　　上文分析了當下的傳奇小說、唐傳奇研究中的重要文獻，即胡應麟與陶宗儀關於傳奇含義的說法。但經研究可見，不論是胡應麟，還是陶宗儀，他們所說的傳奇並非指小說意義上的傳奇，也就是今之傳奇小說、唐傳奇。的確，在胡應麟都人那裡，傳奇確實有文體方面的含義，不過指的不是小說類，而是戲曲類。那麼為何長期以來小說研究者都傾向於誤讀胡應麟、陶宗儀的話？或者說僅憑主觀之見便將胡應麟等人所說的傳奇理解為傳奇小說、唐傳奇？

三、魯迅與「傳奇」含義的混亂

　　「傳奇體小說」在清末民初的小說中佔有重要地位。即便是提倡小說界革命的梁啟超，亦在傳奇體小說上有所著力。需要注意的是，如上文所述，傳奇體小說在清末民初是一個界定很明確的文類，有其獨特的文體特點，時人對傳奇體小說的理解幾近一致。而在1930年鄭振鐸那裡，傳奇小說已經與清末民初傳奇體小說的含義完全相抵，傳奇本身的含義也已不如清末民初時那麼「單一」，以至於鄭振鐸需要強調「這裡所謂『傳奇』，並非長篇劇本的別名」，他所說的傳奇指的是唐傳奇。既然傳奇在清末明初有著明確的所指，單指一種戲曲類型，為何後來傳奇既指唐代的一種小說類型，又指明代以來的一種戲曲類型？

　　傳奇最初並不具備文體方面的含義，其作為一種文類是在明代確立的，自此至清末明初，大凡以傳奇為名的文字，多指一種特定的戲曲類型。而傳奇作為唐代小說的一種類型則是由魯迅所確定下來的。魯迅成稿於1923年的《中國小說史略》中用相當多的篇幅談論「唐之傳奇文」，並且對其予以很高的評價：

　　　　小說亦如詩，至唐代而一變，雖尚不離於搜奇記逸，然敘述宛

────────────

〔註49〕　（元）陶宗儀著，李夢生校點：《南村輟耕錄》，上海：上海古籍出版社，2012年，第277頁。

轉，文辭華豔，與六朝之粗陳梗概者較，演進之跡甚明，而尤顯者
乃在是時則始有意爲小說。〔註50〕

魯迅在對中國古代小說源流追溯基礎上，將唐傳奇作爲中國小說的真正起點，眼光獨到，這一看法也頗有價值。傳統目錄學所認定的小說應爲「稗官野史」，爲歷史之餘唾，小說的主要意義在於補充正史，所以「實錄」是對小說的基本要求。即便是魏晉六朝之際的志怪小說，其內容雖荒誕不經，但其本意偏向於以史家之筆記錄鬼神，「發明神道之不誣」〔註51〕。正如石昌渝所說的那樣：「志怪小說的作者，不論是道人、佛徒還是儒士，他們都是相信自己所記的鬼神事跡是真實確鑿的，他們編撰志怪小說不是爲了娛樂大眾，至少主要目的不是娛樂大眾，他們都是抱著弘揚神道的宗旨，以誠篤的態度對待鬼神，用史家審慎的筆墨來記敘鬼神的傳說，將這些傳說彙集起來文學化之後再傳播到民間中去，爲當時蓬勃高漲的宗教大潮推波助瀾。」〔註52〕以唐傳奇爲代表的唐代小說，其雖受到志怪小說的影響，唐傳奇中可見有意爲之的虛構性，這便是魯迅所說的「始有意爲小說」。

魯迅本人在考察中國小說歷史時，對唐傳奇推崇備至，顯然是有一定道理的。魯迅對唐傳奇的評價與闡釋，影響了其後學界對唐代傳奇小說的基本看法。唐傳奇作爲一個文體概念是由魯迅確立的，正是這一原因，自魯迅之後，傳奇的含義變得更爲複雜，形成當下傳奇即可指小說，又可指戲曲的局面。唐傳奇的命名及文體的確立並非胡應麟等人，而是由魯迅完成的，也正是魯迅在《中國小說史略》中將唐傳奇作爲古代小說的一種重要形式加以論述，對其大加褒贊。而從魯迅的《中國小說史略》中不難看出魯迅對胡應麟《少室山房筆叢》中相關看法的借鑒。魯迅在小說分類時特意提及胡應麟對小說家的分類，並使用了小說家中「傳奇」的說法，將「傳奇」作爲唐代以來中國古代小說的一種重要分類。胡應麟關於傳奇屬於小說家的表述被魯迅誤解，當然也有可能是魯迅有意誤讀了胡應麟的文本。

自魯迅開始將傳奇看作中國古代小說之一種，尤其是唐代的小說，自此傳奇才被正式當作是小說文類。正是因爲魯迅的影響力，使得唐傳奇、傳奇

〔註50〕魯迅：《中國小說史略》，北京：人民文學出版社，1973年，第54頁。
〔註51〕干寶：《〈搜神記〉序》，見上海古籍出版社編：《漢魏六朝筆記小說大觀》，上海：上海古籍出版社，1999年，第277頁。
〔註52〕石昌渝：《中國小說源流論》，北京：生活‧讀書‧新知‧三聯書店，1994年，第121頁。

爲小說之一種的觀點得到了普遍的認可，而後人在研究唐傳奇小說，特別是做傳奇概念史追溯時，會被先入爲主的觀念主導，自覺在古代文獻中搜羅類似的說法，而當一些說法看起來比較符合研究觀點的，便會被充爲研究材料與論據，忽略了文獻的原文語境及古人的本意。

回到本書最初的問題，在清末民國初年「傳奇體小說」並非小說，而是戲曲，此時「傳奇」仍舊是一種戲曲文類，與小說無涉，即使被稱爲「傳奇體小說」。當下研究者多把清末民初「傳奇體小說」視爲小說，一方面是因爲沒有回到清末民初的歷史語境中，沒有直面「傳奇體小說」的文本，另一方面則是因爲自魯迅確立唐傳奇這一文體類型與概念後，傳奇本身的含義變得多義複雜。傳奇既可以指小說，又可以指戲曲，所以才會有唐傳奇與明傳奇的說法，而在中國古代，特別是明代至清代傳奇更多是指戲曲文類。相較於作爲戲曲的傳奇，作爲小說的傳奇隨著小說地位的提高、唐傳奇較高的研究價值，及魯迅等人的影響，傳奇的小說含義更易被接受，並作爲傳奇首要的含義。這些都造成了當下對清末民初傳奇體小說的誤解，以及對胡應麟等人的誤讀。

第三節　清末民初小說與戲曲文類界限模糊探因

小說與戲曲是兩種不同的文類，儘管二者在某些地方有相似之處，但在中國古代並沒有出現將戲曲看作小說的情況。小說與戲曲關係的混雜是清末民初獨有的現象。袁進在談到晚清小說這一現象時，對晚清小說與戲曲的混亂關係表示不解：

> 中國古代眾多評論戲曲的著作，在談及戲曲劇本時，也並不將它們視爲「小說」，與「小說」混爲一談。到明代將演唱南曲爲主的長篇戲曲劇本稱作「傳奇」時，人們指稱唐人創作的文言小說爲「傳奇」，已無人再將當時創作的文言小說稱作「傳奇」。因此，宋元之後，「傳奇」便與「小說」分離，到了明清，已無人再將它視爲「小說」，它已是某種戲曲的專用名稱。在中國古代，戲曲與小說幾乎是一直兩股道上跑的車，幾乎無人將戲曲劇本作爲「小說」的一部分。〔註53〕

〔註53〕 袁進：《中國文學觀念的近代變革》，上海：上海社會科學院出版社，1996年，第99頁。

由此，袁進認爲儘管中國古代小說概念極爲混亂，但中國近代「小說界」將戲曲劇本作爲「傳奇類小說」，仍是對小說概念的一種誤解。他試圖分析了其中的原因，認爲這種現象的出現，在於梁啓超等人出於改革的需要，將小說與戲曲合而爲一，這樣既可以營造改良聲勢，又可以省卻「戲劇界」革命。晚清梁啓超發起了詩界革命、文界革命、小說界革命，唯獨沒有發起過戲劇、戲曲革命。如果梁啓超等人僅僅是出於省卻戲劇界革命的目的，將戲曲、戲劇策略性地看作是傳奇體小說歸入小說範圍內，那麼奇怪的是，同時代的其它論者則毫無疑義的接受這一觀念。晚清小說與戲曲之間的「混亂」關係應有他因，而非梁啓超等人的策略性行爲。

　　清末民初小說與戲曲之間「合而爲一」現象的出現，從根本上說是現代小說觀念尚未完全確立前的過渡現象。敘事性是小說的重要文體特點，戲曲也有敘事性特點，正是因爲二者同樣具有敘事性這一特點，清末民初戲曲被劃歸爲小說。

一、爲何古代小說與戲曲沒有「合而爲一」

　　中國古代小說與戲曲雖爲不同文類，但二者之間的親緣關係是顯而易見的。從時間上來看，中國小說的出現要遠遠早於戲曲的出現，漢代正式確立了小說的文體地位，儘管這類小說更多被看作史學的附庸、史家之餘唾。戲曲文類正式確立的時間已到宋代，但宋代之前，雖無戲曲，但有戲，優人戲謔調笑之類的戲弄便是早期的戲。戲弄多爲滑稽嘲調，不以講故事爲主要目的，或以優人對他人動作、行爲等進行表演模仿，或通過語言、論辯等方式戲謔調笑，如三國時期的「說肥瘦」。《史記》中所記載的「優孟衣冠」是較早的戲，孟模仿扮演逝去的楚相孫叔敖，實爲進諫楚王，司馬遷在《史記》中專作《滑稽列傳》讚揚優孟一類人物「不流世俗，不爭勢利」。後世的俳優則多以娛樂爲目的，如被認爲參軍戲起源的「石勒戲周延」：

　　　　石勒參軍周延，爲館陶令，斷官絹數百疋，下獄，以八議宥之。
　　後每大會，使俳優著介幘，黃絹單衣。優問：「汝爲何官，在我輩
　　中？」曰：「我本爲館陶令」鬥數單衣，曰：「正坐取是，故入汝輩
　　中。」以爲笑。〔註54〕

早期的戲與以宋代雜劇爲代表的戲曲有明顯不同。戲曲較之早期的戲，不同

〔註54〕王國維：《宋元戲曲史》，上海：上海古籍出版社，1998年，第5頁。

的地方之一便在更加側重故事性。故事性的引入為戲曲注入了敘事因素，使古代小說與戲曲二者之間有了親緣關係。作為史傳補充的古代小說，記錄了部分不為史書收錄的內容。記錄的過程類似於故事的講述，隨著小說的發展與自身的不斷演變，小說虛構性的出現，使小說既依託於史傳，又有脫離史傳的趨勢，出現「始有意為小說」的局面。小說與戲曲固然是兩種不同的文類，有各自的文體特點，卻同樣注重對故事的展現與講述。集中體現古代小說與戲曲二者在敘事上的密切關係部分是它們在某些故事題材使用上的共通。

　　中國古代小說在某種程度上影響了戲曲的發展，小說故事題材的引入，使戲曲逐漸擺脫滑稽調笑的局面，如王國維認為：「宋中滑稽戲，雖託以故事以諷時事；然不以演事實為主，而以所含之意義為主。至其變為演事實之戲劇，則當時之小說，實有力焉。」〔註55〕周貽白在《中國戲曲史發展史綱要》中談到宋雜劇時指出其「故事之來源及其所具內容，皆與當時所謂說話具有聯繫」〔註56〕，而戲曲在依賴取材於小說故事題材的同時，又借鑒了如小說敘事結構等其它小說因素。在小說與戲曲的發展過程中，二者更多的是互相影響，清代李漁有「無聲戲」之說，此說十分恰當表明了古代小說與戲曲之間的關係。《無聲戲》為李漁第一本話本小說集。《無聲戲》成書於順治年間，本有《初集》和《二集》，後二者合而為一，又有《連城璧》之名。所謂「無聲戲」說的正是小說是無聲之戲，戲則是有聲之小說。

　　值得注意的是，儘管中國古代小說與戲曲有明顯的親緣關係，諸如李漁等人能夠意識到二者的關聯，但他們並不曾將小說與戲曲視為一物，小說即是小說、戲曲即是戲曲，二者未出現文類邊界混亂的情況。其中原因與古代小說的界限有關。與文學觀念的變遷類似，小說觀念在近現代西方觀念與思想的影響下，逐漸脫離古代小說的本意，且被歸入純文學創作的範疇中。中國古代小說雖然沒有非常明晰的概念，但貫穿在中國小說史的發展中，小說的含義基本是明確而有邊界的。正是因為古代小說的邊界問題，中國古代不會出現將戲曲劃歸為小說的混亂情況。即便是當下所認為代表古代小說較高成就的唐傳奇，在很大程度上並不被古人當作小說。小說雖有史傳傳統，但

〔註55〕王國維：《宋元戲曲史》，上海：上海古籍出版社，1998年，第28頁。
〔註56〕周貽白：《中國戲曲史發展綱要》，上海：上海古籍出版社，1979年，第94頁。

小說卻不入得史部，「蓋正史體尊，義與經配，非懸諸今典，莫敢私增，所由與稗官野記異也」〔註 57〕。清代《四庫全書》的編纂者將小說歸入子部，從《四庫全書》小說類小敘代表了古人對小說基本含義的理解，以下錄之：

> 張衡《西京賦》曰：「小說九百，本自虞初」。《漢書‧藝文志》載虞初周說，九百四十三篇，注稱武帝時方士，則小說興於武帝時矣，故伊尹說以下九家，班固多注依託也《漢書‧藝文志》注凡不注姓名者皆班固自注。然屈原《天問》雜陳神怪，多莫知所出，意即小說家言。而《漢‧志》所載《青史子》五十七篇，賈誼《新書》《保傅篇》中先引之，則其來已久，特盛於虞初耳，跡其流別，凡有三派，其一敘述雜事，其一記錄異聞，其一綴輯瑣語也，唐宋而後，作者彌繁，中間誣謾失真，妖妄熒聽者固為不少，然寓勸誡，廣見聞，資考證者，亦錯出其中，班固稱小說家蓋出於稗官，如淳注謂王者欲知閭巷風俗，故立稗官，使稱說之，然則博采旁搜，是亦古制，固不必以冗雜廢矣。今甄錄其近雅馴者，以廣見聞。惟猥鄙荒誕，徒亂耳目者，則黜不載焉。〔註 58〕

班固據劉歆《七略》成《漢書‧藝文志》，將小說家列入「諸子十家」，列「小說十五家，千三百八十篇」〔註 59〕，《四庫全書》亦將小說家列入子部，對小說的看法亦頗類於《漢書‧藝文志》，所謂小說「其一敘述雜事，其一記錄異聞，其一綴輯瑣語也」。自漢代至清代，儘管不同時代對小說理解略有不同，如《都城紀勝》中將小說列為說話之一種：「說話有四家：一者小說，謂之銀字兒，如煙粉、靈怪、傳奇；說公案，皆是搏刀趕棒（樸刀杆棒）及發跡變泰之事；說鐵騎兒，謂士馬金鼓之事；說經，謂演說佛書；說參請，謂賓主參禪悟道等事；講史書，講說前代書史文傳、興廢爭戰之事。」但從目錄學角度來看，古代小說觀念幾無變化，體現了「古小說」的觀念，小說依舊被看作是稗官所採的閭巷風俗，為小道。較之漢代，隨著小說的發展，清代諸人對小說的看法雖不出於稗官街談巷議的範圍，但可以看出小說的樣式得到了豐富與補充，正是上文中所說的「唐宋而後，作者彌繁，中間誣謾失真，

〔註 57〕 （清）紀昀、陸錫熊、孫士毅等：《欽定四庫全書總目》（整理本），北京：中華書局，1997 年，第 613 頁。

〔註 58〕 （清）紀昀、陸錫熊、孫士毅等：《欽定四庫全書總目》（整理本），北京：中華書局，1997 年，第 1834 頁。

〔註 59〕 （漢）班固撰：《漢書》卷三十，北京：中華書局，1962 年，第 1745 頁。

妖妄熒聽者」之類。唐宋以降，小說始朝著敘事文學方向轉變，所謂的「誣謾失眞」顯示的正是「始有意爲小說」。《四庫全書》編纂者認爲小說家是「古制」不可廢，不過，書中仍有多處表達了對小說家的不屑，古代小說的地位可見一斑。

雖說古代小說與戲曲均爲小道，二者在目錄學中所屬類別不同，小說屬於子部，而戲曲則爲集部。以《四庫全書》爲例，《四庫全書》編纂者將戲曲與詞統稱爲「詞曲類」：

> 詞曲二體在文章技藝之間，品厥頗卑，作者費貴，特才華之士以綺語相高耳。然三百篇變而古詩，古詩變而近體，近體變而詞，詞變而曲，層累而降，莫知其然。究厥淵源，實亦樂府之餘音，風人之末派。其於文苑，同屬附庸，亦未可全斥爲俳優也。〔註60〕

詞曲位卑，在文苑之中，亦屬附庸，因其承詩之傳統，爲詩之變體，詩之末派，故《四庫全書》的編纂者將詞與曲並稱列入集部。可以看出，雖然當下小說與戲曲同爲文學之支脈，但古代的小說與戲曲分屬於不同的傳統，所以不會出現將戲曲看作小說的情況。而戲曲是明確的文類，小說則不是。

二、關於曲本小說

爲何清末民初會將戲曲看作小說呢？首先，在西方小說觀念的影響下，本土小說觀念發生變化，小說不僅由小道變爲文學最上乘，小說成爲一種文學文類，其文類特點也在形成中。儘管西方小說觀念在中國近現代小說觀念的形成中發揮了重要作用，但清末民初的小說觀念仍無法擺脫中國本土小說觀念的影響。在西方小說觀念影響下，敘事被看作是小說的重要文類特點，正是因爲「敘事」這一觀念的引入，同樣具有敘事性的小說與戲曲被模糊爲同一種文類。

值得注意的是，雖說清末民初戲曲與小說在文類上關係混亂，戲曲被歸入小說中，但這並不能說明時人眞的把戲曲與小說視爲一物。中國古代戲曲有自己的文體特點，在古代對戲曲文類的探討要遠遠多於小說。可以說，小說雖然在中國本土有萌芽，有一定的作品，但總的來說，小說依舊是近代以來的產物，而戲曲則是中國古已有之的文類。清末民初諸人不可能會忽略這

〔註60〕 （清）紀昀、陸錫熊、孫士毅等：《欽定四庫全書總目‧詞曲類小敘》（整理本），北京：中華書局，1997年，第2779頁。

一點，因此把戲曲當作小說，只是有限條件的產物，從曲本小說這一說法便可見端倪。清末民初傳奇體小說、彈詞小說等這些戲曲類的「小說」又被統稱爲曲本小說。清末老伯在其文《曲本小說與白話小說之宜於普通社會》中對曲本小說有專門論述：

> 曲本小說，以傳奇小說爲最多。[……]夫《西廂》者，亦舊社會上有名之小說也。觀其流傳中外，愛誦不遺婦孺，其功用已可概見矣。矧丁斯世界，新聞報社，方盛漲派小說之潮流，以歌謠寄易俗之思，即小說導文明之線。吾知曲本小說，濫觴於《西廂》傳記，其將由此而日新月盛，漸泛濫於普通社會，殆亦時勢之所必然者矣。要而言之，小說之寄意也深，而曲本之音節動人，則無深而非淺也；小說之行文也隱，而曲本之聲情感物，則無隱而非顯也。深也，淺也，隱也，顯也，是皆有曲本小說之能事，而智愚賢不肖，悉陶熔於口誦心維之天籟間也。此其宜於普通社會者一也。〔註61〕

《曲本小說與白話小說之宜於普通社會》發表於 1908 年的《中外小說林》，論小說與社會的關係是晚清小說界革命的重要問題。在此文中老伯拋開文言小說，專門論述曲本小說、白話小說與「普通社會」關係。由於曲本小說與白話小說較之文言小說更爲通俗，更容易被普通人所接受，同時在老伯看來，相較於普通小說，曲本小說既有普通小說的特點，又因其「音節動人」、「聲情感悟」，「愛誦不遺婦孺」，故「日新月盛，漸泛濫於普通社會，殆亦時勢之所必然者矣」。從字面含義上看曲本小說，似專指的是戲曲的劇本，是戲曲案頭化爲讀物的體現，但從老伯的論述中可以看出其並不認爲曲本小說是戲曲的案頭文本，相反，老伯所說的曲本小說十分看重其在舞臺上的表演性。

除曲本小說的說法，清末民初也使用「韻文小說」的說法來指代戲曲類小說，戲曲的腳本也被看作是「小說之支流」：

> 平話僅有聲而已，演劇則並有色矣。故其感動社會加效力，尤捷於平話。演劇除院本之外，若徽腔、京腔、秦腔等，皆別有專門腳本，亦小說之支流也。〔註62〕

可以看出，儘管清末民初戲曲被看作是小說之一種，卻並不是眞正將二者視

〔註61〕老伯：《曲本小說與白話小說之宜於普通社會》，見陳平原、夏曉虹編：《二十世紀中國小說理論資料》（第一卷），北京：北京大學出版社，1997 年，第 330 頁。

〔註62〕蠻：《評林》，《小說林》，1907 年，第 3 期，第 17 頁。

爲一物，戲曲之「曲」及「劇」的特性並沒有被剝離，而類似於小說的腳本，只不過是「小說之支流」而已。徐大軍在論及清末民初戲曲類小說指出曲本小說、韻文小說、詩歌體小說等說法皆是將戲曲作爲案頭化讀物的體現：

> 這些關於戲曲的稱名皆是著眼於戲曲的案頭文本，而非舞臺表演。老伯之「曲本小說」乃針對「曲本」而作此稱，而黃人亦把戲曲「腳本」歸類於小說[……]在這種觀念下，戲曲文本已剝離了舞臺表演的功能指向，而成爲案頭閱讀之用的故事敘述，「曲本小說」、「韻文小說」即是針對戲曲文本以本土小說立場認識戲曲的稱名。〔註63〕

通過上文論述可以看出，將「曲本小說」的命名看作是著眼於戲曲的案頭文本並不準確，雖然這種說法是將戲曲看作特殊的小說，但並不能說明其完全剝離了戲曲其它的文類特點，成爲案頭化的故事讀物，儘管從某種程度上來看，戲曲正是因爲其劇本、腳本與小說的親緣性，使得二者在清末民初時出現文類界限模糊的情況。

此外，徐大軍認爲「曲本小說」、「韻文小說」是「針對戲曲文本以本土小說立場認識戲曲的稱名」的說法並不恰切。「本土小說立場」的說法頗爲含糊，究竟何爲「本土小說立場」？此處的「本土小說立場」是指中國古代的小說觀念，還是清末民初時的小說觀念？對此徐大軍的解釋是：

> 這種稱名的出現確有其歷史淵源和發展實際，同時也反映了小說與戲曲關係的一面：二者皆以表述一個故事爲宗旨，只是表述的方式不同而已。正是由於二者皆以表述故事爲宗旨，且品性親緣，促成了二者在故事題材上的承襲、滲透關係，由此出現了把唐傳奇追溯爲戲曲淵源的觀點，持論者如明代胡應麟、近代劉師培。〔註64〕

儘管他意識到中國本土小說觀念的複雜性，以及古代小說與戲曲的親緣關係，但並不能說明「曲本小說」的命名是基於「本土小說」立場，而二者有親緣關係卻並不一定會出現文類界限模糊的情況。另外，根據上文對「傳奇

〔註63〕徐大軍：《中國古代小說與戲曲關係史‧緒言》，北京：人民文學出版社，2010年，第3頁。
〔註64〕徐大軍：《中國古代小說與戲曲關係史‧緒言》，北京：人民文學出版社，2010年，第3頁。

小說」的相關論述，胡應麟並非認為唐傳奇為戲曲的淵源，他反而疑惑唐代裴鉶的小說《傳奇》中「絕無歌曲、樂府若今所謂戲劇者，何得以傳奇為唐名？」〔註65〕

中國近代戲曲與小說文類界限的一度模糊，以及類似「曲本小說」、「傳奇小說」、「韻文小說」等戲曲類小說命名的出現，不僅僅是由本土小說觀念造成的，而恰恰是西方小說觀念引入後，中國近代小說觀念形成期的一種特殊現象。清末民初小說觀念的變化主要體現在中國古代小說觀念向西方小說觀念的轉化，借西方小說觀念的標準來看待中國傳統小說，中國的「古小說」算不得是純粹的小說，以敘事、情節為重的話本、章回體小說為代表的「古典小說」更符合小說的「定義」，而戲曲恰恰又因為與「古典小說」同樣側重敘事、情節等，所以在小說觀念尚處於轉換時期的清末民初，會出現將戲曲看作小說的現象。直到現代小說觀念建立，小說與戲曲兩種文類有明確界限後，仍會有人將小說與戲曲一併談起，從他們的觀點中可以看到近代以來小說觀念轉變的歷史痕跡。

范煙橋在 1927 年出版的《中國小說史》引言中談到：

> 金鶴望師即《孽海花》之造意者，嘗詔余，小說實包括戲曲彈詞也，同肇於宋元之際，而所導源，俱在小說觀其結構即可知，有韻無韻不包括形色上之分別猶之文言與白話，其精神則一也。竊承其指，乃納戲曲彈詞於其間，故較以前一切中國小說史書為廣漠。

〔註66〕

金鶴望，名天羽，又署天翮，字松岑，晚年又自號鶴舫老人。金鶴望早年提倡革命，為興中會成員，曾樸稱其為愛自由者，范煙橋師從金鶴望。《孽海花》的作者為曾樸，金鶴望則為造意者。金鶴望作《孽海花》前六回，將稿子寄與曾樸，後由曾樸修改續作成《孽海花》。〔註67〕范煙橋在《中國小說史》中

〔註65〕（明）胡應麟：《少室山房筆叢》，上海：上海書店出版社，2009 年，第 424 頁。

〔註66〕范煙橋：《中國小說史·引》，蘇州：蘇州秋葉社，1927 年。

〔註67〕關於《孽海花》，曾樸說過：「這書造意的動機，並不是我，是愛自由者。愛自由者，在本二書的楔子裏就出現。但一般讀者，往往認為虛構的，其實不是虛構，是實事。現在東亞病夫，已宣佈了他的真姓名，愛自由者，何妨在讀者前，顯他的真相呢！他非別人，就是吾友金君松岑，名天翮。他發起這書，曾做四、五回，我那時正創辦小說林書社，提倡譯著小說，他把稿子寄給我看，我看了認為是一個好題材。但是金君的原稿，過於注重主人公，不

論述元代小說時，也將戲曲納入其中，故引言中借其師金鶴望的觀點，爲這種做法尋找合理性。金鶴望認爲小說包括戲曲彈詞，肇於宋元之際。顯然，金鶴望所說的小說並非指「古小說」而是「古典小說」，「古典小說」與戲曲儘管存在諸多差別，包括有韻無韻之別，但從整體來看，二者不過是一種事物的兩種形式而已。

此外，胡懷琛在《中國小說研究》中也沒有迴避小說與戲曲的關係。對於戲曲，雖然他表示「認他是小說，或是不認他是小說。隨個人自己的便」〔註68〕，但他仍將戲曲當作「詩歌體小說」在書中作單獨論述。但胡懷琛對戲曲與小說的關係有些矛盾：

> 再有一種人，簡直說：在白話小說以前，中國沒有小說，而把傳奇放入戲曲的範圍裏去。如此，小說的範圍很小了。我以爲把傳奇放在戲曲裏去，是不錯的，但他和小說的關係也很深，我們不能把他們的關係也丟了不講。〔註69〕

胡懷琛筆下的「再有一種人」認爲傳奇屬於戲曲一類，其所持白話小說以前中國無小說的看法是現代小說觀念的顯現，只是這種觀點略有些極端。胡懷琛本人並不十分贊同這種看法，傳奇雖然可以被歸爲戲曲一類，但是傳奇與小說的關係很近，所以即使不能將傳奇類的戲曲看作小說，也不能忽視二者之間的聯繫。

范煙橋與胡懷琛的小說研究著作雖然出版於二十年代末，但他們經歷了

過描寫一個奇突的妓女，略映帶些相關的時事，充其量，能做成了李香君的《桃花扇》，陳圓圓的《滄桑艷》，已算頂好的成績了。而且照此寫來，祗伯筆法上仍跳不出《海上花列傳》的蹊徑。在我的意思卻不然，想借用主人公做全書的線索，盡量容納近三十年來的歷史，避去正面，專把些有趣的瑣聞逸事來烘托出大事的背景，格局比較的廓大。當時就把我的意見，告訴了金君，誰知金君竟順水推舟，把繼續這書的責任，全卸到我身上來。我也就老實不客氣的把金君四、五回的原稿，一麵點竄塗改，一面進行不息。三個月工夫，一氣呵成了二十回。這二十回裏的前四回，雜糅著金君的原稿不少，即如第一回的引首詞和一篇駢文，都是照著原稿，一字未改，其餘部分，也是觸處都有，連我自己也弄不清楚誰是誰的。就是現在已修改本裏，也還存著一半金君原稿的成分，從第六回起，才完全是我的作品哩。」金鶴望亦說過：「弟究非小說家，作六回而輟」、「作六回不了而了」，曾樸逝世後，金鶴望挽詩小跋爲：「余嘗戲撰《孽海花》六回，棄去而先生續之」。見鄭逸梅：藝壇百影，中州書畫社，1982年6月。

〔註68〕 胡懷琛：《中國小說研究》，上海：商務印書館，1929年，第126頁。
〔註69〕 胡懷琛：《中國小說研究》，上海：商務印書館，1929年，第130頁。

晚清民初至五四新文學的變革，對文學、小說觀念的變化有切身的感受。一方面受到西方小說觀念的影響，他們轉變小說觀念，以西方小說爲基準去回望、篩選古代作品，這一階段的小說觀念既不是中國傳統的小說觀念，也不是純粹的西方小說觀念，而是中西雜糅的狀態。戲曲與小說文類界限模糊的情況既沒有出現在中國古代，在現代小說觀念確立以後也很快得不到承認，卻恰恰發生在清末民初小說觀念正在形成時期，並獲得廣泛接受，形成近代文學史上一種特殊現象。的確，中國古典小說與戲曲有某種親緣關係，但只有在西方小說觀念的觀照與回望下，這種親緣關係才更加突出。正是在此其狀況下，清末民初才更有可能會出現將戲曲劃歸爲小說的現象。另一方面，在現代小說觀念基本確立以後，以金鶴望、范煙橋、胡懷琛爲代表的一類人，即便清楚小說與戲曲爲兩種不同文類，卻依然將戲曲看作小說之一類，進一步證實了中國古典小說與戲曲之間親緣關係的存在，也體現了清末民初小說觀念變遷的痕跡。

小　結

　　本章通過對民國初年小說文類問題的考察，指出民國初年以及清末存在小說與戲曲文類「界限」模糊的現象，傳奇、彈詞等戲曲在當時隸於小說之下。遺憾的是，民國初年這一特殊的小說文類多被研究者所忽略，而對這一問題視而不見的主要原因在於以當下的小說觀念去理解民初小說觀念。此外，當下多將「傳奇體小說」看作是小說，實際上所謂的「傳奇體小說」在清末民初指的是戲曲。明代至民國初年，「傳奇」一直用來指代戲曲之一種，而自魯迅稱唐代一類小說爲「傳奇」，「傳奇」便有了兩種含義。對「傳奇體小說」的錯誤理解，在很大程度上來自對魯迅說法的偏聽偏信，以及缺乏對民初小說觀念具體情況的考察。

第三章 「體」之選擇：民國初年小說的文體問題

　　本章主要從小說的文體問題切入到民初小說觀念的研究。當下對「文體」的理解與使用頗爲混亂，因此有必要首先對「文體」一詞進行說明。姚愛斌在《中國古代文體論思辨》中對中國古代的「體」、西方的 Style 及 Genre 進行了細緻的比對與考察，他認爲作爲西方文體學（Stylistics）核心範疇 Style，其含義主要指向的是語言表達方式層面。而「文體」在中國古代文學領域中具有遠比語言形式豐富得多的語義域。某種程度上，將 Style 翻譯成「文體」造成了「文體」一詞的污名化。根據 Style「語言表達方式」的含義，姚愛斌認爲「語體」是較爲合適的譯名：

　　　　比較而言，「語體」不失爲 Style 的一個恰切而平實的漢語譯名，既能夠體現 Style 範疇主要關乎語言表達的特徵性。更重要的是，「語體」並非中國古代文體論本有，而是一個主要爲翻譯 Style 範疇而造的新詞，這樣便可以避免其本義與譯意的矛盾與糾纏，而在具體的翻譯時，使用「語體」這一完整的譯詞，避免因使用單音節詞「體」而引起混淆。〔註1〕

不論是從 Style 的本意來看，還是從當下相關文體學研究所面臨的問題出發，使用「語體」替代「文體」來翻譯 Style 都一種較爲合理的解決問題的方式。

〔註 1〕 姚愛斌：《中國古代文體論思辨》，北京：北京大學出版社，2012 年，第 143 頁。

〔註 2〕在姚愛斌看來，中國古代語境中的「體」有整體之意，「文體」據此可以理解為「文章整體」，「文體」問題不僅僅包括「語言表達方式」問題，更包括其它形式上的問題。本文對「文體」的理解借鑒了姚愛斌的觀點。民初小說的文體問題主要體現在民初小說所使用的語體（文言、白話）、小說的體例（章回體、筆記體）以及小說的敘事方式等諸多方面，某種程度而言，文體問題既宏闊又瑣碎，關於小說「體」方面的種種問題多少都可以納入到文體研究的視野中。

民國初年現代小說觀念尚未形成，這一時期小說在文體上呈現了與「五四」迥然的形態。從本文所掌握的文獻資料來看，民初諸人在文體問題上系統展開思考的文章、通信及相關記錄較少，換句話說，民初諸人在文體問題方面整體而言缺少主動的思考。這一狀況的產生與民初多數人缺乏建構某種小說觀念的訴求有關，隨之而來的是民初可以同時接納如文言與白話這樣在「五四」一代及當下看來完全對立的「語言表達方式」，這也是現代小說觀念未形成時期，中西小說觀念雜糅、交融中所特有的現象。小說的語體及小說的體例是小說文體問題的重要方面，本章主要從這兩方面對民初小說文體觀念進行考察。需要說明的是，這一時期在小說體例方面牽扯到「章回體」與「筆記體」、「長篇」與「短篇」的問題，因第一章對「筆記體」的問題多有涉及，本章不做主要討論。此外，敘事問題亦是重要的文體問題，但敘事有時也偏向為個人寫作方式的問題，並且鑒於這一時期在小說敘事模式上的革新較之清末變化不大〔註 3〕，所以本章暫不對此做專門討論。

第一節　民國初年對小說「文白」問題的基本看法

小說文言與白話的文體問題是近代西方小說觀念介入後的產物。對於中國古代小說「正宗」的「古小說」而言，文言是唯一合理的語言表達方

〔註 2〕事實上，「語體」一詞並非是為了翻譯 Style 而生造的詞彙，早在「五四」時期便有「語體」的說法，但這一時期「語體」意指白話，而相應的「語體詩」便是白話詩。

〔註 3〕陳平原抽樣分析了 1902～1927 年的著、譯小說共計 797 部（篇）後認為：「中國小說 1902 年起開始呈現對傳統小說敘事模式的大幅度背離，辛亥革命後略有停滯倒退趨向，但也沒有完全回到傳統模式。」見陳平原：《中國小說敘事模式的轉變》，北京：北京大學出版社，2010 年，第 5、12 頁。

式，而以章回小說、話本小說爲代表的「古典小說」則多恪守於白話語體的寫作。雖然小說在中國古代語境中原本就存在所指混亂的情況，但「古小說」與「古典小說」之間的界限大體而言是清晰的，隨著西方小說觀念的引入，小說的所指也愈加糾纏不清，某種程度而言，「古小說」與「古典小說」之間的界限被打破，二者同被視爲小說，進而也導致了近現代以來小說文言與白話文體問題的出現。正如陳平原在論及小說「文白」問題時所指出的那樣：「在中國古代文人眼中，白話小說（如章回小說）和文言小說（如筆記小說）是兩種不同的文類，沒什麼可爭可比的。只是由於西洋小說的譯介以及域外小說觀念的輸入，文言小說與白話小說的區別，才從文類轉爲文體。」〔註4〕始於清末的小說文言與白話問題，民國初年雖有相關的討論，但相較而言卻缺乏晚清對該問題的熱情。清末熱衷於從「開啓民智」的角度考量文言與白話問題，而民初則在一定程度上回歸到小說本身進行相關的思考，從這一層面來看，民國初年在小說「文白」問題上的某些看法頗爲引人關注。

一、「他們」與「我們」：起於清末的文言與白話問題

1922 年胡適在《五十年來中國之文學》談到清末與「五四」白話文運動的區別時指出：

> 1916 年以來的文學革命運動，方才是有意的主張白話文學，這個運動有兩個要點與那些白話報或字母的運動絕不相同。第一，這個運動沒有「他們」、「我們」的區別。白話不僅僅是「開通民智」的手段，白話乃是創造中國文學的唯一工具。〔註5〕

> 他們的最大缺點是把社會分作兩部分：一邊是「他們」，一邊是「我們」。一邊是應該用白話的「他們」，一邊是應該做古詩古文的「我們」。我們不妨仍舊吃肉，但他們下等社會不配吃肉，只好拋塊骨頭給他們吃去罷。這種態度是不行的。〔註6〕

〔註4〕 陳平原：《中國現代小說的起點》，北京：北京大學出版社，2005 年，第 164 頁。
〔註5〕 胡適：《五十年來中國之文學》，《胡適文集》（3 卷），北京：北京大學出版社，1998 年，第 252 頁。
〔註6〕 胡適：《五十年來中國之文學》，《胡適文集》（3 卷），北京：北京大學出版社，1998 年，第 252 頁。

胡適的這段表述雖然很尖銳，卻十分清晰地點明了清末與「五四」在白話問題上的最大區別。清末與五四諸人都有著強烈的啓蒙訴求，他們都希求借助於白話實現這一訴求，從功利性角度來看，二者是極爲相似的。但清末並沒有建立白話文學的願望，白話在梁啓超等人看來其主要功能在於「開啓民智」。不可否認的是，在清末梁啓超等人就已經開始提倡用白話、俗語、甚至方言來寫作小說，但與胡適等人不同的是，他們並不是從文學的角度來思考以白話來寫小說的問題，而是從純粹從啓蒙的角度來提倡白話小說的寫作。這正如胡適所說，晚清所提倡的白話有「他們」和「我們」的差別。從根本上來說，清末提倡白話小說，在某種程度上不啻爲一種進步，但這種進步更多地體現在將白話看作一種實現啓蒙訴求的工具上，而非以白話作小說上。

可以說，晚清時期小說文體方面的文言與白話之所以能夠成爲一個問題，其出發點不在於小說本身，而在於小說的工具性。這即是說，文言與白話哪一種更適合寫作小說並不是首要的問題，最爲重要的是，此二者誰更能發揮小說「開啓民智」的作用，從梁啓超「小說界革命」的宣言——《論小說與群治之關係》的論述邏輯中即可看出這一點。在梁啓超看來，小說因爲通俗而具有「熏、刺、浸、提」的作用，亦因此易被接受，小說若想發揮「開啓民智」的作用，從根本上要保持通俗的特點，而要做到這一點首先需要以白話作爲小說的語體。晚清「小說界革命」改變了中國小說的整體格局，但從梁啓超等人的出發點來看，「小說界革命」的對象主要集中在白話小說方面。

梁啓超曾明確提出要以俚語、俗語寫作小說的要求。在正式提倡小說界革命之前，梁啓超便已經思考以俗語入小說的問題，《變法通議‧論幼學》（1897）專論「說部書」中，他指出：

> 自後世學子，務文采而棄實學，莫肯辱身降志，弄此楮墨，而小有才智人，因而遊戲恣肆以出之，誨盜誨淫，不出二者。故天下之風氣，魚爛於此間而莫或知，非細故也。今宜專用俚語，廣著群書：上之可以借闡聖教，下之可以雜述史事，近之可以激發國恥，遠之可以旁及彝情，乃至宦途醜態，試場惡趣，鴉片頑癖，纏足虐刑，皆可窮極異形，振厲末俗，其爲補益豈有量耶！〔註7〕

〔註7〕 梁啓超：《變法通議‧論幼學》，《時務報》，1897 年，第 8 冊。見陳平原，夏曉虹編：《二十世紀中國小說理論資料》（第一卷），北京：北京大學出版社，1997 年，第 28 頁。

文字與語言分離的問題是造成「婦孺農民」讀書甚難的重要原因，但因爲小說多爲俚俗，像《三國演義》、《水滸傳》、《紅樓夢》一類的小說其接受範圍要大於「六經」。正是在此基礎上，梁啓超建議用俚俗之語廣著群書。相比於以文言寫就的「古小說」，白話小說因其通俗性傳播範圍更爲廣泛，而「俚俗」的小說雖然讀者較多，但是因爲其內容多含有誨淫誨盜的思想，所以造成了當下社會上的諸多頑疾與弊病。與梁啓超同時代諸人在小說文言與白話的問題上受到梁啓超的影響，與其持相同的觀點：

> 十年以來，前此所謂古文、駢文家數者，既已屏息於文界矣，
> 若能百尺竿頭，更進一步，剝去鉛華，專以俗語提倡一世，則後此
> 祖國思想言論之突飛，殆未可量。而此大業必自小說家成之。〔註8〕

此外，像《曲本小說與白話小說之宜於普通社會》、《論小說之教育》等文章都是從小說功用角度出發，提倡白話小說的寫作，如「小說之教育，則必須以白話，天下有不能識字之人，必無不能說話之人。」〔註9〕

從清末開始，隨著小說被宣揚爲「文學之最上乘」，原爲「大雅君子」所不屑的小說成爲社會改良的重要手段之一，應梁啓超之響應，小說作者激增。從身份上來看，這些小說作者多由文人組成，其古文功底深厚。但也正因爲如此，他們在寫小說、或翻譯小說的時候，無法更好地協調小說的文言與白話問題。從理論上講，小說應該盡可能使用白話，這樣能夠更好地發揮小說「開啓民智」的作用，但從實際操作層面，對於習慣於用文言寫作的人來說，用白話寫作、或翻譯小說並不那麼容易，梁啓超在其譯作《十五小豪傑》中發表了如下聲明：

> 本書原擬依《水滸》、《紅樓》等書體裁，純用俗話，但翻譯之
> 時，甚爲困難。參用文言，功勞半倍。計前數迴文體，每點鐘僅能
> 譯千字，此次則譯二千五百字。譯者貪省時日，只得文俗並用。明
> 知體例不符，俟全書殺青時，再改定耳。但因此亦可見語言、文字
> 分離，爲中國文學最不便之一端，而文界革命非易言也。〔註10〕

即便是提倡以白話、俗語小說的梁啓超，也面臨了無法協調翻譯小說中的語

〔註8〕 楚卿：《論文學上小說之位置》，《新小說》，1903年，第7號，第6頁。

〔註9〕 原文發表於《新世界小說社報》，1906年，第4期。見陳平原，夏曉虹編：《二十世紀中國小說理論資料》（第一卷），北京：北京大學出版社，1997年，第205頁。

〔註10〕 梁啓超：《十五小豪傑·譯後語》，《新民叢報》，1902年，第6號。

言問題。梁啟超本打算使用俗語來翻譯《十五小豪傑》，使該書通俗易讀。但從其描述中可以看出，在翻譯小說時，使用白話竟然不如文言效率高。無獨有偶，類似的感受在魯迅那裡得到印證：

《月界旅行》原書，爲日本井上勤氏譯本，凡二十八章，例若雜記，今截長補短，得十四回。初擬譯以俗語，稍逸讀者之思索，然純用俗語，復嫌冗繁，因參用文言，以省篇頁。〔註11〕

《月界旅行》是魯迅在 1903 年的譯作，時魯迅居於日本，有感於中國小說中缺乏「科學小說」，以及彼時譯界小說中「科學小說」的缺乏，遂譯此書〔註12〕。與梁啟超類似的是，魯迅最初也計劃以俗語來翻譯此書，也因嫌俗語過於繁冗而改用文言。〔註13〕除此之外，同時代其它人亦有過相似的體驗〔註14〕，可見這是當時較爲普遍的現象。

　　梁啟超等人無法解決小說文體方面文言與白話問題在理論與實踐上的偏離，究其原因主要在於：清末所提倡的白話更接近口語，以白話寫就的小說、文章大都隱含著潛在的說話者。作者即是說話者的身份，也使這一時期的白話小說具有了中國古代話本的文體特徵，其中如「看官」、「話說」這樣的表述便能印證這一點。而口語中大量的語氣詞，如「呢」、「呀」、「啊」也大量存在於白話小說中。〔註15〕從作者本身而言，對於具備較強古文寫作功底及

〔註11〕周樹人：《月界旅行・辨言》，1903 年。見陳平原，夏曉虹編：《二十世紀中國小說理論資料》（第一卷），北京：北京大學出版社，1997 年，第 68 頁。

〔註12〕周樹人：《月界旅行・辨言》（1903）：我國說部，若言情談故刺時志怪者，架棟汗牛，而獨於科學小說，乃如麟角。智識荒隘，此實一端。故苟欲彌今日譯界之缺點，導中國人群以進行，必自科學小說始。見陳平原，夏曉虹編：《二十世紀中國小說理論資料》（第一卷），北京：北京大學出版社，1997 年，第 68 頁。

〔註13〕1923 年魯迅在爲《中國小說史略》作序時也有過類似的表達：「又慮鈔者之勞也，乃復縮爲文言」。見魯迅：《中國小說史略・序言》，北京：人民文學出版社，1973 年，第 1 頁。

〔註14〕如姚鵬圖《論白話小說》：鄙人近年來爲人捉刀，作開會演說、啟蒙講義，皆用白話體裁，下筆之難，百倍於文話。其初每倩人執筆，而口授之，久之乃能搦管自書。然總不如文話之簡捷易明，往往連篇累牘，筆不及揮，不過抵文話數十字、數句之用。固以爲文人結習過深，斷不可據一人之私見，以議白話之短長也。（《廣益叢報》，1905 年，第 65 號，見見陳平原，夏曉虹編：《二十世紀中國小說理論資料》（第一卷），北京：北京大學出版社，1997 年，第 151 頁。）

〔註15〕在此不妨略引梁啟超在《十五小豪傑》中的譯文作爲參照：「看官，你知道這首詞講的是甚麼典故呢？話說，距今四十二年前，正是西曆一千八百六十三年

審美素養的清末諸人，即便在觀念上不排斥白話小說的寫作，但寫作白話這樣「俗」、「淺」的小說對他們來說也並非易事。〔註 16〕

由此，在理論上大力提倡用白話、俗語、甚至方言來寫作小說的清末，迎來的卻是文言小說的興盛〔註 17〕，甚而出現以文言寫作長篇小說的現象。中國古代長篇多是以白話寫就的，用文言來寫長篇小說是未曾有過的事情，在胡適看來，林紓以古文譯長篇小說讓其難以置信：「古文不曾做過長篇的小說，林紓居然用古文譯了一百多種長篇小說，還使許多學他的人也用古文譯了許多長篇小說。[……]古文不常於寫情，林紓居然用古文譯了《茶花女》與《迦茵小傳》等書。」從清末各大小說雜誌來看，其所徵求小說文言與白話均可，但二者不可摻雜，在文體方面要做到統一。〔註 18〕對於文字粗識之人，閱讀文言小說無疑是有難度的。而清末的文言小說與白話小說在讀者的預設上也體現著差別，別士在《小說原理》中認爲，中國的小說應該分爲士大夫與婦女粗人兩類：

> 綜而觀之，中國人之思想嗜好，本爲二：一則爲學士大夫，一

初九日，那晚上滿天黑雲，低飛壓海，濛濛暗暗，咫尺不見。」（見梁啓超：《十五小豪傑》，第一回，《新民叢報》，1902 年，第 2 期，第 93 頁。原文署名「少年中國之少年」。）

〔註 16〕參見陳平原在此問題上的觀點。陳平原在分析清末這類現象時指出：「作家之所以嫌白話譯書著書不合用，有白話缺乏錘鍊相對粗糙的原因，可也跟作家自身知識結構大有關係。對於從小讀古書作古文的這一代作家來說，很可能如《小說海》發刊詞中所表白的，『吾儕執筆爲文，非深之難，而淺之難；非雅之難，而俗之難』。」（陳平原：《中國現代小說的起點》，北京：北京大學出版社，2005 年，第 168 頁。）

〔註 17〕清末文言小說受歡迎程度，可以通過以下兩則資料佐證：1.覺我在《余之小說觀》中論及「文言小說與白話小說」時指出：之二者，就今日實際上觀之，則文言小說之銷行，較之白話小說爲優。過國民國文程度之日高乎？吾知其言之不確也。吾國文字，號稱難通，深明文理者，百不得一；語言風俗，百里小異，千里大異，文言白話，交受其困。若以臆說斷之，似白話小說，當超過文言小說之流行，其言語曉暢，無艱澀之聯字；其意義則明白，無幽奧之隱語，宜乎不脛而走矣。而社會之現象，轉出於意料之外者，何哉？余約計今之購小說者，其百分之九十，出於舊學界而輸入新學說者，其百分之九，出於普通之人物，其眞受學校之教育，而有思想、有才力、歡迎新小說者，未知滿百分之一否也？（《小說林》，1908 年，第 10 期）；2.包天笑《釧影樓回憶錄》：那時的風氣，白話小說，不甚爲讀者所歡迎，還是文言爲貴。

〔註 18〕如《新小說》規定：「本報文言、俗語參用；其俗語之中，官話與粵語參用；但其書既用某體者，則全部一律。」見《中國唯一之文學報〈新小說〉》，《新民叢報》1902 年，第 14 號。

則婦女與粗人。故中國之小說，亦分爲二派：一以應學士大夫之用；

一以應婦女粗人之用。體裁各異，而原理則同。〔註19〕

將別士的這番言論與梁啓超等人提倡白話小說初衷結合來看，再次印證了清末諸人對小說文體方面文言與白話的論述，其主要目的不在於小說本身。文言小說與白話小說象徵著接受者身份的差異，用白話來寫作小說，並不是因爲其能更好地表達小說的內容與情感，而在於白話足夠的「俗」適合婦女粗人讀之。又如清末名爲《天足引》的白話小說，作者寫道：「我這部書，是想把中國女人纏足的苦處，都慢慢的救他起來。但是女人家雖有識字的，到底文墨深的很少，故把白話編成小說。況且將來女學堂必定越開越多，女先生把這白話，說與小女學生聽，格外容易懂些。就是鄉村人家，照書念念，也容易懂了，所以我這部書，連每回目錄都用白話的。」〔註20〕事實上，正是因爲將文言與白話作爲身份的區分方式，文言小說與白話小說有各自的領域。如果說，以晚清四大小說雜誌爲代表的文言小說與白話小說的摻雜，體現了小說界革命提倡者在小說文體方面的糾纏不清，難以實現借小說之通俗「開啓民智」的目的，清末承擔這一任務的主要是大量興起的白話報與俗話報。根據陳萬雄的統計，在清末的最後十年約有 140 種白話報與雜誌出現。白話報所設定的接受者是粗通文字之人，白話報上所發表的小說沒有文言與白話的糾纏，而是力求通俗化、口語化。

由此可見，清末小說雖然從理論上提倡白話作小說，這一觀念也被多數人所接受，但在實踐方面梁啓超等人很難做到完全以白話來寫作小說，眞正實現這一點的是在當時各類繁多的白話報與俗話報上。清末提倡用白話、俗語寫作小說，從根本上來看，其所看重的並不是白話更適合寫作小說，而是看重白話的工具性。〔註 21〕從這一點來看，清末並沒有小說語體方面的自

〔註19〕別士：《小說原理》，《繡像小說》，1903 年，第 3 期。見陳平原，夏曉虹編：《二十世紀中國小說理論資料》（第一卷），北京：北京大學出版社，1997 年，第77～78 頁。

〔註20〕程宗啓：《〈天足引〉白話小說序例》，1906 年，見陳平原，夏曉虹編：《二十世紀中國小說理論資料》（第一卷），北京：北京大學出版社，1997 年，第 215頁。

〔註21〕當然，清末也有從小說本身角度來使用白話的情況，如 1905 年小說林社出版的「偵探小說」《母夜叉》：我用白話譯這部小說，有兩個意思：一是這種偵探小說，不拿白話去刻畫他，那骨頭縫裏的原液，吸不出來，我的文理，殼不上那麼達；一是現在的有心人，都講著那國語統一，在這水陸沒有通的時

覺性，他們很少思考白話與文言哪一個更宜於小說發展的問題。相反，白話因其「俗」、「繁冗」的特點，反而使更多小說革命的提倡者轉向文言小說的寫作。

二、民初針對小說本身的語體討論

　　相比於清末對小說文言與白話問題的關注，民國初年在此問題上的相關討論可謂少之又少。正如上文所指出的那樣，清末對小說文白問題的重視與「開啓民智」的訴求有著密切的關係，而民國初年在政治與革命熱情上的減退，造成民初在小說「文白」問題上「漠不關心」局面的出現。大略而言，民初在小說「文白」問題上呈現「兼收並蓄」的特點，既可以接受文言小說，亦不排斥白話小說，在這一點上延續了清末小說文白共存的情況，而從小說實際寫作情況來看，這一時期文人寫作的文言小說依舊要遠多於白話小說。值得注意的是，拋開清末「開啓民智」的訴求，這一時期在小說文白問題上開始轉向對小說本身的關注，即文言與白話究竟哪一種更適合小說的寫作。儘管這一問題在民初並沒有形成蔚爲大觀的討論，但從散見於各處的論述，仍然可以看出民初回歸小說、回歸文學本身思考文言與白話問題的萌芽與意識。

　　民初小說的作者及小說雜誌的編輯，在態度上能夠同時接受文言小說與白話小說。同一位小說作者既可以寫作具有「話本體」風格的白話小說，又可以寫出措辭講究的文言小說。他們在小說寫作中文言與白話的選擇上並沒有受到限制，這一時期的文言小說寫作主要包括古文小說與駢體小說兩類，而白話小說從行文風格上來看多爲「話本體」，並且有文白夾雜情況。從民國初年主要的小說雜誌來看，儘管文言小說與白話小說同時爲時人所接受，但文言小說從數量上要遠多於白話小說，《中華小說界》、《禮拜六》、《小說叢報》、《小說新報》、《小說大觀》等等莫不如此。以包天笑主編的《小說大觀》爲例，《小說大觀》創刊於 1915 年，由上海文明書局出版。包天笑作爲活躍於清末與民初的小說家，清末時就翻譯了《迦因小傳》〔註 22〕，並且創辦了

候，可就沒的法子，他愛瞧這小說，好歹知道幾句官話，也是國語統一的一個法門。我這本書，恭維點就是國語教科書罷。見陳平原，夏曉虹編：《二十世紀中國小說理論資料》（第一卷），北京：北京大學出版社，1997 年，第 174 頁。
〔註 22〕說明此書與林紓的《迦茵小傳》。

《蘇州白話報》（1901），進入到民初以後，包天笑主要擔任《小說大觀》與
《小說畫報》（1917）主編，其在擔任上述兩本小說雜誌主編的同時也進行小
說的寫作與翻譯。

包天笑在《〈小說大觀〉例言》中指出：「無論文言與俗語，一以興味爲
主，凡枯燥乏味及冗長拖沓者不探。」包天笑對文言與俗語小說「不偏不倚」
的態度，看重小說的「興味」而不是語體，在一定程度上能夠代表民初諸人
在此問題上的基本觀點。從實際情況來看，在 1915 年至 1918 年停刊時所出
版的十五集《小說大觀》中，白話小說可謂少之又少，不論是小說寫作，還
是小說的翻譯，文言小說都佔據主要的地位：

表3　《小說大觀》（1915～1918）小說的「文白」情況

刊　　　期	文言小說數量	白話小說數量
第一集（1915）	10	3
第二集（1915）	14	2
第三集（1915）	15	2
第四集（1915）	13	3
第五集（1916）	15	0
第六集（1916）	13	2
第七集（1916）	15	1
第八集（1916）	15	6
第九集（1917）	14	4
第十集（1917）	13	4
第十一集（1917）	14	3
第十二集（1917）	12	2
第十三集（1918）	14	2
第十四集（1918）	14	1
第十五集（1918）	7	4

說明：筆記、隨筆、日記以及傳奇不在統計之內。

通過表格，能夠清晰地看出《小說大觀》在四年內所發表的文言小說與白話
小說的數量與比例。很明顯，《小說大觀》上文言小說數量要遠遠多於白話小

說，尤其需要指出的是，部分白話小說因爲篇幅原因在多期連載，如葉小風的《如此京華》分別刊載於第三集、第四集、第六集、第七集、第八集，所以從實際數量來看，白話小說要更少一些。《小說大觀》上文言小說與白話小說的分佈情況，大體能夠代表民初小說雜誌上兩種小說的情況。民初小說作者與雜誌編輯從態度上並不排斥白話小說，但他們卻更傾向於選擇文言來寫作、翻譯小說。〔註 23〕

　　民國初年雖然主要以文言小說寫作爲主，卻很難看到提倡寫作文言小說的言論，相反視白話爲小說之正宗的觀點並不少見。民國初年在小說文體方面文言與白話的問題上，值得一提的是，與晚清十分強調白話小說啓蒙的功用相比，民初更加注重白話本身的文學性，頗類似於胡適所說的「有意的主張白話文學」。民初管達如在《說小說》中將小說「文學上之分類」分爲「文言體」、「白話體」、「韻文體」，在談到「白話體」時，他指出：

　　　　此體可謂小說之正宗。蓋小說固以通俗遠下爲功，而欲通俗遠
　　下，則非白話不能也。且小說之微妙，在於描寫入微，形容盡致，
　　而欲描寫入微、形容盡致，則有韻之文，恒不如無韻之文爲便。[……]
　　中國普通社會，所以人人腦筋中有一種小說思想者，皆此種之小說
　　爲之也。故中國社會而受小說之福也，此種小說實屍其功；中國社
　　會而蒙小說之禍也，此種小說實屍其咎。〔註 24〕

管達如將白話體稱爲小說的正宗，尤爲可貴的是，他不僅從通俗的角度看待白話小說的優勢，更是從文學的角度指出了白話小說的優點。在他看來，白話小說最能夠表現小說的特點，在描寫方面更是可以做到細緻入微。將管達如對白話小說的看法，與上文梁啓超與魯迅嫌白話作小說繁冗、拖沓相比較，或可看出：民初已開始有意識地從小說本身出發思考白話作小說的問題，白話在「開啓民智」方面的作用已經不再是以白話來寫作小說的主要理由，雖然這一影響還是存在的。除管達如以外，1914 年《雅言》中刊載署名夢生〔註 25〕的《小說叢話》中也表達了類似的觀點：

〔註 23〕關於部分民初小說雜誌使用「文白」情況的統計，可以參見陳迪強《「五四」
　　　　文學革命之前的小說語言狀況考論──以 1914～1916 的小說雜誌爲中心》，
　　　　《中國現代文學研究叢刊》，2014 年，第 9 期，第 37～45 頁。

〔註 24〕管達如：《說小說》，《小說月報》，1912 年，第 3 卷，第 5 期，第 3 頁。

〔註 25〕《二十世紀中國作家筆名錄》（增訂版）中注明夢生爲葉夏聲（1882～1956），
　　　　字競生，又字兢生。參見《二十世紀中國作家筆名錄》（增訂版），臺北：漢

小說最好用白話體，以用白話方能描寫得盡情盡致，「之乎也
哉」一些也用不著。

或謂小說不必全用白話，白話不足發揮文學特長，爲此說者，
必是不曾讀過小說者，必是不曾領略得小說興味者。

小說難作處，全在白話。白話小說作者得佳者，便是小說中聖
手。

小說之爲好小說，全在結構嚴密，描寫逼眞。能如此者，雖白
話亦是天造地設之佳文。〔註26〕

從引文中能夠看出，夢生是白話小說的擁躉，這番關於白話作小說的論述簡
直是五四文學的先聲。清末小說界革命至民初不過十年左右，但很明顯民初
在小說語體問題的思考上要比清末更進一步。

不過，儘管都是從小說本身出發去思考文體問題，對於白話小說與文言
小說，究竟哪一種更適合表現小說的美感，不同的人看法有較大的差別。作
爲五四文學革命的提倡者與參與者，1914 年周作人曾提出小說「易俗語爲文
言」的觀點：

如上所言，中國小說之異，可以見矣，西方小說已多變革，近
於醇文。而中國則猶在元史時代，仍猶市井平話，以凡眾知識爲標
準，故其書多蕪穢。蓋社會之中不肖者，恒多於賢，使務爲俗悦，
以一般趣味爲主，則自降而愈下。流弊所至，有不可免者，因以害
及人心，斯亦其所也。或欲利用其力，以輔益群治，慮其效，亦未
可期。蓋欲改革人心，指教以道德，不若陶鑄其性情。文學之益，
即在於此。第通俗小說缺陷至多，未能盡其能事。往昔之作存之，
足備研究。若在方來，當別闢道途，以雅正爲歸，易俗語而爲文言，
勿復執著於社會，使藝術境界蕭然獨立。斯其文雖離社會，而其有
益於人間甚多。淺鮮此爲言，改良小說者所宜知者也。〔註27〕

學研究中心，1989 年，第 542 頁。

〔註26〕夢生：《小說叢話》，《雅言》，1914 年，第 1 卷，第 1 期。見陳平原，夏曉虹
編：《二十世紀中國小說理論資料》（第一卷），北京：北京大學出版社，1997
年，第 435 頁。

〔註27〕周作人：《小說與社會》，原文發表於 1914 年第 5 號《紹興縣教育會學刊》，
見陳平原，夏曉虹編：《二十世紀中國小說理論資料》（第一卷），北京：北京
大學出版社，1997 年，第 482 頁。

即便是以古文小說與駢體小說興盛的民國初年，直接提倡寫作文言小說也可算是獨樹一幟的觀點。如前所述，民初思考小說文白問題的人並不多，但在小說寫作上則主要以文言小說為主。但對於周作人本人來說，他提倡文言小說的主要原因在於厭倦清末小說過於直接的功利性，在他看來，以俗語來寫作小說是否有助於群治未得而知，但俗語小說所呈現的問題無疑顯示其無法承擔這樣的重任，反而損害了小說的藝術境界，缺陷太多。而文言小說雖看似不直接發揮社會作用，卻能「陶鑄性情」，在潛移默化中有益於社會。與前文管達如、夢生相比，周作人的觀點頗有倒退的意味，但在本文看來，在當時能夠從晚清對小說功用的過分強調轉向從小說本身思考文體問題，就已經是很大的進步，是為難得，比照上文所引民初白話小說來看，周作人理想中的小說絕不是那種無法擺脫「話本小說」風格，及過於口語化的小說，尤其是民初一些白話報上所刊載的俗語小說〔註28〕。

　　民初在小說「文白」問題上，雖然沒有給予過多的關注與討論。但可以看出這一時期在小說文體觀念上有著較為開放、兼收並蓄的態度，這正是小說觀念形成時期的獨特現象，而沒有了清末以小說「開啟民智」的迫切要求，民初在小說的「文白」問題的思考上開始轉向小說本身，這不啻為一種進步。不過，正是由於這一時期小說觀念尚未確立，民初小說在文體方面具有多種嘗試的可能性，駢體小說才得以在民初出現並成為一股寫作潮流。

三、駢體小說及其批評

　　陳平原在《中國現代小說的起點》中論及清末民初小說文體問題時指出：

> 清末民初的小說，真正成為競爭對手的是古文小說和駢文小說。古文小說源遠流長，自是理直氣壯；駢文小說基本上是民國初年的特產，理論上講不出什麼，可甚為青年讀者所歡迎。〔註29〕

〔註28〕如《中國白話報》在 1915 年 6 月 12 日第三期中發表了作者為白話道人的小說《玫瑰花》，試以此為例觀之：「哈哈　恭喜　恭喜　你列位眼福真正好得狠哩倘使不是你列位眼福好得狠我這部玫瑰花小說那能夠做得出來呢　我因為這白話報上社了小說一門　今天正要動筆做去　但那小說的規矩向來都是說謊話的　天下那有實實在在的事情擺在小說裏面教人家看了不相信呢。我白話道人既然懂些小說的規矩也只好拿起筆來撒謊了」（空格為原文所有）

〔註29〕陳平原：《中國現代小說的起點》，北京：北京大學出版社，2005 年，第 183頁。

與清末相比，民國初年小說獨特現象之一便是駢體小說的忽然興盛。駢體小說具有駢儷化傾向，小說中駢文佔據一定的比例與篇幅。正如陳平原所說駢體小說並沒有相應的理論闡釋，民初也罕有提倡寫作駢體小說的作者，但駢體小說卻在民初頗為流行。從現存的文獻中，很難看出駢體小說的作者有某種文體上的自覺嘗試與理論主張，民初駢體小說更近於文字的遊戲，事實上，駢體小說在 1914 年前後盛行期過後，隨著「五四」時代的到來，其便很快走向消亡而成為歷史。民初駢體小說的大興，一定程度上是該時期小說文體觀念尚未形成的產物，駢體小說作為民初非常獨特的現象，在小說文體問題的研究中無法避而不談。而這一時期針對駢體小說的批評，則更能夠反映民初在小說文體問題上的相關看法。

較早注意到駢文寫作小說現象的魯迅，他在《中國小說史略》中提到唐張鷟的《遊仙窟》與清陳球的《燕山外史》時，評價前者「文近駢儷而時雜鄙語」〔註30〕，對後者則指出「然語必四六，隨處拘牽，狀物敘情，俱失生氣，勿姑論六朝儷語，即較之張鷟之作，雖其無俳諧，而亦遜其生動也。」〔註31〕從文體方面來看，這兩篇小說的共同特點是喜用駢儷之語，尤其是《燕山外史》通篇幾乎全部採用駢文的形式。駢文又稱「四六文」，興盛於魏晉南北朝時期，對對仗與聲律有較為嚴格的要求，並因此容易造成辭藻的堆砌。唐代「古文運動」對駢文的盛行有所打壓，但漢代以後駢文基本上是作為奏議、詔令等公文的基本文體，所以直到清代亦是經久不衰。中國古代小說中偶用駢句是常見的現象，但在一篇小說中大部分使用駢文，從中國小說發展史整體來看，這樣的情況並不多見，而民國初年卻盛行著以駢文作小說之風，一時間可謂是蔚為大觀。民初文壇上根據小說作者與編輯者不同，小說雜誌亦呈現出不同的風貌。民國初年駢體小說的陣地主要是徐枕亞主編的《小說叢報》、《小說旬報》，以及徐枕亞、吳雙熱等人為主要作者的《民權報》、《民權素》，李定夷所主編的《小說新報》也是駢體小說的陣地之一。駢體小說在民初的大受歡迎是有目共睹的，像《玉梨魂》這樣的駢體小說可以算是民初「第一暢銷書」，駢體小說的暢銷也引發了民初寫作駢體小說的風潮。

所謂「駢體小說」亦被稱為「駢文小說」，「駢體小說」中運用一定的駢

〔註30〕魯迅：《中國小說史略》，北京：人民文學出版社，1973 年，第 56 頁。
〔註31〕魯迅：《中國小說史略》。北京：人民文學出版社，1973 年，第 218 頁。

文，卻非通篇都爲對仗整飭的駢句。對於民初駢體小說作者代表徐枕亞，夏
志清認爲：「他的駢文風格，與庾信相較，似顯俚俗；就連陳球的《燕山外
史》（一八一○）——民國前唯一以駢文寫成的長篇小說——風格也比徐枕亞
『純正』。然而，陳球只是運用駢四儷六的各種組合，而徐枕亞在風格上較
具彈性，採用駢文與古文的穿插交替，也就是說，把規矩嚴謹而側重描寫及
抒情的駢文段落，與較鬆弛而可用古文表達的對白、敘述段落，交替穿插
出現。」〔註32〕從《玉梨魂》的文本來看，情況確如夏志清所述，《玉梨魂》
並非通篇是駢文寫就，而根據郭占濤的統計，《玉梨魂》中駢文不超過全文
的 18%，甚至比「文近駢儷」的《遊仙窟》中的駢文比例還要低〔註33〕。所
以說，駢體小說是有駢儷化傾向的小說，而並非通常所認爲全篇使用駢句的
小說。

　　民國初年駢體小說的大興與小說作者本身有極大的關係，是特定歷史文
化語境的產物。從一方面看來看，駢體小說的寫作風潮與文人逞才使氣的風
氣有關，趙孝萱便持這樣的觀點，她認爲：「這種炫才的風氣推而極致，就是
『小說文體的辭賦化』。這辭賦化的具體實踐，除了在小說中加入大量辭賦
外，就是以大量的駢文書寫。中國文人對詩文可以到甚至病態的講究傳統，
會表現出在字辭音韻的字斟句酌上；對文章之美的強調，會考慮到辭藻音韻
的運用。而當小說的書寫重點從情節而轉移到語言本身時，以駢文書寫，當
然也成爲一種可能的考慮。」〔註34〕這樣的分析不無道理，但民初駢體小說
大興，從另一方面來看，更多的是與小說作者當時所面臨的處境及對小說作
用的理解有關。民初多將小說看作是茶餘飯後的消遣，與晚清小說爲「文學
之最上乘」的觀念相比可謂是兩極化，民初「消閒」小說觀念產生，多與當
時的社會環境有關，在經歷了辛亥革命民國建立後，國家所面臨的竟然無盡
的黑暗，而這些曾經有過政治熱情的小說作者，在那樣一個欲歌不能、欲哭
不能的社會中，便轉而投向了文字遊戲的消遣中，作爲民初刊載較多駢體小
說的《小說叢報》，在該報的發刊詞中，編輯徐枕亞便流露了這樣的看法：「原

〔註32〕〔美〕夏志清：《玉梨魂新論》，《知識分子》，1987 年，第 1 期，第 35 頁。
〔註33〕見郭占濤《民國初年駢體小說研究》：「《玉梨魂》中的駢文大概不會超過整部
　　　　小說篇幅的 18%，駢文化程度較《遊仙窟》還要低。」（廣西：廣西師範大學
　　　　出版社，2010 年，第 119 頁。）
〔註34〕趙孝萱：《「鴛鴦蝴蝶派」新論》，蘭州：蘭州大學出版社，2004 年，第 244
　　　　頁。

夫小說者俳優下技，難言經世文章；茶酒餘閒，只供清談資料。滑稽諷刺，途託寓言；說鬼談神，更茲迷信。人家兒女，何勞替訴相思，海國春秋，畢竟干卿何事？」〔註35〕正是在種情況下，小說由「開啓民智」的工具成爲茶餘飯後，可供談資的消遣品，從而使一些文人開始了駢體小說的寫作。而劉鐵冷作爲民初駢體小說作者之一，其在後來談到民初寫作駢體小說的經歷時說道：

> 余等之組合，以《民權報》爲基本，一時湊齊，全無派別，今人號余等爲鴛鴦蝴蝶派，只因愛作對句故，須知爾時能爲詩賦者夥，能爲詩賦，即能作四六文，四六文之不適世用，不自民國始，不待他人之攻擊。然在袁氏淫威之下，欲哭不得，欲笑不能，於萬分煩悶中，藉此以泄其憤，以遣其愁，當亦爲世人所許，不敢侈言倡導也。〔註36〕

將劉鐵冷的這段話與徐枕亞的表述結合來看，民初的駢體小說雖然是文人逞才使氣的一種表現，但同時也是他們排遣鬱悶的一種方式。確如劉鐵冷所說，民初小說相關文獻中並不曾看到他們對駢體小說寫作的提倡，這也印證了民初在駢體小說問題上缺乏理論主張事實，駢體小說的寫作並不是小說文體方面的某種實驗，它在更大程度上是一種不得已的文字消遣遊戲，關於此問題的進一步論述參見本文第四章。

范伯群將民初稱爲「文體百花齊放的時代」〔註37〕，林紓的古文小說、徐枕亞的駢體小說，以及白話小說可以同時存在，互不干涉。不過，相較於古文小說與白話小說，駢體小說在民初卻受到了以《小說月報》主編惲鐵樵爲代表的批評。而像《中華小說界》、《禮拜六》、《小說大觀》、《小說月報》等民初主要的小說刊物上不曾、或者極少刊載駢體小說，這種姿態也說明了即使民初如《玉梨魂》一類的駢體小說十分賣座，但大部分的小說作者及雜誌編者對此還是頗爲抵制的。

惲鐵樵 1912 年接替王蘊章成爲《小說月報》的主編，與王蘊章偏好辭章小說不同，惲鐵樵更爲欣賞的是文筆「雋永漂亮」之文，其繼承先人惲敬的

〔註35〕徐枕亞：《小說叢報・發刊詞》，1914 年，第 1 期。
〔註36〕鄭逸梅：《民國舊派文藝期刊叢話》，見魏紹昌編：《鴛鴦蝴蝶研究資料》（上卷），上海：上海文藝出版社，1984 年，第 382 頁，引劉鐵冷所述。
〔註37〕參見范伯群：《中國現代通俗文學史》（插圖版），北京：北京大學出版社，2007年，第 211 頁。

陽湖派古文，「其爲文也，質而不俚」〔註38〕。惲鐵樵是民初鮮明反對寫作言
情小說的編輯，甚至因爲不刊登言情小說，而引來讀者來信建議增設言情小
說〔註39〕，對於以駢體方式寫作的言情小說，其更是十分的反感。惲鐵樵對
駢體小說的批評初以回覆讀者通信的形式於《小說月報》，1915 年《小說月報》
第 6 卷第 3 號中開始設立「本社函件最錄」欄目，自此以後不定期的刊登讀
者來信。在第 6 卷第 4 號中，惲鐵樵刊登了其執筆的《答劉幼新論言情小說
書》，但劉幼新的原信卻並未刊載。在這封回信中，其鮮明地表明了對駢文寫
作小說的態度：

> 或謂西洋所謂小說即文學，於是以駢體當之，雖不能眞駢，亦
> 必多買胭脂，蓋以爲如此，庶幾文學也，而不知相去彌遠。推而論
> 之，苟去年復古竟達目的，則科舉必復；科舉復，而科學之《佩文
> 韻府》可以出版矣。非不知駢文爲中國文學上之一部分國粹，然斷
> 不可施之小說。〔註40〕

在他看來，儘管駢文可以算作是中國文學的國粹，但以此來作小說，專事雕
琢，「就適者生存之公例言之，必歸淘汰；且淘汰而後，於中國文學上絲毫無
損」〔註41〕而在稍後第 7 號的《小說月報》，惲鐵樵在《論言情小說著不如譯》
亦對這類小說進行了批評，並認爲青年作文所存在的「詞藻自炫」、「滿紙餖
飣」的問題與閱讀此類小說有很大的關係：

> 吾見有童子，文字楚楚可觀，更閱數年，見其所作，則餖飣滿
> 紙，不可救藥。蓋其人酷好言情小說之富於詞藻者，刻意摹之，遂
> 至於此。

惲鐵樵對駢體小說的不滿首先來自其對小說的基本認識及古文的偏嗜，而他

〔註38〕 錢基博：《鐵樵小說彙稿序》，《小說月報》，1914 年，第 5 卷，第 2 期，第 1
頁（注：「文苑」欄目下）。
〔註39〕 《小說月報》上刊載讀者許與澄的來信，其所提建議之一爲：「二曰宜增設狹
義的言情小說也。貴社不載言情小說，未嘗不是，然正惟言情惟言情小說之
足以誤人，故宜創設別體之言情小說，務在就正流行諸本之弊，如西俗有接
吻之禮，宜特別爲之點破，說明不宜中俗之故。諸如此類，以矛制矛，有益
人心，必當不淺。」許與澄：《關於〈小說月報〉之一得》《小說月報》，1915
年，第 6 卷，第 12 期，第 1 頁。
〔註40〕 惲鐵樵：《答劉幼新論言情小說》，《小說月報》，1916 年，第 6 卷，第 4 期，
第 2 頁。
〔註41〕 惲鐵樵：《答劉幼新論言情小說》，《小說月報》，1916 年，第 6 卷，第 4 期，
第 2 頁。

對「富於詞藻」小說排斥另一重要原因則是基於青年國文教育的考量。張麗華將惲鐵樵對駢體小說的反感與其國文教育主張結合起來考察是極有啓發性的〔註42〕。從讀者身份來看，民初駢體小說的讀者主要以青年學生爲主，對於民初具有小學以上文化水平的讀者，閱讀《玉梨魂》這樣的駢體小說並非難事，1915 年全國小學生以上的學生約爲 4,119,475 人，而這個數量在 1902 年僅爲 6,911〔註43〕，學生數量的增加使駢體小說的接受群體擴大。1916 年第 7 卷第 1 號《小說月報》刊登了惲鐵樵與陳光輝「關於小說文體問題的通信」〔註44〕，惲鐵樵再次表達了駢體一類的小說對青年國文的危害：

> 青年腦筋對於國文有如素絲，而小說力量偉大又如此，則某等濫竽小說界中者，執筆爲文，宜如何審愼將事乎！嘗謂小說僅以消遣，未足盡小說之量；謂小說僅所以語低等社會，猶之未盡小說之量；謂撰小說宜多用豔詞綺語，於是以雕詞琢句當之，吾期期以爲不可；謂小說宜淺俗，淺則可，俗則吾期期以爲不可。[……]就以上所言觀之，小說不止及於低等社會，實及於青年學子。青年於國文爲素絲，而小說之力大於教科，實能染此素絲。而國文之特性，俗語必不可入文字，則來函所云云，吾敢以誠實由衷之言答曰：吾不敢苟同也。

惲鐵樵視小說「力量偉大」看法頗類於梁啓超的觀點。但是梁啓超基於「開啓民智」的訴求，提倡以俗語入小說，而惲鐵樵則從小說對青年學子國文的影響出發，認爲小說應避免俗語。事實上，他本人並不反對白話寫作小說，甚至以白話爲小說之正格，但在他看來，如果沒有古文基礎，根本寫不出眞正的白話小說：「小說之正格爲白話，此言固顚撲不破，然必如《水滸》、《紅樓》之白話，乃可爲白話。換言之必能爲眞正之文言，然後可爲白話；必能讀得《莊子》、《史記》，然後可爲白話。」〔註45〕以此來看，「俗語必不可入

〔註42〕 參見張麗華在《現代中國「短篇小說」的興起——以文類形構爲視角》第五章的相關論述。

〔註43〕 參見吳研因，翁之達：《三十五年來中國之小學教育》，見莊俞，賀聖鼐主編：《最近三十五年中國之教育》，上海：商務印書館，1931 年，第 26 頁。可參見「民國叢書」，第二編，第 45 卷。

〔註44〕 這一題目爲陳平原等所擬，見陳平原，夏曉虹編：《二十世紀中國小說理論資料》（第一卷），北京：北京大學出版社，1997 年，第 563 頁。這裡借用這一說法。

〔註45〕 《小說月報》，1915 年，第 6 卷，第 6 期。

文字」與「小說之正格為白話」二者似乎相互矛盾，但實際並非如此。惲鐵樵所認可的白話小說必定不是有著那些明顯「話本體」以及夾雜著大量語氣詞的口語化白話小說，從這一點上看，他其實是對白話小說提出了更高的要求，而非僅止於通俗易懂。

從惲鐵樵本人來看，他在小說文體問題方面是民初少有的具備理論意識與訴求之人。其對駢體一類小說的批評，是民初難能可貴的對小說文體問題的反思，旨在廓清民初小說文勝於質的風氣。除惲鐵樵外，在 1915 年 1 月《小說海》的創刊號中也批評了時下小說的駢體化：「今世科學盛行，國文之用，日趨簡便，綺靡詭譎，無所用之。浸假治小說而從事餖飣獺祭，甚無所謂也。」〔註 46〕由此可以看出，在駢體小說較為興盛的民國初年，對駢體小說反對的聲音亦不少見。民初雖然不反對以文言來寫作小說，但是具體到駢體小說時，這種情況便發生了變化。而「五四」時期對駢文、駢體小說的批評則是首當其衝。

1917 年陳獨秀在《文學革命論》中反對貴族文學、古典文學、山林文學，其對駢文亦是大加撻伐：

> 東晉而後，即細事陳啓，亦尚駢麗。演至有唐，遂成駢體。詩之有律，文之有駢，皆發源於南北朝，大成於唐代。更進而為排律，為四六。此等雕琢的、阿諛的、鋪張的、空泛的、貴族古典文學，極其長技，不過如塗脂抹粉之泥塑美人，以視八股試帖之價值，未必能高幾何，可謂為文學之末運矣！〔註 47〕

陳獨秀認為駢文是「文學之末運」，而駢文所代表的更是一種貴族文學，是區別於「他們」與「我們」的文學，是時駢文亦多為公文的寫作文體，陳獨秀對駢文有如此強烈的反對態度，更遑論駢體小說。同樣，胡適在《文學改良芻議》中提出「不做無病呻吟」、「勿去濫調套語」、「不用典」、「不講對仗」，而駢文中很容易出現這幾種問題，很明顯，胡適對駢體小說也是持反對態度的。此外，錢玄同、傅斯年等人也發表了反對駢文的文章。直接對民初駢體小說進行批評的是羅家倫，羅家倫在《今日中國之小說界》一文中對中國當時的三派小說逐一進行批評，其中就有「四六派」的駢體小說：「第二派的小

〔註 46〕宇澄：《〈小說海〉發刊詞》，1915 年，第 1 期。見陳平原，夏曉虹編：《二十世紀中國小說理論資料》（第一卷），北京：北京大學出版社，1997 年，第 563 頁。
〔註 47〕陳獨秀：《文學革命論》，《新青年》，1917 年，第 2 卷，第 6 號，第 2 頁。

說就是濫調四六派。這一派的人只會套來套去，做幾句濫調的四六，香豔的詩詞。」〔註48〕

在新文學提倡者的影響下，曾刊載過駢體小說的雜誌上也開始發表了反對「四六派」小說的言論。發表過一些駢體小說的《小說新報》上，雖然在1919年10月（第五期）時仍刊載名為「儷言短篇」的《蒸霞妖夢》（厚生），此篇小說幾乎通篇為駢句，且對用典以及駢句的工整十分講究，但在同年第三期卻發表了貢少芹的《敬告著小說與讀小說者》，其中在談到文言小說之忌時，認為「篇中慣用四六排偶」是大忌。可以看出，儘管在文學革命以後，駢體小說並未徹底消失，像《玉梨魂》這樣民初暢銷的駢體小說在文學革命後也曾多次再版，但駢體小說的熱潮已經不復存在，駢體小說逐漸消亡而成為歷史。

綜上可以看出，民初出現了寫作駢體小說的傾向，以徐枕亞、李定夷等作者為代表，《民權報》、《民權素》、《小說叢報》以及《小說新報》等雜誌作為駢體小說發表的陣地，發表了一定數量的駢體小說。駢體小說的出現一方面與文人逞才使氣有關，另一方面也與民初的社會文化語境密不可分。民初駢體小說的作者從身份上看，多為文人，面對民國初年的社會環境，他們的情緒多表現為悲觀失望，而這種情緒反映在小說觀念上，便是將小說看作是排遣鬱悶的消遣之物，由此而作駢體小說。駢體小說在民初時便受到了時人的反對，而後在文學革命對駢文激烈批判後，駢體小說走向消亡。

第二節 民國初年「章回體」及其相關問題

「章回體」小說是清代以來對某種體式小說的統稱，這類小說從文體特點上來看，多以白話寫就，篇首有回目，且在開頭與結尾有較為固定的表達程序。「章回體」小說的寫作興盛於明清之際，中國古代章回以「四大名著」及《金瓶梅》為代表。「章回體」作為一種文體，在清末即以獲得認可，「章回體」小說的寫作並未因西方小說的衝擊而失去市場，正如張麗華在論及清末「章回體」小說時所指出的那樣：「作為本土文類的章回體小說，並沒有如研究者通常所想像的那樣，在域外小說的衝擊下很快便土崩瓦解，相反，作

〔註48〕羅家倫（志希）：《今日中國之小說界》，《新潮》，1919年，第1卷，第1號，第108頁。

爲一種具有悠長傳統與穩定讀者群的小說體式，它在相當長時間裏仍然保有活力。」〔註49〕清末有代表性的小說如「四大譴責」等均是「章回體」小說，「章回體」小說在一定程度上反映了清末小說的創作水平。民國初年，「章回體」小說的寫作依舊保持著穩定的態勢，但也出現了值得關注與研究的問題。

一、「話本式」體例的恪守與破壞

民初之前，雖然不乏提到「章回」、的文獻，但系統闡釋「章回體」特徵則爲管達如：

> 章回體　此體之所以異於筆記體者，以其篇幅甚長，書中所敘之事實，極多，亦極複雜，而須首尾聯貫，合成一事，故其著作之難，實倍蓰於筆記體。然其趣味之濃深，感人之力之偉大，亦倍蓰之而未有已焉。蓋小說之所以感人者在詳，必於纖悉細故，描繪靡遺，然後能使其所敘之事，躍然紙上，而讀者且身入其中而與之俱化。而描寫之能否入微，則於其所用之體制，重有關係焉。此章回體之小說，所以在小說界中占主要之位置也。凡用白話及彈詞體之小說，多屬此種。即傳奇，實在亦屬於此類〔註50〕

將管達如對「章回體」的認識歸納一下，有如下幾點：一、章回體爲長篇；二、章回體所用語言爲白話；三、章回體在描寫上更爲細緻，更容易感人至深。管達如對「章回體」的看法代表了清末以來最爲普遍的觀點，「章回體」是與「筆記體」相區別的一種小說體制，此種體制的小說是以白話爲語言載體的長篇小說，並且有固定的表達程序。章回體最爲引人注目的特點便是「分回標目」，一篇章回小說由若干回目組成，每回篇幅大致相當，回目標題爲字數相等的兩句話，如《紅樓夢》第一回「甄士隱夢幻識通靈，賈雨村風塵懷閨秀」，且每回多以「話說」、「卻說」爲開頭，「欲知後事如何，且聽下回分解」類似表述作爲結尾。「章回體」小說從其文體特徵上來看與話本頗有類似之處，清末甚而有「宋人平話，即章回小說」〔註51〕的說法。

〔註49〕張麗華：《現代中國「短篇小說」的興起——以文類形構爲視角》，北京：北京大學出版社，2011年，第103頁。

〔註50〕管達如：《說小說》，《小說月報》，1912年，第3卷，第7期，第1～2頁。

〔註51〕江東老蟫（繆荃孫）：《京本通俗小說·跋》，繆荃孫輯，黎烈文標點：《京本通俗小說》，上海：商務印書館，1937年，第1頁。

「章回體」小說與話本的關係多被研究者所關注，如胡適認爲宋朝的《宣和遺事》與《五代史平話》等爲後世「章回小說」的始祖〔註52〕，不過浦安迪在論及明清「章回小說」時則不贊成過分強調「章回小說」與話本之間的關係，他認爲受到胡適、魯迅、鄭振鐸的影響，「大都把明清小說的出現，遠託於六朝志怪，而近歸於流於對宋元話本的模仿，進而根據後者而把他納入『俗文學』，便自然而然地把其中的『說書人』修辭手法——如開場的『楔子』，結尾的『預知後事如何，且聽下回分解』等等意義簡單化第歸爲話本的形式殘餘」〔註53〕，他從明清章回小說作者身份的角度將「章回小說」歸爲「文人小說」從而消解其與話本之間的聯繫，強調「章回小說」與話本之間的區別，避免將「章回小說」看成是依附話本而產生的文類，突出「章回小說」爲獨特的「奇書文體」。浦安迪的觀點頗有啓發性，不過無論是明清之際，還是民國初年，幾乎所有的「章回體」小說都保留了這種話本式的開篇與結尾，換句話說，從形式上來看，話本式的開篇和結尾是「章回體」小說的重要標誌，這一點獲得了明清至民初諸人的廣泛認同。

管達如對「章回體」小說的論述，並沒有涉及到「章回體」小說在篇章上具有的「話本式」特點。但通過民初的「章回體」小說的考察，可以看出對「章回體」小說「話本式」開頭與結尾的接受與認同，與明清之際相比並無變化。清末民初的小說大多首先刊載於報刊雜誌上，單行本的出版發行通常在連載結束之後，所以以下主要選取民國初年小說雜誌上的「章回體」小說來討論民初對「章回小說」「話本式」特點的接受。

徐枕亞主編的《小說叢報》1914年創刊，從該刊第一期開始連載李定夷的「長篇小說」小說《潘郎怨》，每期連載一至兩回，至1915年第十二期連載十一回標明「未完」後卻中斷連載。同年，國華出版社出版了李定夷的小說《曇花影》（共二十回），這部名爲《曇花影》的小說即是刊載於《小說叢報》上的《潘郎怨》〔註54〕，由此可以推之《潘郎怨》的斷載與小說單行本

〔註52〕 參見胡適《論短篇小說》：「宋朝是『章回小說』發生的時代。如《宣和遺事》和《五代史平話》等書，都是後世『章回小說』的始祖。」（見胡適：《論短篇小說》，見嚴家炎編：《二十世紀中國小說理論資料》（第二卷），北京：北京大學出版社，1997年，第43頁。）

〔註53〕 （美）浦安迪：《中國敘事學》，北京：北京大學出版社，1996年，第21頁。

〔註54〕 《潘郎怨》與《曇花影》內容基本相同。不過《曇花影》中每回結束後，均有「裴邨曰」來述讀後之感。關於裴邨其人，清末「戊戌六君子」劉光第，

的出版有關。李定夷的這部《潘郎怨》是文體特徵十分明確的「章回體」小說，以下擇錄前五回的題名、開頭與結尾觀之：

第一回　敍家世江南推望族　求婚姻海上定香盟

開頭：列位呀，在下這一派胡說，到底從那裡講起的呢。

結尾：正是　文明夫婿多情種　佳偶同心證夙緣

要知後事如何，且聽下回分解。〔註55〕

第二回　芳草斜陽心傷小別　落花流水腸斷相思

開頭：話説

結尾：正是　願學莊生化蝴蝶　時時飛夢到卿前

要知後事如何，且聽下回分解。〔註56〕

第三回　半夜談心客來不速　扁舟赴約予情信芳

開頭：卻説

結尾：正是　卿眞憐我　我更憐卿　誰能遣此　未免有情〔註57〕

第四回　芳衷細訴一片癡心　塵劫重提兩行血淚

開頭：話説

結尾：正是　且將心上事　說向意中人　蓮子比心苦　淚痕滿素斤

欲知後事如何，且聽下回分解〔註58〕

第五回　正名定分禮謁北堂　下榻留厢光分東壁

字裴邨，但劉光第於1898年被殺，《曇花影》一書出版於1915年，最早以《潘郎怨》之名連載於《小説叢報》上也爲1914年。這是否表明《曇花影》（《潘郎怨》）一書作於1898年之前？否則何以有「裴邨曰」？筆者認爲《曇花影》（《潘郎怨》）應爲1914年始作，而非早於1898年所作，理由有二：其一、《潘郎怨》連載於《小説叢報》時，曾在第三期、第九期、第十期、第十一期斷載，這似表明李定夷此時正處於寫作過程中。其二、在《曇花影》第一回結束時，「裴邨曰：曇花影，言情小説也」（見李定夷：《曇花影》，上海：國革出版社，1915年12月，第11頁），裴邨直接稱此書爲《曇花影》，而非《潘郎怨》，《潘郎怨》之名應該先於《曇花影》，否則何必在《小説叢報》上使用《潘郎怨》而不直接用《曇花影》之名。《曇花影》爲民初所作，裴邨自然不是指劉光第，應另有其人。

〔註55〕 李定夷：《潘郎怨》，《小説叢報》，1914年，第1期。
〔註56〕 李定夷：《潘郎怨》，《小説叢報》，1914年，第1期。
〔註57〕 李定夷：《潘郎怨》，《小説叢報》，1914年，第2期。
〔註58〕 李定夷：《潘郎怨》，《小説叢報》，1914年，第4期。

開頭：話說

結尾：正是　兩小無猜情脈脈　喁喁私語小窗中

欲知後事如何，且聽下回分解〔註59〕

上文所引的《潘郎怨》前五回，基本有著一致的格式，如回目題名整飭、大都以「話說」爲開篇，結尾附以詩詞，並綴以「預知後事如何，且聽下回分解」的套話。其中第一回的開篇較爲特殊，作者首先抒發關於該故事的感想，頗類似引言的作用，在這段話之後才開始說道「列爲呀，在下這一派胡說，到底從那裡講起的呢」，正式進入正文。仔細觀察可以發現，前五回中唯有第三回結尾缺少「預知後事如何，且聽下回分解」一句，有意思的是，在《小說叢報》第四期小說本期連載結束後，作者補充了這樣一句話：

附志　本篇第三回末行遺漏「欲知後事如何，且聽下回分解」

十二字，特此補告。〔註60〕

可以看出，李定夷本人對傳統「章回體」小說體制的遵從幾乎到了恪守的地步，甚至因爲少了這樣一句套話而在意，在後來出版的《曇花影》第三回中也補齊了這句話。這種「話本式」的套語在民初幾乎被嚴格執行頗讓人意外，事實上即使在像《紅樓夢》、《水滸傳》這樣的「章回體」小說「範本」也並未在每回結束時都使用「且聽下回分解」一類的套話。除《潘郎怨》這篇小說外，民初其它的「章回體」小說也多依照這種「話本式」的體例。

　　與較爲嚴格遵守「話本式」體例不同，清末民初「章回體」小說的回目題名卻出現了「簡化」的現象。中國古代「章回體」小說的回目以雙對爲主，在字數上有雙對七字、雙對八字，甚至雙對九字以上。李小龍在《中國古典小說回目研究》指出「從中國古典小說回目來看，小說界革命後也發生了諸多改變，有兩個方向：一是變得更長；一是變得更短。」〔註61〕前者指的是回目字數增多，甚至出現了十五言目，後者則是指小說回目在字數上變少，同時由雙對回目變爲單句回目的情況出現〔註62〕，令人驚訝的是，這一時期竟然出現了單句兩言的回目，這是清末之前未曾有的現象。單句兩言回目，在一定程度上表明傳統回目及「章回體」小說的體式在這一時期遭到了

〔註59〕李定夷：《潘郎怨》，《小說叢報》，1914年，第4期。

〔註60〕李定夷：《潘郎怨》，《小說叢報》，1914年，第4期。

〔註61〕李小龍：《中國古典小說回目研究》，北京：北京大學出版社，2012年，第291頁。

〔註62〕此一部分的內容與統計數據，參見李小龍的《中國古典小說回目》一書。

破壞。清末曼殊曾對小說作者在回目問題上的簡省、草率不滿，他指出：

> 凡著小說者，於回目時，不以草率。回目之工拙，於全書之價值，與讀者之感情，最有關係。若《二勇少年》之目錄，則內容雖佳極，亦失色矣。吾見小說中，其回目最佳者，莫如《金瓶梅》。
> 〔註63〕

《二勇少年》是連載於《新小說》第一期至第七期的「冒險小說」，為南野浣白子述譯。這篇小說採用「回」的方式，但在回目題名上比通常的「章回體」回目簡單許多，如第一回為「同敵士」、第二回為「難破船」。曼殊的這番言論表明了傳統文人對回目的題名是十分考究的。這類回目過過於簡單的小說，顯然已經違背了傳統的「章回體」體式，那麼這類小說是否應該被看作是「章回體」？

諸如單句兩言回目的小說，與傳統「章回體」的體式雖有區別，但通過這類小說在文體方面的其它特點，亦可判定其為「章回體」小說。1912年《小說月報》第3卷第12期上刊載了「英雄小說」《大復仇》，由日本押川春浪著，吳覺中譯。這篇譯述小說是民初具有代表性的單句兩言「章回體」小說：

表4　小說《大復仇》的文體特徵

回　　　目	開頭	結　　　　　尾
第一章　絕島	在下	看官們留神聽著便了，看說出什麼話來。
第二回　漁村	話說	不知立雄怎樣抵擋，且聽下回分解。
第三回　舍生	話說	不知立雄死後如何，且聽下回分解。
第四回　遇救	話說	不知那人究竟是誰，且聽下回分解。
第五回　勤業	話說	不知以後如何，且聽下回分解。
第六回　成功	話說	不知後事如何，且聽下回分解。
第七回　遠鄉	話說	究竟可能如願，且聽下回分解。
第八回　拯難	話說	不知被難的究竟是不是曲田父子，且聽下回分解。
第九回　憐仇	話說	不知立雄上岸怎樣情形，且聽下回分解。
第十回　普濟〔註64〕	話說	（完）

〔註63〕曼殊：《小說叢話》，《新小說》，1903年，第8號。
〔註64〕原文為「第十四回」疑為筆誤。見《小說月報》，1912年，第3卷，第12期。

可以看出，《大復仇》這篇小說除了在回目上採用了單句二言以外，諸如開頭、結尾都採用了「章回體」小說「話本式」的體例，是為「章回體」小說無疑。與李定夷的《潘郎怨》相比，《大復仇》在回目的編排上顯得頗不用心，但值得注意的是，即使這樣一篇從回目上看並不像是「章回體」的小說，卻嚴格遵守了「章回體」的「話本式」體例。

民初類似《潘郎怨》、《大復仇》這樣恪守「話本式」體例的「章回體」小說並不少見。正如上文所指出的那樣，中國傳統的「章回小說」也並非在每回結束後都要加上「且聽下回分解」的套話，這種現象在民初出現，頗值得玩味。通常情況下，我們更為關注的是這一時期的小說在西方小說觀念衝擊下於諸多方面所做出的改變，但卻忽略了某些不變的現象。在本文看來，民初對「章回體」在形式上，尤其是「話本式」體例的恪守，是中西小說觀念雜糅時期才會出現的情況。正是因為西方小說觀念的介入，西方小說的翻譯與引進，清末以來時人才逐漸認識到中西小說無論是在觀念上，還是在文體上的區別。對於中西小說區別的認識，進一步加深了他們對中國固有小說體制的體認，從而使像「章回體」這樣的傳統小說體制在文體的某些方面被嚴格規範，於是出現了像李定夷這樣因為遺漏了「章回體」結尾套話而特意補白的現象。

不過，另一方面，我們也應該看到民初在恪守「章回體」的某些文體規範的同時，也在試圖對此進行破壞。上文所指出在回目上的「簡化」即為一例，事實上，民初「章回體」在諸如語言、篇幅等文體方面也有值得關注的變化。

二、章回體與長篇

「長篇」與「短篇」的分類方式是受域外小說影響而出現，清末已有「長篇」與「短篇」的說法，如「長篇中每著一二筋節語，即是關合全書大旨，與全書所注點者」〔註65〕，不過從小說分類角度來看，清末多採用「內容」分類法，如歷史小說、寫情小說、偵探小說等，「長篇小說」與「短篇小說」的說法寥寥見於報端，其中以「長篇」尤甚。至於「短篇」，像《月月小說》這樣的刊物還設有「短篇小說」一欄，並公開徵集過短篇小說。清末除《小說月報》外，其它雜誌未曾將「長篇」作為小說的分類方式，並且沒有公開

〔註65〕二我：《〈黃繡球〉評語》，《新小說》，1905年，第15號。

徵集過長篇小說。民初嘗試使用「長篇」與「短篇」的方式對小說進行歸類，如《小說大觀》、《小說叢報》中的小說會標明「長篇小說」與「短篇小說」。通常「章回體」小說給人最爲直觀的印象便是其爲篇幅較長的小說。中國古代「章回小說」動輒數十回，甚至上百回，從篇幅來看，確實可以看作是長篇，可以說，「章回體」在文體方面的特點之一便是篇幅長，民初諸人對此頗爲認同。管達如就直接指出「章回體」特點之一是「篇幅甚長」，吳曰法更是直接將「長篇」與演義之間劃等號：「長篇之體，探原竟委，則所謂演義是也」〔註66〕

「長篇」與「章回體」並不是對等的說法。首先二者是不同的分類方式，其次，篇幅較長只是「章回體」的文體特點之一，但「長篇小說」不等於「章回體」小說。即便是在清末民初，寫作「長篇」也並非一定要使用「章回體」。「章回體」作爲中國古代固有的小說文體，清末的長篇創作多採用此種形式，甚至在域外小說的翻譯上也有意的採用「章回體」，較爲典型的是梁啓超所譯的《十五小豪傑》，從梁啓超所創辦的《新小說》雜誌來看，其上所刊登的小說大多採用「回」的形式。事實上，清末不使用「章回體」來寫作「長篇」的情況十分少見，這主要是文體慣性與觀念慣性作用的結果，儘管西方小說對這一期的中國小說已經產生了影響，但在文體方面尚不足以撼動傳統的根基。以清末諸人的觀念，他們認爲「長篇」理所應當是「章回體」，他們即便想要學習西方小說的寫作方式，在短時間內做出改變也並非易事，這也使得「章回體」在清末依舊保持活力，尤其是在自創小說方面。1908年披髮生（羅普）在爲息影廬主（吳趼人）翻譯的英國小說《紅淚影》所作的序中指出：「余嘗調查每年新譯之小說，殆逾千餘種以外。嗚呼！可謂盛而濫矣！獨怪出版雖夥如斯，然大都襲用傳體，其用章回體則殊鮮。」〔註67〕清末出現非「章回體」的「長篇」主要是在翻譯域外小說方面，其中較有代表性的便是林紓。林紓是眾所周知的古文大家，其翻譯作品以採用文言的形式，並且是通過他人口譯，其本人整理的方式，林紓譯作域外「長篇」不採用「章回體」主要是由使用文言翻譯所決定的。

對比清末和民初小說雜誌上所刊載的「章回小說」，從數量上來看，清末

〔註66〕吳曰法：《小說家言》，《小說月報》，1915年，第6卷，第6期。

〔註67〕披髮生：《紅淚影・序》，上海：世界書局，1927年，第2頁。《紅淚影》最早爲廣智書局1909年出版，這篇序的寫作時間是1908年——「光緒戊申仲冬上浣之二日」。

要多於民初，這表明民初在「長篇」創作與翻譯時，選擇其它方式的情況增多，並不完全依靠「章回體」，換句話說，「章回體」並非是民初寫作「長篇小說」作所能採用的唯一文體。胡適曾對林紓以文言寫作「長篇」表示驚訝，想必清末諸人在最初面對文言「長篇」時都有類似的感受，但在民初以文言作、譯「長篇」已不是什麼稀奇之事，甚至有的白話小說也不是「章回體」小說，如包天笑翻譯的《瓊島仙葩》。我們翻閱了民初《小說月報》、《中華小說報》、《小說叢報》、《禮拜六》等小說雜誌，發現民國初年文言「長篇」要遠遠多於白話「長篇」，而白話「長篇」也不是每篇都使用「章回體」，考慮到論文的篇幅，這裡僅呈現 1915 年 1～12 期《小說月報》的「長篇」統計情況，藉此管中窺豹：

表 5　1915 年《小說月報》「長篇小說」統計

序號	小說篇名	連載刊期	文　體	譯作 / 自作	章目情況 （以首章爲例）
1	西學東漸記	第 1～8 期	文言長篇	譯作	第一章　幼稚時代
2	鶼鰈姻緣〔註 68〕	第 1～4 期	白話章回	自作	第一回　撰稗官開宗明義 訪遺墳溯本循源
3	潛艇制勝記	第 1～2 期	文言長篇	譯作	無
4	銀碗奪豔	第 2～4 期	文言長篇	譯作	第一章　無標題
5	雲破月來緣	第 5～9 期	文言長篇	譯作	第一章　無標題
6	德國外交秘史	第 4～12 期	白話長篇	自作	第一回　偵探部浪子投身
7	斷雁哀弦記〔註 69〕	第 9～12 期	文言長篇	譯作	第一章　無標題
8	冤海靈光	第 10～12 期	文言長篇	自作	第一章　無標題
9	英倫燃犀錄〔註 70〕	第 11～12 期	文言長篇	自作	第一章　無標題

通過上表能夠看出，《小說月報》在 1915 年共發表長篇小說九篇，文言長篇七篇，白話長篇兩篇，其中《鶼鰈姻緣》、《斷雁哀弦記》是續載 1914 年的作

〔註 68〕《鶼鰈姻緣》最初連載起《小說月報》第 5 卷第 5 期至第 6 卷第 4 期結束，共 90 回。

〔註 69〕《斷雁哀弦記》續《小說月報》第 5 卷第 9 期。

〔註 70〕《英倫燃犀錄》最初刊載於《小說月報》第 6 卷第 3 期，最初置於「短篇小說」下，自第 11 期起標爲「長篇小說」。

品，這裡也一併將此算作 1915 年刊載的「長篇小說」，這些小說中只有《鴛鴦姻緣》是「章回體」小說。從章目情況來看，民初「長篇」多使用「章」而不是「回」，如第 X 章，並且在每章後多無章節題目，這與傳統「長篇」「章回小說」在回目上的費盡心思頗為不同，民初小說作者在章節題目有無、具體題名為何上顯得尤為隨意，究其原因應是受西方小說的影響，而「章」應是對 Chapter 翻譯。眾所周知，傳統的「章回體」多使用「回」來作為標題，少數情況使用「則」、「卷」、「段」的，但使用「章」的情況可謂是前所未有。「章」作為「章回體」小說標題，始見於清末，如《秘密自由》（1909）、《官場離婚案》（1910）等，不過這種情況並不多見，大多數「章回體」小說還是使用「回」。

　　需要指出的是，雖然「回」多被看作是「章回體」小說所固有的用法，但並不是所有標明「第 X 回」的都是「章回體」小說。如表格中所錄《德國外交秘史》這篇小說，從表面上看，它似乎是「章回體」小說，因為它不僅有回目，而且還有題名，但事實上這篇小說並不具備「章回體」小說其它的文體特點，它只不過是採用了「第 X 回」的形式而已，如果換成「第 X 章」也沒有任何問題，所以《德國外交秘史》一篇只能算是白話「長篇」。

　　此外，民初那些以文言寫作的類似章回體的「長篇小說」，也不屬於「章回體」之列，如用文言寫就的回目整齊的小說。將何種小說判定為「章回體」，何種為非「章回體」，所主要依據的並不是我們當下的標準，而是根據民初之人的觀念所進行的判斷。在「章回體」語體問題上，清末民初諸人毫無疑問地將其看作是白話、俗語寫成的小說，所以那些由文言寫成的小說不符合「章回體」最基本的文體規範。如果將文言小說也看成是「章回體」，那麼諸如徐枕亞、吳雙熱等人寫作的「駢體小說」，以及林紓翻譯的古文小說都可以看作是「章回體」，這顯然是無根遊談。正如上文所述，民初諸人有嚴格遵守「章回體」文體規範的傾向，在「章回體」小說語體方面尤其如是，簡而言之，他們十分清楚自己的文言小說不是「章回體」，而若他們想要寫作「章回體」小說時，便一定會遵守某種文體規範。

　　試以徐枕亞在 1915 年《小說叢報》同一期（13 期）上發表的兩篇小說——《棒打鴛鴦錄》和《刻苦相思記》〔註71〕為例來說明民初諸人對「章回

〔註71〕 徐枕亞：《棒打鴛鴦錄》，《小說叢報》，1915 年，第 13 期，第 1～18 頁；《刻苦相思記》，《小說叢報》，1915 年，第 13 期，第 1～22 頁。這兩篇小說在同

體」的基本看法。《棒打鴛鴦錄》是一篇文言小說，但這篇小說具備十分整齊的回目，「宦海歸帆日　春風把袂時」、「梅花欣有生　琪草歎無姿」、「綠葉春成夢　紅窗語似絲」等。《刻苦相思記》與《棒打鴛鴦錄》相同，也具有整齊的回目，在此不妨列舉一二：「著新書筆陣掃蕪詞　溯往事琴川留豔跡」、「江湖落魄憔悴行吟　萍水訂交殷勤留宿」、「齊公祠荒涼權寄燕　辛峰亭風雪獨騎驢」。二者不同之處主要有以下三點：首先，《棒打鴛鴦錄》為文言，《刻苦相思記》為白話〔註72〕；其次，《棒打鴛鴦錄》採用「第 X 章」的方式，而《刻苦相思記》為「第 X 回」；再次、《棒打鴛鴦錄》無「話說」、「且聽下回分解」之類的套話，《刻苦相思記》則多使用「話說」為開頭，每回結尾處都有「欲知後事，且看下回」的套話〔註73〕。由此可見，徐枕亞顯然有意對這兩篇小說在文體方面進行了有意識的區分，他十分清楚「章回體」規範，並在其寫作的「章回體」小說過程中對這種文體規範嚴格遵守。在他們看來，文言寫作的小說，即使有工整的回目，但這樣的小說並不是「章回體」。從細節來看，在《棒打鴛鴦錄》中使用「第 X 章」而不是「第 X 回」也能夠反映出徐枕亞最初就是將這兩篇小說當成是不同文體的小說進行寫作。像徐枕亞這樣的「駢體小說」作家，並沒有因為其對「駢體」的偏好而擅自更改「章回體」的文體規範。李定夷亦是民初「駢體小說」的代表作家，上文所提到出自其手的《潘郎怨》，與徐枕亞的《刻苦相思記》一樣，都恪守了「章回體」的規範，這再次說明了民初諸人對「章回體」的文體特徵十分明確，且達成共識。

　　所以說，在民國初年那些以文言寫成的長篇，在民初諸人的觀念中無論如何都算不得是「章回體」。有研究者稱徐枕亞為「章回體」的破壞者，將《玉梨魂》等看作是「章回體」小說，類似的觀點有殆於商榷：

　　　　如果說張恨水是傳統章迴文體的堅定守護者，那麼徐枕亞應當算是這種文體的堅決破壞者，他創作的幾部小說幾乎顛覆了傳統章回小說的體例格式，僅僅保留了分回標目這一特徵。饒是如此，徐枕亞小說的回目設置也完全不同於傳統章回小說。《余之妻》回目參

一期開始連載。下文所引有關此兩篇小說的內容，均來自《小說叢報》，不再贅引。

〔註72〕除第一回楔子略文。

〔註73〕第一回結束後，寫的是「緣起如此，事詳下回」。

差不齊，[……]《玉梨魂》同樣只有兩字標目，[……]《雪鴻淚史》
由十四篇日記構成，回目即日期[……]〔註74〕

從某種意義上來看，徐枕亞可以算是「章回體」的破壞者，因爲他不採用「章回體」的方式來寫作小説，本身就是對這一傳統文體的破壞。但實際上，徐枕亞在寫作《余之妻》、《玉梨魂》、《雪鴻淚史》並未打算按照「章回體」的規範來寫作，如果他眞想寫作「章回體」就會按照《刻骨相思記》的模式來寫作，徐枕亞也並未打算破壞「章回體」的體例，因此從這一層面來看，不論是將徐枕亞看作是「破壞者」，還是將上述小説當成是「章回體」恐怕都有不妥。

　　需要指出的是，通常我們將白話看作是「章回體」所採用的語言，民初諸人亦持此看法。但近年在有關民初「章回體」小説研究中，將清末民初的一些文言「長篇」理解爲「文言章回小説」，並認爲「文言章回小説」體現了清末民初「章回體」小説的新變，如張蕾《論清末民初文言章回體小説》一文即持有此種看法。正如上文所分析的那樣，民國初年並不存在「文言章回體」小説，一方面，從民初小説作者來看，他們並不曾想過要用文言來寫作「章回體」；另一方面，從「章回體」方面來看，文言並不符合當時「章回體」的文體要求。「文言章回體」説法的出現，某種程度上是將民初「長篇」完全等同於「章回體」，事實上，民初諸人已經開始嘗試寫作「章回體」之外的「長篇」，試圖擺脫「章回體」的程序，這不啻爲一種進步。將文言「長篇」看成是「文言章回體」反而遮蔽了民初在小説文體方面所進行的探索。

　　民初諸人並不認爲寫作篇幅稍長的小説必須要採用「章回體」，他們確實認同「章回體」是「篇幅甚長」的小説。從「長篇」與「短篇」的角度，在他們看來「章回體」務必是屬於「長篇」一類的，即使那些有著「章回體」文體特徵，但篇幅並不長的小説，只因爲是「章回體」小説，便也被看成是「長篇」。上文曾以《小説月報》上發表的小説《大復仇》爲例，説明了民初「章回體」小説對「話本式」體例的嚴格遵從。這篇小説所引人關注之處不僅在於其簡化的小説回目、嚴格恪守的話本套語，更在於其「長篇小説」的身份。《小説月報》自 1910 年創刊以來，便採用「長篇」與「短篇」的分類方式，即使 1912 年更換主編後直到 1916 年，依舊沿用了這一體例。這篇《大

〔註74〕劉曉軍：《章回體例與連載方式：論清末民初章回小説文體的變革》，《文藝理論研究》，2012 年，第 11 期，第 77 頁。

復仇》在《小說月報》中即被安排在「長篇小說」目下，事實上，這樣一篇僅有十回、二十七頁的小說，在多大程度上能算作是「長篇」呢？同期《小說月報》上刊載的「短篇小說」《偵探談片》從頁數上看有二十二頁，比照「長篇小說」《大復仇》僅少了七頁而已，同期另外一篇「長篇小說」《紅薔夢》則只有二十四頁。成之在 1914 年曾針對當時頗為普遍的長短篇分類提出了質疑：

> 小說之篇幅，有長短之殊，人因分之為長篇小說、短篇小說。
> 然究竟滿若干字，則何為長篇？在若干字以下，則當為短篇乎？苦
> 難得其標準也。但此種形式的分類，殊非必要，竟從俗稱之可以。
> 自實言之，則長篇小說，趣味較深，感人之力亦較大，短篇小說則
> 反是，由一為單純小說，一為複雜小說固。〔註75〕。

成之顯然對當時所流行的「長篇小說」與「短篇小說」的分類頗有微詞，正如他所指出的那樣，「長篇」與「短篇」的標準該如何判斷，難道僅依據字數嗎？在他看來，與其使用模棱兩可的長篇小說與短篇小說的說法，不如使用「複雜小說」和「單純（獨）小說」。「複雜小說」與「單獨小說」是成之所提出的分類，前者對應的是 novel，篇幅長，且多用俗語；後者對應的是 romance，篇幅短，宜使用文言。成之依據「敘事之繁簡」的標準對小說進行分類，在一定程度上避免了當時在「長篇」、「短篇」分類上可能出現的混亂情況，並且不再執著於篇幅問題，這使他能夠看到篇幅以外的問題，如在評價《儒林外史》時，他認為：

> 《儒林外史》，篇幅雖長，其中所包含之事實雖多，然其事實，
> 殆於各個獨立，並無結構之可言（非合眾小事成一大事）。與向來通
> 行之長篇小說，體例不合，實乃短篇小說之體裁耳。此亦足以證吾
> 記事小說多為短篇之說矣。〔註76〕

成之對《儒林外史》的評價，與魯迅「雖云長篇，頗同短製」的說法頗為相似，對比民初以單純以篇幅來分類小說的情況，成之的觀念可謂是頗有見地。

綜上所述，民初依然將「章回體」看作是小說體制之一，在民初諸人的觀念中，「章回體」是以白話、俗語寫成，遵守「話本式」體例，並且篇幅較

〔註75〕成之：《小說叢話》，《中華小說界》，1914 年，第 5 期，第 30 頁。
〔註76〕成之：《小說叢話》，《中華小說界》，1914 年，第 4 期。

長的小說。可以看出，民初在「章回體」小說寫作上，一方面嚴格遵守某些
文體規範，如對「話本式」體例的恪守比古人更甚；另一方面卻也試圖破壞
「章回體」的文體規範，如對回目進行簡化等等。這種一方面嚴格遵守，一
方面試圖破壞，所體現的正是處在小說觀念變革時期，既對傳統有所堅持，
同時又接受西方影響的境況。需要指出的是，這一時期在「章回體」小說之
外，亦嘗試了其它方式寫作「長篇」，諸如用使用文言，或者用白話非「章回
體」，不論這些嘗試是否值得提倡，但至少表明民初在文體方面有過其它的選
擇，若將民初的文言「長篇小說」看作是「文言章回體」小說，在某種程度
上便遮蔽了民初在小說文體上的多樣性。

第三節　「短篇小說」意識的初萌

　　「短篇小說」是 20 世紀以來受域外小說觀念影響出現的說法，「短篇小
說」是小說的次文類，與其相關的問題應屬文類問題，但它本身又是一個文
體問題，張麗華在《現代中國「短篇小說」的興起》一書將「短篇小說」看
作是文類，她使用「文類」而非「文體」主要是考慮到「文體」一詞在中西
語境中含義的差別，所以「爲了避免混亂，本文采用『文類』這一未必精確
卻不會引起歧義的譯法」〔註 77〕。李麗在《中國現代短篇小說的文體自覺》
則從「文體」的角度探討了「短篇小說」的相關問題。這兩本「短篇小說」
研究論著，都首先地討論了使用「文類」、「文體」的原因，以免引起誤解。
對「文類」（genre）問題與「文體」（style）問題進行區分有時並非那麼容易，
事實上，二者本身是有關聯的。本文將「短篇小說」問題放在小說文體問題
下進行討論。顯然，界定「短篇小說」無疑是困難的，而清末民初對「短篇
小說」的理解最爲簡單，所謂「短篇小說」即是篇幅較短的小說，「小說之篇
幅，有長短之殊，人因分之爲長篇小說、短篇小說」〔註 78〕，他們很少在理
論上去思考何爲「短篇小說」應有的特質。對「短篇小說」問題的正式思考
到「五四」時期才眞正開始。儘管，民國初年在「短篇小說」問題缺乏較爲
直接的討論，但對「短篇小說」的重視與提倡是這一時期不可忽視的現象，
對這一問題進行考察能夠瞭解民初文體方面的相關問題。

〔註77〕張麗華：《現代中國「短篇小說」的興起——以文類形構爲視角》，北京：北
　　　京大學出版社，2011 年，第 12～13 頁。
〔註78〕成之：《小說叢話》，《中華小說界》，1914 年，第 5 期，第 30 頁。

　　民國初年小說的許多問題都可以追溯至清末，「短篇小說」亦然。「短篇小說」在「小說界革命」之初尚處於「缺席」的狀況，不論是在相關論述小說合理性的文章，還是在新近出版的小說雜誌中，均是如此。梁啓超在《論小說與群治之關係》、《中國唯一之文學報〈新小說〉》等中都沒有過「短篇小說」的說法。同樣，在《新小說》最初所發表的小說中幾乎未有一期能夠刊載完成的小說，在《新小說》共 24 期的雜誌中能夠看出，其更傾向於刊登篇幅較長的小說，尤其是「章回體」小說。這種現象的出現主要以下兩方面原因：首先，梁啓超對小說的分類是以小說內容作爲分類的依據，比如政治小說、歷史小說、哲理小說、軍事小說，根據篇幅或者其它方式對小說進行分類並不在其所考慮的問題內，唯有「札記體小說」較爲特殊，無法按照內容來分類。其二、梁啓超的小說觀中雖然沒有將「筆記」排除在小說之外，但從他的理論訴求出發，將俗語小說看作是小說之正宗，俗語小說才是小說界革命的眞正對象，而俗語小說多是「章回體」小說，篇幅大多較長。從這一點上看，「小說界革命」沒有爲「筆記」一類篇幅較短的小說留有位置。事實上，「小說界革命」之初，時人在論及小說相關問題時，默認是對「長篇」而言，如：

　　　　一部小説數十回，其全體結構，首尾相應，煞費苦心，故前此作者，往往幾經易稿，始得一稱意之作。今依報章體例，月出一回，無從顚倒損益，艱於出色。其難三也。尋常小説一部中，最爲精彩者，亦不過數十回，其餘雖稍間以懈筆，讀者亦無暇苛責。〔註79〕

這裡所說的「數十回」的小說，很明顯指的是「長篇」「章回體」。此外，這一時期論小說，多以《紅樓夢》、《水滸傳》等爲主，對於篇幅較短的小說幾乎未曾涉及。由此可見，「小說界革命」初期，「短篇小說」並未被重視。

　　研究者多認爲《月月小說》是清末「短篇小說」的首倡。1906 年創刊於上海的《月月小說》自第一期開始就刊載了譯作「短篇小說」《十年一夢》，此後基本每期都會刊登「短篇小說」〔註80〕，並且在 1908 年第 3 期（總第 15號）刊登了「徵文廣告」：

　　　　本報除同人譯著外，仍廣收海內外名家。如有思想新奇之短篇

〔註79〕 《〈新小說〉第一號》，「紹介新刊」，《新民叢報》，1902 年，第 20 號，第 99頁。
〔註80〕 除 1908 年第 5 期、1908 年第 6 期、1909 年第 12 期以外。

說部，願交本社刊行者，本社當報以相當之利益。本報注重撰述……

已經入選，潤資從豐。〔註81〕

其實，清末最早刊載並提倡「短篇小說」是 1904 年創刊的《時報》。1904 年
8 月 4 日，《時報》開始刊載了「短篇」小說，從《時報》中所透露的信息，
能夠看出《時報》是受域外小說觀念影響後開始引入「短篇」：

短篇小說本為近時東西各報流行之作，日本各日報雜誌多有懸
賞募集者，本館現亦依用此法。如有人能以此種小說（題目體裁文
筆不拘）投稿本館，本報刊登者，每篇贈洋三元至六元。〔註82〕

嚴格意義上來說，中國古代並沒有「短篇」的觀念，假若沒有域外小說觀念
的介入，中國本土很難產生「短篇小說」。清末諸人更為擅長的是「章回體」
的寫作，「短篇小說」的寫作具有試驗性，這時域外小說便為清末「短篇小
說」的寫作提供了範本。而「短篇小說」在清末的興起與其載體報刊有直接
的關係。〔註83〕清末除《時報》、《月月小說》外，《小說林》〔註84〕等雜誌上
也開始刊登「短篇小說」。1910 年創刊的《小說月報》更是在小說內容分類基
礎之上，設立了「長篇」與「短篇」兩欄，並指出「本報各門皆可投稿短篇
小說尤所歡迎」〔註85〕。

民國初年在「短篇小說」問題的思考上並沒有特別的進展，但卻出現「短
篇小說」寫作的熱潮。清末小說雜誌雖然刊登短篇小說，但從數量上看，依
舊是「長篇」小說佔據主要優勢，20 年代《域外小說集》新版序言中曾描述
了清末「短篇小說」的情況：「那時短篇小說還很少，讀書人看慣了一二百回
的章回體，所以短篇便等於無物了。」〔註86〕清末每期小說雜誌上的「短篇
小說」通常為一至兩篇，偶而會出現四五篇的情況，民國初年則不然，如《禮

〔註81〕《徵文廣告》，《月月小說》，1908 年，第 3 期。（因原雜誌有缺，此處參見陳
平原、夏曉虹編：《二十世紀中國小說理論資料》（第二卷），北京：北京大學
出版社，1997 年，第 345 頁。）

〔註82〕《時報》，1904 年，10 月 29 日。轉引自張麗華《現代中國「短篇小說」的興
起——以文類形構為視角》。

〔註83〕參見張麗華《現代中國「短篇小說」的興起——以文類形構為視角》之第二
章《近代報刊與清末「新體」短篇小說》。

〔註84〕1907 年《小說林》第 1 期：「募集小說」：本社募集各種著譯家庭、社會、教
育、科學、理想、偵探、軍事小說，篇幅不論長短，詞句不論文言、白話，
格式不論章回、筆記、傳奇。

〔註85〕《徵文通告》，《小說月報》，1910 年，第 1 期。

〔註86〕王爾德等著，周作人譯：《域外小說集》，上海：中華書局，1936 年，第 5 頁。

拜六》多以刊登短篇爲主，其它的小說雜誌在「短篇」欄目下每期刊載小說數量亦很可觀。對於小說雜誌來說，「長篇小說」多期連載，因爲種種原因很容易發生連載中斷的情況，這對雜誌來說影響頗爲不良，如《小說月報》爲了避免此類情況的發生，曾發表聲明規定「凡長篇小說，每四期作一結束」〔註87〕。「短篇小說」則較爲經濟，篇幅較短而故事情節連貫，易於刊載，且很容易吸引讀者。此外，在國文教育的大背景下，「短篇小說」被當作國文學習的手段。《小說月報》的讀者許與澄曾來信要求編輯擇選優秀的「短篇小說」進行評注，以其爲「國文之助手」：

> 宜擇短篇小說之憂者略附評注。小說能轉移社會，而月報之短篇小說，尤能爲學校國文之助手，以莘莘學子，每捨正當之教科書弗觀，而喜研究小說，又僅識其事，弗糾其文。此則徒費精神，獲利甚鮮。彼非不欲研究文法也，程度未至焉耳，今擇簡短而有味者，加之評以解其文，爲之注明其義，其獲益必勝教科書十倍。〔註88〕

上文在論述騈體小說問題時，曾指出惲鐵樵反對騈體小說的原因之一在於其提倡國文教育，而基於「國文之助手」的訴求，惲鐵樵在隨後一期的「短篇小說」中便開始進行評注，直至其1917年卸任《小說月報》編輯爲止。

　　雖然「短篇小說」在民初的小說界較爲興盛，這一時期在小說欄目的安排及小說內容的刊登上，均將短篇小說放在較爲重要的地位，但在「短篇小說」文體問題的思考上則較爲缺乏。值得注意的是，從現有材料來看，民初諸人似乎並未從觀念上眞正接受「短篇小說」與「長篇小說」的分類方式，在民初兩篇論小說的文章《說小說》與《小說叢話》中，作者都沒有採用「長篇」與「短篇」的分類方式。管達如在《說小說》中將小說之體制分爲「章回體」與「筆記體」，而成之則直接對「長篇」與「短篇」的分類方式表示了質疑，他在吸收太田善男《文學概論》基礎上採用了「複雜小說」、「單獨小說」的說法〔註89〕。《小說月報》編輯惲鐵樵甚至在1916年就取消了《小說月報》「長篇小說」與「短篇小說」的欄目分類。

〔註87〕《小說月報》，1913年，第3卷，第12期。

〔註88〕許與澄：《關於〈小說月報〉之意見》，《小說月報》，1915年，第12號，第2頁。

〔註89〕與管達如相比，成之顯得尤爲超前，不過成之的小說分類在當時並沒有受到廣泛的接受與認可，即便他很切中地指出了「長篇小說」與「短篇小說」分類所存在的問題。

　　正是因爲民初缺乏對「短篇小說」問題的思考，判斷何爲「短篇小說」
最直接的標準便是其形式上的特徵——「短」。民初對「短篇小說」缺乏更深
層次的認識，這一點受到了胡適等人的詬病，1918 年胡適在《論短篇小說》
一文開篇便從「短篇小說」入手進行發難：

　　　　中國今日之文人大概不懂「短篇小說」是什麼東西。現在的報
　　紙雜誌裏面，凡是筆記雜纂，不成長篇的小說，都可以叫做「短篇
　　小說」。所以現在那些「某生，某處人，幼負異才，……一日，遊某
　　園，遇一女郎，睨之，天人也，……」一派的濫調小說，居然都能
　　稱爲「短篇小說」！〔註90〕

胡適言辭激烈地指出時人不清楚何爲「短篇小說」，對「短篇小說」的理解偏
差至極，尤其是將筆記雜纂看作是「短篇小說」。他進一步指出：

　　　　自漢到唐這幾百年中，出了許多「雜記」體的書，卻都不配稱
　　做「短篇小說」。最下流的如《神仙傳》和《搜神記》之類，不用說
　　了。最高的如《世說新語》，其中所記，有許多很有「短篇小說」的
　　意味，卻沒有短篇小說的體裁。〔註91〕

又如：

　　　　宋朝是「雜記小說」極盛的年代，故《宣和遺事》等書，總脫
　　不了「雜記體」的性質，都是上段不接下段，沒有結構布局的。宋
　　朝的「雜記小說」頗多好的，但都不配稱做「短篇小說」。「短篇小
　　說」是有結構局勢的；是用全副精神氣力貫注到一段最精彩的事實
　　上的。「雜記小說」是東記一段，西記一段，如一盤散沙，如一篇零
　　用帳，全無局勢結構的。這個區別，不可忘記。〔註92〕

胡適將從古至今的「筆記」、「雜記」等統統排除在「短篇小說」之外。在他看
來，多數的「筆記」都缺乏短篇小說的「體裁」，即缺乏某種「結構局勢」，「短
篇小說」雖然從篇幅來看有短的特點，但這並不表明「短篇小說」不需要精心
的結撰與布局。正是因爲「短篇小說」之短，所以更是要以最經濟的手段表現

〔註90〕胡適：《論短篇小說》，見嚴家炎編：《二十世紀中國小說理論資料》（第二卷），
　　　　北京：北京大學出版社，1997 年，第 39 頁。
〔註91〕胡適：《論短篇小說》，見嚴家炎編：《二十世紀中國小說理論資料》（第二卷），
　　　　北京：北京大學出版社，1997 年，第 42 頁。
〔註92〕胡適：《論短篇小說》，見嚴家炎編：《二十世紀中國小說理論資料》（第二卷），
　　　　北京：北京大學出版社，1997 年，第 43 頁。

出最精彩的事實。像「筆記」一類的小說，雖然篇幅短，但「筆記」多是「據事直書」，多用平鋪直敘的方式如「某生體」〔註93〕，旨在記錄某件事。相比之下，胡適認為像《木蘭辭》、《虬髯客傳》等這樣的作品才可以算作是「短篇小說」。與胡適同時代的其它人也持大致相同的觀點，1921 年張舍我在《申報‧自由談》談及「筆記」與「短篇小說」的關繫時指出：「吾人試讀今日報章雜誌中之短篇小說而以嚴格之眼光批評之，大都不能副一短篇小說之名詞也，其病在於受筆記體與雜誌體、傳記體等文章之毒，而與短篇小說，混為一談。[……]筆記之所以不能稱之為短篇小說者，以其只有單線之興味，結構簡單，運用材料缺乏相當之比例，不能產生一種單純之感想也。」〔註94〕

若將「短」作為判斷「短篇小說」的標準，則「筆記」無疑是最符合條件的。民初將「筆記」看作是小說的重要文類，按照篇幅標準來看的話，「筆記」可以算是「短篇小說」。胡適對「筆記」與「短篇小說」二者關係的分析固然不無道理，但從民初小說研究的角度出發，我們更應該從民初的語境入手，來看看民初「筆記」與「短篇小說」的關係。從現有的文獻資料來看，民初少有直接談論「筆記」與「短篇小說」二者關係的文獻，但從民初小說雜誌目錄中可以對二者的關係略見端倪。民初小說雜誌多數情況下是將「筆記」、「雜俎」等與「短篇小說」分作為不同的欄目，翻閱《小說月報》在 1910～1916 年間的目錄即可得到印證，而《中華小說界》也是按照這種方式進行的欄目設計。如此看來，民初似乎有意識地對「筆記」與「短篇小說」進行區分，並沒有像胡適所指責的那樣，將「筆記」完全等同於「短篇小說」。

民初小說雜誌編輯對雜誌欄目的設置，在一定程度上能夠反映當時對小說問題的看法，值得我們重視。不過，需要注意的是，民初確實有類似於「札記短篇」、「筆記短篇」的說法〔註95〕，將「筆記」與「短篇」並列為一個名詞，實際上是認可了隨意起訖、形式靈活的「筆記體」小說為「短篇」。結合上文一些小說雜誌將「筆記」與「短篇」進行區分的情況來看，民初對「筆

〔註93〕周作人：此外還有《玉梨魂》派的鴛鴦蝴蝶體，《聊齋》派的某生者體，那可更古舊得利害，好像跳出在現代的空氣以外，且可不必論。見《日本近三十年小說之發達》，《新青年》，1918 年，第 1 號，第 41 頁。

〔註94〕張舍我：《短篇小說泛論》，見嚴家炎編：《二十世紀中國小說理論資料》（第二卷），北京：北京大學出版社，1997 年，第 100～101 頁。

〔註95〕如《禮拜六》上曾發表了「短篇筆記」《劉戈》、《戮蛇》（1914 年，第 4 期）、「短篇記事小說」《鄭生》、「實事短篇」《聲聲淚》（1914 年，第 22 期）等。

記」是否爲「短篇小說」這一問題頗爲曖昧。一方面對二者進行區分，另一方面又試圖將「短篇」掛靠在「筆記」上。民初在「筆記」與「短篇小說」關繫上的曖昧，其原因不僅在於民初缺乏「短篇小說」文體上的自覺，更在於他們缺少某種建構的訴求，與「五四」一代相比的話，便是缺少建構現代小說觀念的訴求。民初雖然從小說寫作數量上看，「短篇小說」呈現上升的趨勢，但對於他們來說「短篇小說」只不過是可供選擇的小說寫作方式之一，這一時期對於「短篇小說」的提倡，更多的是從雜誌刊發方便的角度出發，避免出現「長篇」連載中斷的情況。

　　回到胡適對民初在「短篇小說」問題上的批評，他緊緊抓住「筆記」沒有「短篇小說」所應具有的結構問題進行發難，胡適的批評很明顯帶有某種傾向性。事實上，民初的「短篇小說」像「某生體」這樣的小說數量並不多。大部分的「短篇小說」在文體上都與傳統記傳式的「某生體」差別極大，自清末開始出現的小說文體上的變革，在民初得到了繼承與發揚。這些「短篇小說」在文體上的變化，雖然不是出於文體自覺的角度，但亦爲「五四」以來「短篇小說」的發展奠定了基礎，正如陳平原所指出的：「沒有 20 世紀初短篇小說的崛起，中國小說很難在如此短暫的時間內，實現敘事時間、敘事角度、敘事結構的全面轉變。」〔註96〕

小　結

　　本章從小說語體及小說體例方面考察了民國初年小說的文體問題。總體來看，這一時期的小說作者、雜誌編輯等人對文體相關問題的討論並不熱衷，對待小說所面臨的文體方面的選擇，他們幾乎沒有任何傾向性，小說無論是使用文言或白話，無論是「章回體」或「筆記體」，無論是「長篇」或「短篇」，在他們看來都無任何問題。與「五四」時期在文體問題上的強烈傾向性相比，民初在文體觀念上顯得頗爲「自由」、「兼收並蓄」。民初之所以能在文體觀念上呈現出這樣的特點，主要在於民初沒有建構現代小說觀念的訴求，既然沒有訴求，便也就沒有了價值判斷，無須進行選擇。而對於民初小說的文體觀念，我們亦無須進行價值上的判斷。

〔註96〕陳平原：《中國小說敘事模式的轉變》，北京：北京大學出版社，2010 年，第256 頁。

第四章　排遣鬱悶與消閒的小說觀念：
民國初年小說的地位與功用

　　班固在《漢志》中引孔子之言稱小說為「小道」，小說在中國古代因無益於政教統治，故無法擺脫「小道」的地位。晚清「小說界革命」賦予了小說以「大道」之用，小說變而為「文學之最上乘」，以梁啓超為代表的晚清「小說界革命」參與者，希望通過小說達到新民、啓蒙、救亡的目的；後來的新文學提倡者則認同小說有「為人生」之價值。從整體上看，不論是晚清，還是五四，他們都強調小說在政治、啓蒙上的積極功用，而處在二者之間的民國初年小說則被認為以一種消極的姿態瓦解了晚清小說界革命的成果，其間的小說放棄了政治上的救亡熱情而轉向個人的消閒與遊戲。民國初年的小說多被貼上「俗」、「遊戲」、「消遣」、「鴛鴦蝴蝶派」的標籤，這些看法無疑都含有貶義色彩。仔細觀之，能夠發現這些評價多來自新文學提倡者。新文學提倡者對民初小說頗有不滿之辭，鄭振鐸、茅盾等人均撰寫過言辭激烈的文章對其進行批判。新文學提倡者對民初小說的批評並非毫無道理，但不能否認這些批評中可能存在的某種「意氣之爭」，為了確立新文學的合法性，極力否定民初小說存在的價值不失為一種策略之舉。然而問題是，如果在研究中完全以新文學提倡者的視角，遵循他們對民初小說的評價，在某種程度上便會遮蔽民初小說在觀念與實踐中存在的矛盾與張力。

　　本章首先從清末「小說界革命」入手，考察這一時期小說在「開啓民智」與「消閒」觀念所存在的矛盾，進而對民初小說地位與功用問題展開具體討論，最後反思民初小說的評價問題。

第一節　理論與實踐的偏差：從晚清小說界革命談起

　　晚清「小說界革命」是一場影響深遠的文化運動，其以勢如破竹的氣勢推動了中國近代小說的變革，改變了小說的發展格局。毫無疑問，這場小說革命是充滿激情的，就如同梁啟超在《論小說與群治之關係》一文開篇所擲出的那番強有力的話語：「欲新一國之民，不可不先新一國之小說。故欲立新道德，必新小說；欲新政治，必新小說；欲新風俗，必新小說；欲新學藝，必新小說；乃至欲新人心、欲新人格，必新小說。」〔註1〕梁啟超對小說的認識與定位沒有受到任何的質疑，可以說晚清的小說革命是一呼響應式的，在梁啟超的帶動下，各類小說相關的討論文章與「新小說」的創作在短期之內蔚為大觀，其中尤以有裨於社會、政治、啟蒙、救亡的嚴肅小說居多。阿英在談及晚清小說時曾指出：「兩性私生活描寫的小說，在此時期不為社會所重視，甚至出版商人，也不肯印行。雜誌《新小說》，《繡像小說》，所刊載之作品，幾無不與社會有關。」〔註2〕阿英的這段話多被引用來描述晚清小說革命後的情況，他對晚清小說形勢的基本判斷是無誤的，但需要注意的是，阿英的這段話並沒有結束，在上述表述後，他接著指出：

　　　　直至吳趼人創「寫情小說」，此類作品始復抬頭，作成了後來鴛
鴦蝴蝶派小說的因子。〔註3〕

阿英的厲害之處在於他整體觀照晚清小說的眼光，他不僅看到了晚清小說界革命後寫情一類的小說受到了清末小說家排斥的情況，更看到了小說界革命後期這類小說「抬頭」的趨勢。實際上，晚清小說界革命亦有高潮期與低潮期，對小說界革命「低潮期」予以漠視便無法看清這一時期小說的全貌。

　　如果說清末「詩界革命」與「文界革命」針對的是文人階層，那麼小說界革命所指向的則是下層民眾。在《譯印政治小說序》中，梁啟超引述南海先生康有為的這段話，可以看作是晚清「小說界革命」發生的根本原因：

　　　　善夫南海先生之言也，曰：僅識字之人，有不讀經，無有不讀
小說者。故六經不能教，當以小說教之；正史不能入，當以小說入
之；語錄不能諭，當以小說諭之；律例不能治，當以小說治之。天

〔註1〕梁啟超：《論小說與群治之關係》，《新小說》，1902年，第1號，第1頁。
〔註2〕阿英：《晚清小說史》（初版），上海：商務印書館，1937年，第7頁。
〔註3〕阿英：《晚清小說史》（初版），上海：商務印書館，1937年，第7頁。

下通人少而愚人多，深於文學之人少，而粗識之無之人多。六經雖美，不通其義，不識其字，則如明珠夜投，按劍而怒矣。[……]今中國識字人寡，深通文學之人尤寡。」然則小說學之在中國，殆「可增《七略》而爲八，蔚四部而爲五」者矣。在昔歐洲各國變革之始，其魁儒碩學，仁人志士，往往以其身之經歷，及胸中所懷，政治之議論，一寄之於小說。於是彼中輟學之子，黌塾之暇，手之口之，下而兵丁、而市儈、而農氓、而工匠、而車夫馬卒、而婦女、而童孺，靡不手之口之。往往每一書出而全國之議論爲之一變。彼美、英、德、法、奧、意、日本各國政界之日進，則政治小說，爲功最高焉。英名士某君曰：「小說爲國民之魂。」豈不然哉！豈不然哉！〔註4〕

顯然，梁啓超與康有爲所說的小說，並非是「古小說」，而是「古典小說」。「古小說」爲子部小說，其屬於文人小說，「古典小說」較之「古小說」要更爲通俗，「僅識字之人」是無法閱讀「古小說」的。所以說，晚清小說界革命從實質上而言是關於「古典小說」的革命。

梁啓超小說界革命的內在邏輯在於借助於小說的「支配人道」的四種力：熏、浸、刺、提來宣揚政治思想，以達到「群治」、「新民」的目的。而梁啓超所總結的小說四種「支配人道」的力量正是根據「古典小說」，或者「舊小說」來歸納的。在梁啓超看來，「舊小說」以其強大的接受範圍與影響力造成了當下中國社會上一切的頑疾與問題：

吾中國人狀元宰相之思想何自來乎？小說也。吾中國人佳人才子之思想何自來乎？小說也。吾中國人妖巫狐兔之思想何自來乎？小說也。若是者，豈嘗有人焉提其耳而誨之，傳諸鉢而授之也？而下自屠儈販卒、嫗娃童稚，上至大人先生、高才碩學，凡此諸思想必居一於是，莫或使之，若或使之，蓋百數十種小說之力，直接間接以毒人，如此其甚也（即有不好讀小說者，而此等小說，既已漸漬社會，成爲風氣。其未出胎也，固已承此遺傳焉；其既入世也，又復受此感染焉。雖有賢智，亦不以自拔，故謂之間接。）〔註5〕

〔註4〕　梁啓超：《譯印政治小說序》，原載於《清議報》，1898年，第一冊，見陳平原、夏曉虹：《二十世紀中國小說理論資料》（第一卷），北京：北京大學出版社，1997年，第37頁。

〔註5〕　梁啓超：《論小說與群治之關係》，《新小說》，1902年，第1號，第6～7頁。

梁啓超在其著名的《論小說與群治之關係》中用極大篇幅指出當下中國存在的
各類社會問題、思想習俗均是受到「舊小說」的影響。因此，若欲新民、改良
群治便需要首先從徹底清理「舊小說」出發，而鑒於小說具有「不可思議之力
支配人道」的力量，梁啓超建議以宣揚政治思想的「政治小說」取代「舊小說」。

　　事實上，梁啓超《論小說與群治之關係》在論述邏輯上是矛盾的。而這篇
以「氣」取勝的文章作爲晚清「小說界革命」的理論準備，也預示了「小說界
革命」注定從高潮走向低潮，「新小說」衰退，「舊小說」復燃。梁啓超對小說
作用的認識在某種程度上是值得肯定的，但問題是梁啓超所認爲小說具有「熏、
浸、刺、提」的作用多是依據「舊小說」而來，如此看來，「舊小說」具有這樣
的作用，「新小說」便也一定具有嗎？梁啓超在這篇文章中所說的小說實質上是
兩種不同的小說，即「舊小說」與「新小說」，所以這裡其實存在偷換小說概念
的問題。以「政治小說」爲代表的新小說並不具備「熏、浸、刺、提」的作用，
其更多的是作爲政治思想與社會改革的「傳聲筒」而已。以梁啓超所作「政治
小說」《新中國未來記》爲例，《新中國未來記》是梁啓超所作的唯一一篇「政
治小說」，遺憾的他本人並沒有完成這篇「似說部非說部，似稗史非稗史，似論
著非論著，不知成何種文體」的小說，這篇名爲小說的文字，連篇累牘的是「法
律、章程、演說、論文」等。梁啓超本人都認爲這篇小說毫無趣味。試想，這
樣缺乏趣味的小說如何能夠引起欲新之民的興趣？更何談通過小說的「熏、浸、
刺、提」來實現群治的目的。1905 年陳冷在《時報》上發表《論小說與社會之
關係》參與到「新小說」的討論中，從立場上看，這篇文章了表達對「新小說」
的支持與認同，但文中所論及的問題十分有見地：

　　　　雖然，我今欲問小說果何爲而能開通風氣乎？解之者曰：小說
　　之入人也易，故人咸樂觀之，樂觀之，故易傳之。又曰：投其所好，
　　則人之聽之也順而易；拂其所不好者，則人之聽之也逆而難。小說
　　之者，人人所共好者也，故易投之。然則，我請爲之申其意曰：小
　　說之能開通風氣者，有決不可少之原質二：其一曰有味，其一曰有
　　益。有味而無益，則小說自小說耳，於開通風氣之說無與也；有益
　　而無味，則開通風氣之心，固可敬矣，而與小說本義未全也。故必
　　有味與益二者兼俱之小說，而後始得謂之開通風氣之小說，而後始
　　得謂之與社會有關係之小說。〔註6〕

〔註 6〕冷：《論小說與社會之關係》，原載於《時報》，1905 年，5 月 27 日，見陳平

陳冷很清楚借小說以開風氣的邏輯起點，晚清之所以將小說看成新民的重要
途徑之一，主要在於看重小說的普及程度與感染力，也就是梁啓超所說的
「熏、浸、刺、提」。但顯然陳冷意識到當時小說界以《新中國未來記》為代
表的「政治小說」存在的問題，所以他在梁啓超《論小說與群治之關係》的
基礎上進一步補充，指出小說必須有味與有益才能夠實現開通風氣的目的。
「有益而無味」是晚清「政治小說」的主要特點，這樣的小說雖然本著以開
通風氣、民智為目的，但因為失去了小說之「味」，所以必然是難以達成這一
目的。而《新中國未來記》一類的「政治小說」也脫離了最初「僅識字之人」
的讀者設定，轉向了「愛國達識之君子」，可見晚清小說界革命中理論與實踐
的偏差之大。在梁啓超計劃自作的「政治小說」本有《新中國未來記》、《舊
中國未來記》、《新桃源》（一名《海外新中國》）三部，但後兩部有大綱而無
著作〔註7〕。而《新小說》所刊載的另一部「政治小說」《迴天綺談》在第十
四回結束後注明「未完」後也再無下文。

　　《新中國未來記》等「政治小說」的未完成表明了晚清「政治小說」
的夭折。梁啓超提倡的「新小說」除「政治小說」外，還包括「歷史小說」、
「軍事小說」、「偵探小說」等等。但在這一時期的小說中，無論何種小說
均傾向於思想、議論方向，無怪乎時人感慨「近時之小說，思想可謂有進
步矣，然議論多而事實少，不合小說題材」〔註8〕。當然，梁啓超也為「寫
情小說」留有餘地，但他認為「寫情小說」應該「意必蘊藉，言必雅馴」，
唯有具有愛國之情「寫情小說」才值得提倡〔註9〕。晚清小說界革命之初，
「寫情」一類的小說多被貼上誨淫誨盜的標籤，受到新小說家的排斥，究
其根本在於「寫情小說」是無用而有害的。但同樣被新文學提倡者看作是
通俗小說加以批評的「偵探小說」在晚清時卻是大力提倡的，「偵探小說」
與「寫情小說」境遇不同的原因在於清末諸人認為偵探小說對法律思想普

　　　　原，夏曉虹編：《二十世紀中國小說理論資料》（第一卷），北京：北京大學出
　　　　版社，1997 年，第 167 頁。
〔註 7〕梁啓超在《中國唯一之文學報〈新小說〉》提到「政治小說」《舊中國未來記》
　　　　與《新桃源》（《海外新中國》）的寫作計劃。
〔註 8〕余佩蘭：《〈女獄花〉敘》，1904 年泉唐羅氏藏板，見陳平原，夏曉虹編：《二
　　　　十世紀中國小說理論資料》（第一卷），北京：北京大學出版社，1997 年，第
　　　　137 頁。
〔註 9〕1902 年《新小說》第 1 號「本社徵文啓」中有言「本社最欲得者為寫情小說，
　　　　惟必須寫兒女之情而寓愛國之意者，乃為有益時局。」

及或有幫助〔註10〕，「其它政治、外交（去年《外交報》，譯英文多佳者）、法律、偵探、社會諸小說，皆必有大影響、潛勢力於將來之社會無可疑焉。是故吾讀今之新小說而喜，雖然，吾讀今之寫情小說而懼。」〔註11〕

梁啓超本人其實早就意識到「寫情小說」的巨大影響力，「最受歡迎者，則必可驚可愕可悲可感，讀之生出無量噩夢、抹出無量眼淚者也」〔註12〕，在小說界革命之初，「寫情小說」不可避免地受到了壓制，然而隨著「政治小說」一類的「新小說」難以推行，「寫情小說」又有了復燃的趨勢。1908 年覺我（徐念慈）在《小說林》上談到近來小說發展趨勢時指出：

> 即以「小說林」之書計之，記偵探者爲最佳，約十之七八；記豔情者次之，約十之五六；記社會態度，記滑稽事實者又次之，約十之三四；而專寫軍事、冒險、科學、立志諸書爲最下，十僅一二也。[……]而盡國民之天職，窮水陸之險要，闡學術之精蘊，有裨於立身處世諸小說，而反忽焉。是觀於此，不得不爲社會之前途危矣。〔註13〕

徐念慈所說的「小說林」是指由曾樸 1904 年創辦的小說出版機構「小說林社」。從徐念慈的描述中能夠看到 1908 年前後小說界的基本情況。可以看出，在 1908 年前後「小說界革命」的影響出現減弱的趨勢，「寫情」、「言情」一類的小說又重新佔領小說市場。

清末小說界素有「自小說有開通風氣之說，而人遂無復敢言有非小說者」〔註14〕的情況，「寫情」一類於家國無涉的小說其實很難有容身之地，正如阿英所說，這類小說在當時甚至連出版商都不願意出版，小說界革命之初，「新小說」在輿論上具有壓倒性的氣勢。是時，在「新小說」觀念的影響下，清

〔註10〕覺我（徐念慈）在《余之小說觀》中指出：「夫偵探諸書，恒於法律有密切關係，我國民公民之資格未完備，法律之思想爲普及，其樂於觀偵探各書也，巧詐機械，浸淫心目見，余知其欲得善果，是必不能。」（見覺我：《余之小說觀》，《小說林》，1907 年，第 9 期，第 8 頁。）但徐念慈對偵探小說眞正具有的社會作用是持否定態度的。

〔註11〕松岑：《論寫情小說於新社會之關係》，《新小說》，1905 年，第 17 號，第 2 頁。

〔註12〕梁啓超：《論小說與群治之關係》，《新小說》，1902 年，第 1 號，第 1 頁。

〔註13〕覺我：《余之小說觀》，《小說林》，1907 年，第 9 期，第 7〜8 頁。

〔註14〕冷：《論小說與社會之關係》，原載於《時報》，1905 年，5 月 27 日，見陳平原，夏曉虹編：《二十世紀中國小說理論資料》（第一卷），北京：北京大學出版社，1997 年，第 167 頁。

末的一些作家也紛紛投入到小說改良的運動中。吳趼人曾任清末《消閒報》、《采風報》、《奇新報》、《寓言報》等報刊的主編，是清末上海知名報人，他本人更是化名抽絲主人出版《海上名妓四大金剛奇書》（1898 年）這樣的「狎邪小說」。後吳趼人受梁啓超小說革命的影響，自 1902 年開始寫就了《二十年目睹之怪現狀》、《痛史》等「譴責小說」，一改之前將小說當作娛樂閒書的做法，其小說在當時多刊載在《新小說》上，吳趼人可謂是「新小說」的有力支持者。但吳趼人對小說革命後的小說界頗有微詞，在 1906 年《月月小說》發刊詞中，他針對「新小說」表達了自己的不滿：「今夫汗萬牛充萬棟之新著譯之小說，其能體關係群治之意者，吾不敢謂必無；然而怪誕支離之著作，佶屈聱牙之譯本，吾蓋數不見鮮矣！凡如是者，他人讀之不知謂何，以吾觀之，殊未足以動吾之感情也。於所謂群治之關係，杳乎其不相涉也。然而彼且囂囂然自鳴曰：『吾將改良社會也，吾將佐群治之進化也。』隨聲附和而自忘其眞，抑何可笑也。」〔註 15〕即便是在論說性的文字中，吳趼人的諷刺功力也可見一斑，他所辛辣指出的正是當時小說界中存在的重要問題。作為一個小說家，吳趼人對小說的感染力十分看重，如果一篇小說沒有情感，沒有趣味，文字深奧、思想難解，那麼這篇小說就是失敗之作，這樣的小說何以談開啓民智、新民！值得注意的是，在這篇發刊詞中，吳趼人特意說明本刊接受豔情小說的投稿，實際上在《月月小說》中也的確設有「寫情小說」一類，當然對於這類小說，吳趼人是本著「借小說之趣味之感情，為德育之一助云爾」的目的，所以即便是寫情小說，仍希望能以正道規範之。

　　如果說這篇《月月小說》的序言象徵著吳趼人在小說理論上的反思與轉向，那麼 1905 年出版的《恨海》便體現了其在小說實踐方面的變化。《恨海》可謂是一部「寫情小說」，哀豔非常，其中悲歡離合之事於人心有戚戚焉。《恨海》可以看作是晚清小說向「寫情」方向轉變的標誌，但與《恨海》中寄託的家國之感不同，有的「寫情小說」不過是以「情」來撥人眼球，魘足人心，其中較有代表性的是被胡適稱為「嫖界指南」的《九尾龜》一類的「狎邪小說」。與「政治小說」不同，「寫情小說」代表了清末「消閒」的小說觀念。「寫情小說」的復燃也代表了這種「消閒」小說觀重又抬頭的趨勢。實際上，在清末小說界革命處於高潮期時，這類「消閒小說」不曾被徹底清除，只不過是暫時受到壓制而已。最初這類「消閒小說」多打著「勸懲」、「警世」、「自

〔註15〕吳沃堯：《月月小說‧序》，《月月小說》，1906 年，第 1 期，第 3 頁。

由」的目的，「豔情諸書，又於道德相維繫，不執於正，則狹斜結契，有借自由為藉口者矣，蕩檢踰閒，喪廉失恥，窮其弊，非至婚姻禮廢、夫婦道苦不止」，而後期在廣告中則直接打著「消閒」的旗號，如改良小說社 1909 年的廣告詞：「消閒妙品最新最奇最有趣味之小說」。

由此可見，隨著清末小說界革命由高潮轉入低潮，再加之「政治小說」一類小說本身存在的問題，「寫情小說」又重新有了市場。吳趼人《恨海》一類的「寫情小說」尚存有家國情懷，其後的小說已經徹底拋開了開啓民智、新民的目的，重又回到了「消閒」層面上。進一步而言，從中國小說整體情況來看，「消閒」的小說觀念無疑佔據主流，雖然其中亦不乏打著「以懲勸誡」的警世旗號。至清末，小說地位搖身變爲「文學之最上乘」，從某種程度來看，清末的小說界革命是逆傳統而出現的，是異質的，這也是小說界革命很快陷入低潮，「消閒」小說觀念重新佔據上風的重要原因之一。民國初年「消閒」的小說觀念也並非爲民初所獨有，而是延續清末小說革命低潮期的觀念。

第二節　民國初年小說對「小道」的回歸

1915 年「新小說」的提倡者梁啓超在民初小說刊物《中華小說界》上發表《告小說家》一文，其深感彼時小說界蔓延的靡靡之氣，頗爲痛心，遂以此文來呼籲小說家莫作「妖言」惑亂青年子弟：

> 而還觀今之所謂小說文學者何如？嗚呼！吾安忍言！吾安忍言！其什九則誨盜與誨淫而已，或尖酸刻薄毫無取義之遊戲文也，於煽誘舉國青年子弟，使其桀黠者濡染於險詖鈎距作奸犯科，而模擬某種偵探小說中之節目。其柔靡者浸淫於目成魂與窬強鑽穴，而自比於某種豔情小說之主人者。於是其思想習於污賤齷齪，其行誼習於邪曲放蕩，其言論習於詭隨尖刻。〔註16〕

梁啓超曾試圖以小說來實現新民啓蒙的目的，但實際情況是其所設想的「政治小說」等有裨於社會的小說，隨著「小說界革命」從高潮轉向低潮逐漸被小說作者冷落，「寫情小說」出現復燃的趨勢。梁啓超的這段文字是對 1915

〔註16〕梁啓超：《告小說家》，《中華小說界》，1915 年，第 2 卷，第 1 期，第 2～3頁。

年前後小說狀況很好的注腳，對於梁啓超來說，小說重又回歸「小道」無疑是其難以接受的，「小說界革命」的成果之一是作小說之人大量增多，小說佔據書肆之什九〔註17〕，小說數量的增加看似是一種進步，但內容上偏重於「誨淫誨盜」一面，其實是在某種程度上消解了「小說界革命」的成果，無怪乎「小說界革命」的提倡者梁啓超會發出「吾安忍言」的痛呼。

　　梁啓超對民初小說批評的出發點在於其對小說功用觀念的理解上與民初的小說功用觀念不同。小說在梁啓超看來是「文學之最上乘」，可以化民，將小說當作「遊戲文」的消閒做法是其難以認同的。事實上，拋開小說在內容上所謂的「誨淫誨盜」不談，單就小說的功用觀來看，民初的小說確實存在某種「消閒」的傾向。如果說清末小說「消閒」的觀念是半遮半掩的，那麼民初小說的「消閒」則是直接而坦然的。從這一層面來看，放棄了小說中有關家國熱情的宏旨，民初小說毫無疑問是向「小道」回歸的，而這一點也是民初小說多受詬病的原因之一。但是，問題的複雜性在於，民初小說何以回歸「小道」，以及在何種程度上回歸了「小道」，若僅僅是將民初小說貼上「小道」的標籤，並不利於對這一時期小說觀念的考察。

　　通常來看，徐枕亞之《玉梨魂》及王鈍根所編《禮拜六》在某種程度上昭示著民初小說向「小道」的回歸，二者又同被視為「鴛鴦蝴蝶派」的代表。民初小說向「小道」的回歸主要體現在兩方面：首先，從小說內容上看，「通俗」小說如偵探小說、寫情小說、滑稽小說、武俠小說延續晚清勢頭大好的趨勢，逐漸成為民初小說的主流。其次，小說的作者、小說雜誌的編輯從觀念上將小說視為排遣鬱悶、或茶餘飯後之消遣，脫離了晚清小說宏大的政治話語。

一、民初小說「消閒」觀念的復燃

　　民初所呈現的「消閒」小說觀念是極為普遍的，從《申報》上刊載的小說及雜誌的廣告便可窺見一斑。以 1915 年 3 月 12 日《申報》上刊載的雜誌《雙星》與《消閒鐘》的廣告為例，茲錄之於下：

雙星出版

雜誌界之大觀　　小說界之明星　　文藝界之名著

〔註17〕梁啓超：《告小說家》：「試一瀏覽書肆，其出版物，除教科書外，什九皆小說。」見《中華小說界》，1915 年，第 2 卷，第 1 期，第 2 頁。

欲讀雅俗共賞之文字者不可不閱雙星雜誌

欲供茶餘飯後之消遣者不可不閱雙星雜誌

欲覓舟車旅行之良伴者不可不閱雙星雜誌〔註18〕

文藝的　遊戲的　消閒鐘　第十一期出版

大贈美術品，每期一冊定價一角，購十二期共價一元，贈鄭曼陀先生所

繪彩美人月份牌一張。美人書籤三張。〔註19〕

需要說明的是，引文中加粗及字號不同的文字是原廣告即爲如此，這裡爲了更好地展現這兩則廣告的原貌姑且使用此種方法呈現。將雅俗共賞、茶餘飯後消遣、舟車旅行的良伴、遊戲這類廣告詞以醒目、奪人眼球的方式呈現出來頗有意味。以小說文字爲日常生活之消遣儼然成爲雜誌的重要賣點之一。實際上，晚清小說界革命後期以消閒、消遣爲小說賣點的廣告已經出現，如1909年《申報》上刊載的關於商務印書館發行的小說廣告：

新年消閒之樂事：新年無事，天氣嚴冬，於此之時，閉戶圍爐，

手一編小說，以遣此閒暇之時光，亦人生之樂事也。本館新出小說

二十餘種，情節離奇，文章美麗，茲將其內容摘要如下，已備采擇。

〔註20〕（1909年酉正月初七，第八版）

可以看出，在清末小說已出現回歸「小道」的趨勢，但與清末相比，民初在這方面無疑走得更遠。清末《申報》上類似於商務印書館的這則廣告或僅此一份。而民初尤其是 1914 年前後，《申報》上類似的廣告已經成爲小說宣傳的套詞，凡爲小說廣告，幾無不提「消閒」、「解悶」、「消遣」等語詞〔註21〕，上文所列《雙星》與《消閒鐘》雜誌的廣告詞便是典型的代表。

　　值得一提的是，像《中華小說界》這樣的小說雜誌，仍無法脫離「消閒之好伴侶」的名頭。試觀《中華小說界》第一期出版時的廣告：

上海中華書局出版　消閒之好伴侶　中華小說界

本雜誌延請琴南、天笑、冷血、心一、枕亞、瓶庵諸君撰譯所

〔註18〕見《申報》，1915 年 3 月 12 日。

〔註19〕見《申報》，1915 年 3 月 12 日。

〔註20〕見《申報》，1909 年 1 月 28 日（正月初七）。

〔註21〕如《申報》上刊載的吳雙熱《蘭娘哀史》的廣告詞：「雙熱著情節哀豔、悱惻動人文，亦簡淨俏麗，除正文外，加以小評附以題詞，酒後茶餘耐人尋味，好事者編成新劇亦足見此書之價值。」（1914 年 2 月 21 日），又如，《民權素》的廣告詞爲「大好消閒之妙品」（1914 年 7 月）

有言情、偵探、滑稽、社會、記事、寓言、科學、歷史等小說每冊
不下十餘種，逐期接登，不令間斷，選材精當，文字優美，洵堪於
小說潮流中獨樹一幟，圖畫如清宮風景，奉天清宮器物以及中外名
勝無不搜羅富有，可做臥遊。余如新劇傳奇文苑談藪等個體具備，
各極奇妙，誠消閒、排悶第一佳品也。〔註22〕（筆者注：並附第一
期目錄）

《中華小說界》創刊於 1914 年元旦，為中華書局發行，主要由林紓、包天
笑、沈瓶庵、徐枕亞等人負責小說的撰譯。與同年創刊的《禮拜六》相比，
《中華小說界》常被看作是民初較為「雅正」的刊物，這種「雅正」體現在
《中華小說界》的發刊詞中。《中華小說界》發刊詞由沈瓶庵執筆，在發刊詞
中瓶庵表明《中華小說界》「尤抱有三大主義，以貢獻於社會」：一曰作個人
之志氣也；一曰祛社會之習染也；一曰救說部之流弊。〔註23〕瓶庵所作的這
篇發刊詞，在思想上可謂是承梁啟超之衣鉢，這與民初將小說看作消閒的觀
念有明顯區別。需要指出的是，在此發刊詞中，瓶庵特別批評了消閒的小說
觀念：

泊於晚近，西籍東輸，海內文豪，從事譯述，遂乃介紹新著，
裨販短章，小說一科，頓闢異境。然而言情、偵探、花樣日新；科
學、哲理，古董羅列。一編假我，半日偷閒；無非瓜架豆棚，供野
老閒談之料，茶餘飯後，備個人消遣之資。聊記閒情，無關宏旨。
此由吾國人士，積習相言，未明小說之體裁，遂至失小說之效用
也。〔註24〕

將瓶庵這段對茶餘飯後消閒小說觀念的批評，與上文《申報》上刊載的《中
華小說界》廣告對照來看，實在是諷刺至極。一本強烈反對小說為談資消遣
的雜誌，其廣告詞竟然醒目地標明「消閒之好伴侶」、「消閒、排悶第一佳
品」。當然，《中華小說界》的廣告詞應該是由出版社中華書局所擬，很可能
並非出自瓶庵之手，或是經其授意。打著消閒名頭的小說廣告在某種程度上
只是出版發行商的宣傳手段與策略，它與小說雜誌的編輯、小說作者直接表
達的觀念是有區別的。但即便如此，這樣的廣告也能夠說明民初小說消閒觀

〔註22〕《申報》，1914 年 1 月 18 日。
〔註23〕瓶庵：《〈中華小說界〉發刊詞》，《中華小說界》，1914 年，第 1 期，第 3 頁。
〔註24〕瓶庵：《〈中華小說界〉發刊詞》，《中華小說界》，1914 年，第 1 期，第 2 頁。

念的大趨勢。事實上，與沈瓶庵、梁啓超所堅持以小說「力矯往昔之非」的觀念不同，民初大部分的小說作者及雜誌編輯更爲認同的是小說消閒、消遣的功用觀念。

二、以小說爲慰藉

古代文人多視小說爲消遣之物，於經世著述之外，可供聊以自娛。從這一點來看，民初將小說定位爲消閒的功用，是傳統小說觀念的復潮。新文學提倡者將民初小說定位爲「鴛鴦蝴蝶派」小說，並批評其爲「消遣的金錢主義」。如果從《申報》上的廣告及彼時的一些相關表述，足以服膺新文學提倡者對民初小說的判斷。在本文看來，「消遣的金錢主義」作爲對民初小說的評判，在某種程度上並非毫無道理，依事實而言，消遣、消閒確實是民初普遍存在的小說觀念。對民初小說消閒觀念評價的認同，一方面是基於民初小說的情況而言，另一方面則是認同新文學提倡者的觀點，但問題是，如果對民初小說的評價建立在新文學提倡者觀點基礎上，反而會忽略前者——即對民初小說觀念的具體考察。進一步而言，新文學提倡者本身對民初小說因二者立場不同，或多或少會有某種偏見，但對於研究者來說，完全依從新文學提倡者的觀點而忽略或斷章取義民初小說的具體情況，便難以看出民初小說在消閒觀念之下所隱藏的豐富內容。

民初小說的商業因素與小說稿酬一直被看作是小說作者賣文而生，爲錢造文的證據。不可否認的是，賺取寫作小說的稿費並非是一件羞恥的事情，即便是新文學諸人亦何嘗不是將稿費作爲補償家用的重要來源，某種程度而言，根據民初小說作者與新文學提倡者身份的不同，類似判斷中存在的雙重標準並不鮮見。那麼，民初的小說作者是否單純是爲了金錢而作小說？不可否認會有這樣的情況存在，實際上，所謂的小說作者本身就是一個複雜而龐大的群體，究竟誰可以看作是小說的作者，這是一個難以解答的問題。在這樣複雜小說作者的群體中，難免會有爲投時人喜好而粗製小說者。在本文看來，問題的關鍵之處在於，民初小說是否在由「金錢主義」誘惑的消遣觀念之外，還存在其它的可能造成民初小說「消閒」觀念大潮的原因？

從「鴛鴦蝴蝶派」代表人物之一的徐枕亞來看，徐枕亞的小說生涯起於《民權報》時期連載的哀情小說《玉梨魂》，與其同時期連載的小說亦有吳雙熱的《孽冤鏡》。《民權報》創刊於 1912 年，由戴季陶、何海鳴擔任主編，該

報以對時事政事言辭激烈的評論與反袁而聞名，後於 1913 年因反對袁世凱停刊。徐枕亞經其兄長引薦，入《民權報》編輯部，擔任編輯。《民權報》重要特色之一在於其單闢一版作為副刊發表小說雜記與各類小品文字，徐枕亞與吳雙熱的作品正是因此得以在《民權報》上連載。值得指出的是，雖然《玉梨魂》與《孽冤鏡》均為民初的暢銷作品，多次再版，但最初徐枕亞、吳雙熱並非因為稿費而撰文，算得上是義務勞動〔註 25〕。從這一點上可以看出，徐、吳二人作為「鴛鴦蝴蝶派」中人，「消遣的金錢主義」的說法似乎並不完全合適。不過，徐枕亞確實曾為《玉梨魂》的稿費問題而發文詰難，民權出版社大量出版《玉梨魂》單行本，卻未付其稿酬，引徐枕亞在其主辦的《小說叢報》上刊登啓事〔註 26〕，在徐枕亞看來，其寫作《玉梨魂》完全是應當是《民權報》之需要，而今與《民權報》幾無關係的民權出版社，將此書出版篡奪版權，是其所不能容忍的行為，在與民權出版社交涉未果的情況下，徐枕亞竟然「今特犧牲金錢，將此書印行贈送，以息爭喘，而保版權」，以一種較為決絕的方式解決問題。可見，徐枕亞《玉梨魂》稿費版權之爭，並不全是因為金錢的因素，而是氣憤其心血得不到應有的尊重。

綜上，徐枕亞作為民初寫情小說的「巨擘」，其創作《玉梨魂》的動機只是為《民權報》的編輯義務，雖然這其中亦摻雜著其個人不吐不快的個人感情經歷。而即便是後期為《玉梨魂》稿費而引發爭論，其本意除稿費外，更為在意的是著者個人心血，而自掏腰包印贈《玉梨魂》也是一種頗為書生氣的行為。至此，圍繞著徐枕亞的小說，很難看見那樣一種「消遣的金錢主義」。

《民權報》停刊後，徐枕亞曾參與過《中華小說界》的編輯，後在 1914 年其單獨創立了《小說叢報》，集聚了與其寫作風格類似的文人，而《小說叢

〔註 25〕鄭逸梅在《南社叢談》中指出：「《民權報》聘兩人入館，任新聞編輯。那《玉梨魂》與《孽冤鏡》相見連載於該報副刊上，完全是義務興致的，不取稿費。」（鄭逸梅：《南社叢談》，北京：中華書局，2006 年，第 234 頁。）

〔註 26〕全文如下：鄙人前服務於《民權報》時，係新聞編輯，初不擔任小說，《玉梨魂》登載該報，純屬義務，未嘗賣與該報有關係之個人，完全版權，應歸著作人所有，毫無疑義。嗣假陳馬兩君出版，兩年已還，行銷兩萬以上，鄙人未沾利益，至前日始有收回版權之議，幾費唇舌，才就解決。一方面交涉甫了，一方面翻印又來，視耽欲逐，竟欲飲盡鄙人之心血而甘心，深恨前著此書，實自多事。今特犧牲金錢，將此書印行贈送，以息爭喘，而保版權，此布。《小說叢報》（見《鴛鴦蝴蝶派研究資料》（上卷），上海：上海文藝出版社，1984 年。）

報》歷來被看作是「鴛鴦蝴蝶派」的陣地之一。《小說叢報》發刊詞可以代表
徐枕亞對於小說的基本看法，較之《玉梨魂》的寫作，在《小說叢報》時期
徐枕亞很明顯地將小說看作聊以慰藉的消遣之物：

> 嗟嗟！江山獻媚，獅夢重酣；筆墨勞形，蠶絲自繞。冷雨淒風之
> 夜，鬼唱新聲；落花飛絮之天，人溫舊淚。如意事何來八九，春夢無痕；
> 傷心人還有二三，劫灰公話。多難平生，難得又逢多難海上；不詳名字，
> 何妨再羅人間，馬生太賤，他日應無買骨之人；豹死誠甘，此時且做留
> 皮之計。此《小說叢報》所由刊也。原夫小說者俳優下技，難言經世文
> 章；茶酒餘閒，只供清談資料。滑稽諷刺，途託寓言；說鬼談神，更茲
> 迷信。人家兒女，何勞替訴相思，海國春秋，畢竟干卿何事？[……]
> 有口不談家國，任他鸚鵡前頭；寄情只在風花，尋我蠹餘生活。繆蓮仙
> 輯《夢筆生花》，無聊極矣；王季任著《餘音擊筑》，有嘅言之。即令文
> 章有價，亦何小補明時；最憐歌哭無端，預怯大難來日。劫後叢生，且
> 自消磨於故紙；個種同志，或可有感於斯文。〔註27〕

在這段彌漫著悲憤的文字中，徐枕亞明確指出小說本就是俳優下技，為小道者
何以發揮經世文章之用，小說本就應該是供茶餘飯後之消遣。這樣的小說觀念
實在是對晚清梁啟超等人小說觀念的「反叛」，其實，與其說是以徐枕亞所認同
的小說觀念是對梁啟超等人的「反叛」，不如說是梁啟超等人對傳統小說觀念的
反叛，而徐枕亞等人不過是重又回歸了傳統的小說觀念。在這裡值得注意的是，
徐枕亞在消閒的小說觀念背後所隱藏的內容，與古代一些文人晚歲無事作小說
自娛消遣不同，徐枕亞放棄小說的啟蒙新民功用轉向消閒可謂是一種對現實社
會、個人處境極其絕望後排遣鬱悶的避世行為。所以說，民初小說固然存在回
歸「小道」及消閒的小說觀念，但這其中亦需要區別對待。

在本文看來，以徐枕亞為代表的清末民初文人，在經歷了家國革命後，卻
發現現實仍舊是一片黑暗，在革命後新國家建立後，同樣找不到出路，「有口不
談家國，任他鸚鵡前頭；寄情只在風花，尋我蠹餘生活」，不談家國並非不愛國，
只是對徐枕亞等人來說，唯有寫作哀情落淚之小說，才能使心中得一慰藉。徐
枕亞於他處也曾表達過類似的觀點，在為劉鐵冷《鐵冷碎墨》作序時，他指出：
「嘗謂美人之鏡，俠士之劍，伶人之琵琶，以及文人之一支禿管，在失意無聊
時得之，亦可抵得一知己。[……]古之著作家，殆無一非傷心人。文人以文自

〔註27〕徐枕亞：《〈小說叢報〉》，1914年，第 1 期。

見，已為末路之生涯矣。[……]余故天生愁種，無可為歡，借筆墨以自袪煩惱。而世之文人，潦倒如余，思著文章自娛者，亦不復少。」〔註28〕

　　《劍橋中華民國史》在談到 1911 年至 1917 年文學狀況時寫道：

> 　　在 1900～1910 年期間出版的小說中改革和進步的觀點，在其後的 10 年中，竟為保守主義和遁世主義所取代。在創作於 1904～1907 年間的《老殘遊記》中，那位孤獨的主人公面對冰封黃河壯麗的冬景，大地一片茫茫的景象，遂勾起無限的深思，感歎國家及個人命運的多舛，驀然發覺自己面頰上的淚水已凍成冰珠時，讀者當為這激越難忘的情懷與山河壯麗的場景而壯懷激烈。到了 1913 年，一般都市的讀者卻只會為徐枕亞暢銷的《玉梨魂》中一對為愛情而纏綿悱惻的「鴛鴦」，掬一腔同情之淚了。〔註29〕

這段話有著很明顯褒清末小說、抑民初小說的傾向。讀者是否會為《老殘遊記》中的情懷與場景壯懷激烈不得而知，但為《玉梨魂》落淚卻是真實存在的。重點在於，當老殘經歷了民初政治上的幻滅，是否也會成為「保守主義」和「遁世主義」的一員？是否會因失望憤懣之情得不到宣泄而轉入情的世界？進一步而言，單純就小說文本而談文本，不進入到具體的歷史語境中，所謂的「鴛鴦蝴蝶派」小說的確不過是掬讀者同情之淚的消遣之作而已。

三、王鈍根與《禮拜六》前百期

　　《禮拜六》無疑是民初最引人關注雜誌之一，《禮拜六》創刊於 1914 年，至 1916 年出滿一百期後停刊，後於 1921 年復刊，終刊於 1923 年。《禮拜六》前百期主要由王鈍根與孫劍秋主編。《禮拜六》被看作是「鴛鴦蝴蝶派」的大本營，甚而完全被當作是「鴛鴦蝴蝶派」的同義詞〔註30〕，其也因《出版贅言》中所直接宣揚的消閒的小說觀念而被批評：

〔註28〕徐枕亞：《〈鐵冷碎墨〉序一》，上海：上海中原書局，1926 年，第 8 版，第 1～2 頁。《鐵冷碎墨》初版時間為 1914 年，初版時既有此序。徐枕亞作此序於 1914 年 11 月。

〔註29〕費正清編：《劍橋中華民國史：1912～1949》（上卷），北京：中國社會科學出版社，1994 年，第 453 頁。

〔註30〕魏紹昌：編者注：「鴛鴦蝴蝶派」又名「禮拜六派」。這篇《〈禮拜六〉派的出版贅言》，說明他們辦刊物的宗旨，因此可以看作是「鴛鴦蝴蝶派」的一篇宣言。（見魏紹昌等編：《鴛鴦蝴蝶派研究資料》（上卷），上海：上海文藝出版社，1984 年，第 184 頁。）

　　　　買笑耗金錢，覓醉礙衛生，顧曲苦喧囂，不若小說之省儉安樂
也。且買笑覓醉顧曲，其為樂轉瞬即逝，不能繼續以至明日也。讀
小說則以小銀元一枚，換得新奇小說數十篇，遊倦歸齋。挑燈展卷，
或與良友抵掌評論，或伴愛妻並肩互讀，意興稍闌，則以其餘留於
明日讀之。晴曦照窗，花香入坐，一編在手，萬慮都忘，勞瘁一週，
安閒此日，不亦快哉！況小說之輕便有趣有如《禮拜六》者乎？《禮
拜六》名作如林，皆承諸小說家之惠。諸小說家夙負盛名於社會，《禮
拜六》之風行，可操券也。〔註31〕

從上述文字能夠看出，《禮拜六》所推崇的小說消閒觀念，而此雜誌之所以名之
為「禮拜六」在於「乃得休暇可以讀小說」。同是將小說看作消遣之物，與徐枕
亞《小說叢刊・發刊詞》中所瀰漫的悲憤無奈不同，王鈍根的這段宣言從語言
風格上顯得輕快了不少。將小說與「買笑」、「覓醉」、「顧曲」等娛樂活動相置
而談，表明其將閱讀小說主要看作是一項娛樂活動，這其中與晚清小說界革命
時對小說的定位有很明顯的不同。王鈍根的這段《出版贅言》將小說與其它娛
樂活動並談，而被責難：「為了說明小說的休閒的作用，他們甚至將小說與『買
笑覓醉顧曲』相提並論」〔註32〕。這樣表述潛在的含義是指責王鈍根等人不該
將小說等同於更為低端的娛樂活動。誠然，從《禮拜六》的《出版贅言》中的
確看不到晚清小說宣傳教化功能，將小說與「買笑覓醉顧曲」並置而論，一方
面說明他們主要將小說看作是休閒的方式；另一方面是強調《禮拜六》的趣味
性，以吸引讀者的興趣，從這一層面來看，這樣的說法不過是一種宣傳策略與
手段。如果換一個角度來看，王鈍根將小說與「買笑覓醉顧曲」或許還隱含著
要通過更為健康省儉的休閒娛樂方式──閱讀小說來取代不宜於健康的娛樂。

　　正因為長期以來將《禮拜六》看作是庸俗文學雜誌的代表，上述的過度
解讀與闡釋並不少見。實際上，如果參照這篇《出版贅言》作者王鈍根在他
處的表述與行為，可能會在某種程度上認同王鈍根將小說與「買笑覓醉顧曲」
相併而談是另有深意。王鈍根為 1914 年為程善之〔註33〕的《小說叢刊》一書
作序時，說出了與《禮拜六・出版贅言》完全相反的一番話：

〔註31〕王鈍根：《出版贅言》，《禮拜六》，1914 年，第 1 期。
〔註32〕湯哲聲：《中國現代通俗小說流變史》，重慶：重慶出版社，1999 年，第 57
　　　　頁。
〔註33〕程善之（1880～1942），近代學者、小說家。

　　　　識得幾個俗字，看得基本盲詞，便貿貿然援筆作小說。文學非
所長也，地理非所知也，掌故非所悉也，方言非所習也，年不滿二
十，足不出百里，目未經名山大川，耳未聞人情世故，僅僅以小兒
女之見解，衍爲村詞俚語，美其名曰「言情小說」。嗚呼！其眞能言
情耶？試一究其內容，則一癡男一怨女外無他人也，一花園一香
閨外無他處也，一年屆破瓜一芳齡二八外無他時代也，一攜手花前
一併肩月下（外）無他節候也。如是者一部不已，必且二部；二部
不已，必且三部四部五部以至數十部。作者沾沾自喜，讀者津津有
味，胥不知小說爲何物。或曰茶餘飯後之消遣品而已，若夫補救人
心，啓發知識之巨任，非責於小說家也。嗚呼噫嘻！然則世何必有
小說，又何必重小說家？「小說家」三字，在今幾成爲通稱矣。報
紙之廣告，曰某小說大家也；書肆之傳單，曰某乙小說大家也。然
則予嘗讀其小說，鮮足卷者。捨是以求，間或幸得一冊，情文兼至，
足以當小說之稱無愧，則其作者雖非廣告所揄揚，世所稱轟賞，予
必歡喜讚歎，愛之重之，以爲鳳毛麟角也。〔註34〕

王鈍根所嚴屬批評的正是社會上所謂的「小說家」以及粗製濫造的寫情小說。
值得注意的是，他在這裡對小說的基本看法與《禮拜六・出版贅言》中的完全
不同。他甚至對那些以小說爲消遣的「小說家」表示了鄙夷，其言外之意在於
小說需要承擔「補救人心，啓發知識之巨任」的作用。《禮拜六・出版贅言》與
這篇小說序言同爲 1914 年所作，何以對小說的看法差別如此之大？前者將小說
與「買笑覓醉顧曲」相提，極盡顯示小說的趣味與消閒特性，而後者則鄙夷將
小說當作茶餘飯後之消遣，不僅如此，反而強調小說於改良社會方面的作用。

　　王鈍根在擔任《禮拜六》編輯的同時，亦擔任《遊戲雜誌》（1914）及《申
報》副刊《自由談》的主編。或因爲王鈍根爲《自由談》主編，《自由談》上
的「文字因緣」欄目下發表諸多「讀者」對《禮拜六》的贊詞，如 1915 年 5
月 14 日署名黃雲臺的《題禮拜六》（調浪淘沙）稱《禮拜六》「共抱寸心丹，
義膽忠肝，寓言十九警憑頑，從此中流多砥柱，挽住狂瀾」〔註35〕。此外，《禮
拜六》也會刊載一些題語，選擇較有代表性的一則錄之：

〔註34〕王鈍根：《〈小說叢刊〉序》，見程善之：《小說叢刊》，江南印刷廠（原書未標
　　　　明出版社），1922 年，第 1～2 頁。王鈍根注明此序作於「一千九百十四年八
　　　　月三日」。
〔註35〕《申報》，1915 年 5 月 14 日。

> 　　鈍根劍秋編《禮拜六》周刊小説將滿五十期矣。風行海內每期
> 達兩萬冊以上，一般青年於休暇日，手此一編，如對良師益友，擇
> 善以去惡，務盡其有裨於世道人心，正非淺鮮，近日政界諸公注重
> 通俗教育來函獎進必數起。然自表面觀之殆不過擬虞初之屬，編輯
> 者苦心孤詣或未必爲局外人所共知也。〔註36〕

這段話是天虛我生陳蝶仙爲《禮拜六》題詩的小記，在這裡陳蝶仙不僅指出
了《禮拜六》受歡迎的程度，更認爲《禮拜六》有裨於世道人心。陳蝶仙認
爲雖然在其它人看來《禮拜六》不過是一本普通的小説雜誌，但在該雜誌仍
寄寓了編輯者的訴求，只是編輯者的苦心局外人未能知曉。將此段話與上述
《禮拜六・編者贅言》與《小説叢刊・序言》相對而看，能夠在一定程度上
解釋王鈍根表述矛盾原因。實際上，近年來研究者大多已經注意到《禮拜
六》中並非全是言情、愛情、慘情類的小説，其中更是有不少「愛國小説」、
「社會小説」。尤其是在 1915 年「二十一條」事件發生以後，《禮拜六》同
仁深感國辱之屈，「愛國小説」、「軍事小説」數量激增，甚至還有「政治小
説」。當然，即便是一些寫情類的小説，也並非淫亂不堪，事實上這類小説中
亦有作者所關注的社會問題。這一時期，《禮拜六》所迸發的激情不亞於晚清
小説界革命時期，其中發表了《同胞速醒》的通告，而《弱國餘生記》、《國
恥錄》、《矮國奇談》等的刊載都是《禮拜六》同人對「二十一條」事件的回
應。〔註37〕值得一提的是，在 1915 年第 44 期的《禮拜六》上，刊登了王鈍
根辭去《申報・自由談》的啓事，其緣由也與「二十一條」事件有關：

鈍根啓事

> 　　鈍根向在申報創設自由談四年以來，蒙海內諸大文壇相率以時
> 文、詞曲、小説、筆記見寄，且引鈍根爲文字交，鈍根不才至感且
> 幸，揭來中日交涉全國恐慌，鈍根主張激昂與主者意見向左，不得
> 已此致，捨自由談諸神交而去，良用歉然。鈍根筆墨繁冗，又弗克
> 一一至書。〔註38〕

〔註36〕天虛我生：《禮拜六》，1915 年，第 46 期。
〔註37〕如 46 期：時局如此，吾人何暇作小説，三十八期中馬二先生已先我言之矣。
　　　　黑子則所謂時局如此，吾人非特無暇作小説，且亦不忍作小説，雖然馬二先
　　　　生曰小説未始不可利用之促進國民之迷夢，諒草此篇，以勵我士心。（《禮拜
　　　　六》，1915 年，第 46 期，戰爭小説「裸英雄」）
〔註38〕王鈍根：《鈍根啓示》，《禮拜六》，1915 年，第 44 期。

能夠看出，以王鈍根爲代表的《禮拜六》同仁，並非是不聞世事，玩弄文字遊戲之人，而《禮拜六》不是一份風花雪月、不聞世事的刊物，其中雖然不乏消閒的傾向，但亦有自己「苦心孤詣」。

　　民初初年小說的功用觀念其複雜之處在於，雖然這一時期小說已經出現很明顯的消閒觀念傾向，但這種消閒觀念並不能等同於「消遣的金錢主義」。民初除了徐枕亞、王鈍根爲代表的小說作者與編輯者，仍舊有許多作小說之人。而他們所主辦的小說雜誌能夠在民初立足，且不被當時教育部的通俗教育學會封禁，在一定程度上也說明它們是符合「規範」，不出格的。當然民初小說在各地報紙、小報上亦有刊載，爲商業利益而炮製的內容不堪的小說錯出其中。但在本文看來，不能完全將這些小說等同於《禮拜六》這樣的雜誌所刊載的小說。

　　總體而言，民初小說不再承擔啓蒙民智這樣宏大的任務，小說的地位與功用有回歸「小道」的傾向。民初認同小說的消閒觀念，但在民初小說觀念背後亦隱藏著那一時期小說作者與編輯者的苦衷與訴求，儘管這些都被淹沒在表面輕鬆娛樂或愁苦慘怛的論述中，但仔細發掘亦得以觀之。本文無意於對民初小說的評價進行翻案，只是研究中眾多矛盾叢生的材料與論述，都指向了這一時期小說功用觀念的複雜性，以及那一代人的心境。童愛樓在《遊戲雜誌・序言》〔註39〕中的一段話，或許可以代表民初諸人的觀點：「當今之世，忠言逆耳，名論良箴，束諸高閣，惟此譎諫隱詞，聽者能受盡言。故本雜誌搜集眾長，獨標一格，冀藉淳于微諷，呼醒當世。故此雖名遊戲文字，他日進爲規人之必要，亦未可知也。」〔註40〕

第三節　對民國初年小說評價的思考

　　目前對於民初小說的評判基本上沿襲了新文學提倡者的觀點，新文學諸人對民初小說的批判長期以來被視爲民初小說評價的圭臬。新文學提倡者將與其小說觀念齟齬的作者劃爲「鴛鴦蝴蝶派」，並在 20 年代初年展開批判。概而言之，新文學提倡者的批判主要包括兩方面，在內容方面，「鴛鴦蝴蝶派」爲「卅六鴛鴦同命鳥，一雙蝴蝶可憐蟲」，沉浸在言情、新式的才子佳人

〔註39〕《遊戲雜誌》爲王鈍根、童愛樓主編的雜誌，創刊於 1914 年，刊載內容駁雜包括小說、詩詞、譯林等等。

〔註40〕童愛樓：《遊戲雜誌・序言》，《遊戲雜誌》，1914 年，第 1 期。

〔註41〕中不能自拔；在小説功用觀念上，將小説看作是消遣之物，體現了「消遣的金錢主義」觀念。某種程度來看，新文學提倡者對「鴛鴦蝴蝶派」的批評並非毫無道理，但從另一層面來看，新文學提倡者是從自身的訴求出發而批評「鴛鴦蝴蝶派」，這其中不免會有某種批評的策略存在，或者說是「意氣之爭」。事實上，結合 20 年代初的一些文獻，不難看出這種情況的存在，但問題的關鍵在於，在很長一段時間裏，我們對民初小説的評價都本於新文學提倡者的觀點，這在一定程度上阻礙了我們較爲允當地看待民初小説的相關問題。

近年來的民初小説研究注意到「鴛鴦蝴蝶派」這一命名本身即存在著問題。通常認爲，「鴛鴦蝴蝶派」又被稱爲「禮拜六派」，將二者視爲一物。作爲《禮拜六》的編輯，周瘦鵑不認爲《禮拜六》同仁屬於「鴛鴦蝴蝶派」，如果非要劃分派別的話，那麼他是「《禮拜六》派」〔註42〕，而不是「鴛鴦蝴蝶派」：

> 至於鴛鴦蝴蝶派和寫四六的駢儷文章的，那是以《玉梨魂》出名的徐枕亞一派，《禮拜六》派倒是寫不出來的。當然，在二百期《禮拜六》中，未始捉不出幾對鴛鴦幾隻蝴蝶來，但還不至於漫天亂飛，遍地皆是吧？〔註43〕

在他看來，正宗的「鴛鴦蝴蝶派」應該是以徐枕亞爲代表駢儷寫情一派。除周瘦鵑外，其它一些被劃入「鴛鴦蝴蝶派」陣營中的作家，也曾明確表示過自己與「鴛鴦蝴蝶派」沒有任何關係，如包天笑：

> 據説，近日許多評論中國文學史實的書上，都目我爲鴛鴦蝴蝶派，有的且以我爲鴛鴦蝴蝶派的主流，談起鴛鴦蝴蝶派，我名總是首列。我於這些刊物，都未曾寓目，均承朋友們告知，且爲之不平者。我説我已硬帶上這頂鴛鴦蝴蝶的帽子，復何容辭。行將就木之年，「身後是非誰管得」，付之苦笑而已。

〔註41〕 魯迅：《上海文藝之一瞥》，1931 年，見魏紹昌等編：《鴛鴦蝴蝶派研究資料》（上卷），上海：上海文藝出版社，1984 年，第 5 頁。

〔註42〕 「我是編輯過《禮拜六》，並經常創作小説和散文，也經常翻譯西方名家的短篇小説，在《禮拜六》上發表的。所以我年輕時和《禮拜六》有血肉不可分開的關係，是個十足十、不折不扣的《禮拜六》派。」見魏紹昌等編：《鴛鴦蝴蝶派研究資料》（上卷），上海：上海文藝出版社，1984 年，第 181 頁。

〔註43〕 周瘦鵑：《閒話〈禮拜六〉》，見魏紹昌等編：《鴛鴦蝴蝶派研究資料》（上卷），上海：上海文藝出版社，1984 年，第 182 頁。

實在我寫小說，乃處於偶然。[……]至於《禮拜六》，我從未投
過稿。徐枕亞直至他死，未識其人。我所不瞭解者，不知哪部我所
寫的小時候是屬於鴛鴦蝴蝶派的。（某文學史曾舉出了數部，但都非
我寫）〔註44〕

包天笑否認自己是「鴛鴦蝴蝶派」，並爲自己被作爲此派的主要代表人物而感
到無奈。從他的表述中可以看出，包天笑所認爲的正宗的「鴛鴦蝴蝶派」應
爲《禮拜六》同仁以及徐枕亞等人。值得注意的是，無論是周瘦鵑，還是包
天笑，他們在否撇清自己與「鴛鴦蝴蝶派」關係的同時，紛紛把矛頭指向徐
枕亞，認爲徐枕亞才是眞正的「鴛鴦蝴蝶派」〔註45〕。范煙橋在《民國舊派
小說史略》中也認同這一看法：「不過從小說的內容和形式來看，『鴛鴦蝴蝶
派』的作品當以《玉梨魂》爲代表，作者則以徐枕亞爲代表。其它便不盡屬
此。」〔註46〕又因爲徐枕亞曾在《民權報》上連載《玉梨魂》，所以《民權報》
及後來的《民權素》被看作是「鴛鴦蝴蝶派」的發祥地，而其所主編的《小
說叢報》則爲「大本營」。〔註47〕進而與《民權報》、《民權素》、《小說叢報》
有關的諸人均被看作是「正宗」的「鴛鴦蝴蝶派」，如吳雙熱、劉鐵冷等人。

通常所認爲的「鴛鴦蝴蝶派」陣營中的作家撇清自己與此派關係的現象
表明：一、「鴛鴦蝴蝶派」命名本身存在問題，所謂的「鴛鴦蝴蝶派」並不
是一個有著一致主張與綱領的組織，被劃歸屬於此派的作者並不認同這種做
法。二、「鴛鴦蝴蝶派」本身包含了極大的貶義色彩，承認爲此派中人即承
認自己爲批判的對象。平襟亞在《「鴛鴦蝴蝶派」命名的故事》中記錄了「鴛
鴦蝴蝶派」命名的趣聞，據作者回憶，「鴛鴦蝴蝶派」的說法起於1920年。

〔註44〕包天笑：《我與鴛鴦蝴蝶派》，見魏紹昌等編：《鴛鴦蝴蝶派研究資料》（上卷），
　　　　上海：上海文藝出版社，1984年，第178頁。

〔註45〕又如陳蝶衣發表於香港《大成》上的《我以「鴛鴦蝴蝶派」爲自豪》的諷刺
　　　　文章，指出：我以「鴛鴦蝴蝶派」爲自豪，是一種「竊攀高賢」的說法。事
　　　　實上，我只是一個後生小子，所有「鴛鴦蝴蝶派」的前輩作家如徐枕亞、李
　　　　定夷、姚鵷鶵、吳雙熱、朱鴛雛、許瘦蝶等輩，我俱未識面，因此，我即使
　　　　要作一個「攀龍附鳳勢莫當」的追隨者，也有所不可，無此緣分。見《大成》，
　　　　第147期，第55頁。

〔註46〕范煙橋：《民國舊派小說史略》，見魏紹昌等編：《鴛鴦蝴蝶派研究資料》（上
　　　　卷），上海：上海文藝出版社，1984年，第277頁。

〔註47〕鄭逸梅：假使把《民權報》作爲鴛鴦蝴蝶派的發祥地，那麼《小說叢報》是
　　　　鴛鴦蝴蝶派的大本營了。（見魏紹昌等編：《鴛鴦蝴蝶派研究資料》（上卷），
　　　　上海：上海文藝出版社，1984年，第380頁）

〔註48〕事實上，周作人在 1918 年發表於《新青年》上的《日本近三十年小說之發達》中就曾有過「鴛鴦蝴蝶派」的說法：「此外還有《玉梨魂》派的鴛鴦蝴蝶體，《聊齋》派的某生者體，那可更古舊得厲害，好像跳出在現代的空氣之外，且可不比論也。」〔註49〕，而錢玄同在 1919 年的《「黑幕」書》中也提到了「鴛鴦蝴蝶派小說」〔註50〕。從這些早期文獻中可以看出，最初提到「鴛鴦蝴蝶派」多會以徐枕亞《玉梨魂》作爲此派小說的代表〔註51〕，這也是後來一些被劃入「鴛鴦蝴蝶派」中人感覺受到了「波及」。

「鴛鴦蝴蝶派」本身就不是一個派別，近年來關於「鴛鴦蝴蝶派」命名問題的研究也意識這一點。胡安定在《多重文化空間中的鴛鴦蝴蝶派研究》中將「鴛鴦蝴蝶派」的命名與「新舊」文學話語權的爭奪結合考察，指出：

> 五四新文學登上文壇，爲了確定自己迥異於現存文學樣態的特徵，首先進行了一系列的命名行爲，「鴛鴦蝴蝶派」即是他們贈與民初文學的一個名號。新文學的「命名」是爲了與舊文學區別開來，試圖通過對「假想敵」的歸類與指認等策略，完成自身的理論建設，從而確立自身的主體性與合法性。[……]從 20 年代到

〔註48〕座中人又有人説「鴛鴦蝴蝶」入詩，並無不可，要看如何用它。最肉麻的如「願爲杏子衫邊蝶，一嗅餘香夢也甜」；最惡俗的如「展開卅六鴛鴦住，簾卷一雙蝴蝶飛」，時有人插言到：「這兩句送給『花煙間』做門簾，再貼切沒有了。」聞者大笑。又有人説：「最要不得的是言之無物，號爲無病呻吟，如『卅六鴛鴦同命鳥，一雙蝴蝶可憐蟲』説明什麼呢？」劉半農認爲駢文小説《玉梨魂》就犯了空泛、肉麻、無病呻吟的毛病，該列入「鴛鴦蝴蝶派小説」。朱鴛雛反對道：「『鴛鴦蝴蝶』本身是美麗的，不該辱沒它。《玉梨魂》使人看了哭哭啼啼，我們應當叫它『鼻涕眼淚小説』。」[……]這一席話隔牆有耳，隨後傳開，便稱徐枕亞爲「鴛鴦蝴蝶派」，從而波及他人。（平襟亞：《「鴛鴦蝴蝶派」命名的故事》，見魏紹昌等編：《鴛鴦蝴蝶派研究資料》（上卷），上海：上海文藝出版社，1984 年，第 180〜181 頁。）

〔註49〕周作人：《日本近三十年小説之發達》，《新青年》，1918 年，第 5 卷，第 1 號，第 41 頁。

〔註50〕錢玄同，《「黑幕」書》：「黑幕」書之貽毒於青年，稍有識者皆能知之。然人人皆知「黑幕」書爲一種不適當之書籍，其實與「黑幕」同類之書籍正復不少。如：《豔情尺牘》、《香閨密語》，以及「鴛鴦蝴蝶派的小説」等等，皆是。此等書籍，從一九一四年起盛行。

〔註51〕除上文所徵引的材料外，1919 年 2 月周作人在《中國小説裏的男女問題》中也同時提到了「鴛鴦蝴蝶派」與徐枕亞：「近時流行的《玉梨魂》雖文章很肉麻，爲鴛鴦蝴蝶派的祖師，所記的事，卻可算是一個問題。」

　　30 年代，雖然新文學的目標不斷變化，群體內部也在發生分化，但鴛鴦蝴蝶派一直是其共同的對立物，批判範圍也在擴大，一些後起之秀被累加進鴛鴦蝴蝶派這一陣營之中。而且，隨著新文學逐漸成為一種雅的文學，與之相對，鴛鴦蝴蝶派就成了通俗文學的指標。〔註52〕

「鴛鴦蝴蝶派」的產生實際上與新文學提倡有著極大的關係，對於新文學而言，與其文學觀念、理念不同的即為他者，是其對立的一面，這也是後來如張恨水等人均被劃入「鴛鴦蝴蝶派」的重要原因。事實上，「鴛鴦蝴蝶派」的命名是應歷史文化語境而生，在新文學為正確價值導向的當時與現在，這一命名顯然具有十分明顯的貶義色彩，被歸入此派的小說作者與作品會因此成為批評的對象。在民初小說研究中，「鴛鴦蝴蝶派」命名所帶來的問題主要體現在：將民初小說至 1949 年之前的「通俗小說」全部看作是「鴛鴦蝴蝶派」一個整體，從民初小說評價的角度，很容易存在批評擴大化的傾向，例如將對二十年代小說現象的批評加諸民初小說上。

　　二十年代新文學對「鴛鴦蝴蝶派」批評陣地主要集中在《文學旬刊》上，新文學提倡者對當時強調「消閒」、「娛樂」的小說觀念極其不滿。1921 年文學研究會成立，其宣稱：「將文藝當作高興時的遊戲或失意時的消遣的時候，現在已經過去了。我們相信文學是一種工作，而且是於人生很切要的一種工作。」〔註53〕事實上，「鴛鴦蝴蝶派」的批評者也主要以文學研究會成員鄭振鐸、沈雁冰等人為主，在文學研究會的定期刊物《文學旬刊》上展開對遊戲的、消遣文學的批評，是時《小說月報》、《新青年》、《晨報副刊》等亦有針對「鴛鴦蝴蝶派」的批評。

　　在對「鴛鴦蝴蝶派」的批評中，尤其數鄭振鐸最為激烈，其相繼發表《思想的反流》、《新舊文學的調和》、《血和淚的文學》、《消閒？》、《中國文人（？）對文學的根本誤解》、《悲觀》、《「文娼」》等「討伐」以《禮拜六》為代表的「消閒」小說，如《消閒？》一文：

　　　　中國的「遺老」、「遺少」們都說：「小說是供認茶飯後的消閒的。」於是消閒的小說雜誌就層出不窮，以應他們的要求。自《禮

〔註52〕胡安定：《多重文化空間中的鴛鴦蝴蝶派研究·緒論》，北京：中華書局，2010年，第 7 頁。
〔註53〕《新青年》，1925 年，第 8 卷，第 5 號。

拜六》復活（？）以後，他們看看可以掙得許多錢，就更高興的又
組織了一個《半月》。〔註54〕

又如《「文娼」》：

　　　　我以爲「文娼」這兩字，確切之至。他們像「娼」的地方，不
止是迎合社會心理一點。我且來數一數：（一）娼只認得錢，「文娼」
亦知道撈錢；（二）娼的本領在應酬交際，「文娼」亦然；（三）娼對
於同行中生意好的，非常眼熱，常想設計中傷，「文娼」亦是如此。
多以什麼《快樂》，什麼《紅雜誌》，什麼《半月》，什麼《禮拜六》，
什麼《星期》，一齊起來，互相使暗計，互相拉客了。〔註55〕

從以上兩段引文中可以看出，鄭振鐸對《禮拜六》這類雜誌嚴厲的批評，他
甚而使用了「文娼」這樣帶有辱罵性質的文字。賀麥曉認爲在民國時期在
文學批評中存在著「罵的批評」現象，新文學稱「鴛鴦蝴蝶派」爲「文丐」、
「文娼」即是這樣一種「罵的批評」的典型表現。此外，從形式上而言在字
句、標題中使用「問號」也是一種極爲明顯的貶損形式，如「《禮拜六》復活
（？）」、「《消閒？》」、「《中國文人（？）對文學的根本誤解》」。〔註56〕鄭振
鐸對「鴛鴦蝴蝶派」的批評有很強烈的情緒化，值得注意的是，在二十年
代初期鄭振鐸對此派的批評文字中基本沒有使用過「鴛鴦蝴蝶派」一詞，實
際上，同時期的一些批評文章中也很少使用「鴛鴦蝴蝶派」的說法，但 1935
年在爲《中國新文學大系·文學論爭集》寫作導言時，鄭振鐸將「鴛鴦蝴蝶
派」與《禮拜六》、《遊戲雜誌》等聯繫起來〔註57〕。鄭振鐸在《文學旬刊》
上發表的文章中並沒有直接使用「鴛鴦蝴蝶派」的說法似乎表明，在論爭
當時「鴛鴦蝴蝶派」指的也不是周瘦鵑、包天笑等人，但後來隨著「鴛鴦蝴

〔註54〕西諦，《「消閒」》，《文學旬刊》，1921 年 7 月 30 日，第 9 號。

〔註55〕西諦，《「文娼」》，《文學旬刊》，1922 年 9 月 11 日，第 49 號。

〔註56〕參見 Hockx, Michel. *Questions of style: literary societies and literary journals in modern China, 1911～1937*. Leiden & Boston Print, 2003.

〔註57〕鄭振鐸：《文學論爭集·導言》，上海：良友圖書公司，1935 年：鴛鴦蝴蝶派
的大本營是在上海。他們對於文學的態度，完全是抱著遊戲的態度的。[……]
他們沒有一點熱情，沒有一點的同情心。只是迎合著當時社會的一時的下流
嗜好，在喋喋的閒談著，在裝小丑，說笑話，在寫著大量的黑幕小說，以及
鴛鴦蝴蝶派的小說來維持他們的「花天酒地」的頹廢的生活，幾不知「人間
何世」的樣子。恰和林琴南輩的道貌儼然是相反的。有人謚之曰「文丐」，實
在不是委屈了他們。

蝶派」含義的不斷擴大，像周瘦鵑、包天笑這樣的作家也被看作是該派中的一員。

　　問題的關鍵在於，當周瘦鵑、包天笑等人發文撇清自己與「鴛鴦蝴蝶派」的關係，並將矛頭指向徐枕亞時，他們所在意的並不是自己與徐枕亞是否為一派的問題，而是想盡可能的擺脫「鴛鴦蝴蝶派」及相關的負面評價。「鴛鴦蝴蝶派」是一個具有象徵意義的標籤，其代表了新文學對這樣一派小說的批評與鄙夷。新文學的評價往往不容置疑，可以被後來者不經思考的接受，而被新文學貼上「鴛鴦蝴蝶派」的標籤，也就意味著在文學史上無法獲得較為公正的評價。事實上，這種現象並不少見，來自新文學的權威或者具有話語權的個人對某人或某作品的評價具有決定性作用，依舊以周瘦鵑為例，其常引用魯迅在擔任通俗教育研究會小說股長期間對其所翻譯的《歐美名家短篇小說叢刻》的評價來表明自己不是那麼的「鴛鴦蝴蝶」〔註58〕，依靠權威人士的評價而不是回到歷史語境中去盡可能做出公允的評價，這不僅是民初小說評價中存在的問題，更是現代文學史中特有的偏向。

　　不過，從實際情況來看，新文學提倡者對徐枕亞式的「鴛鴦蝴蝶派」的批判其實並不多，徐枕亞更多的只是被提及，而不是作為直接批評的對象，如上文所引周作人在《日本近三十年小說之發達》及《中國小說中的男女問題》中僅僅是提到了徐枕亞為代表的「鴛鴦蝴蝶派」，雖有批評之意，但卻並未多言。像羅家倫在《今日中國之文學界》中對徐枕亞一派的直接批評並不多見：

　　　　第二派的小說就是濫調四六派。這一派的人只會套來套去，做幾句濫調的四六，香艷的詩詞。[……]論期他們的結構來也是千篇一律的。大約開首總是某生如何漂亮，遇著某女子也如何漂亮。一見之後，遂戀戀不捨，暗訂婚約。愛力最高的時候，忽然兩個人又分開了。若是著者要作艷情小說呢？就把他們勉強湊合攏來。若是

〔註58〕周瘦鵑：現在讓我來說說當年《禮拜六》的內容，前後共出版二百期中所刊登的創作小說和雜文等等，大抵是暴露社會的黑暗，軍閥的暴橫，家庭的專制，婚姻的不自由等等，不一定都是些鴛鴦蝴蝶派的才子佳人小說，並且我還翻譯過許多西方名家的短篇小說，例如法國作家巴比斯等的作品，都是很有價值的。其中一部分曾收入了我的《歐美名家短篇小說叢刻》，意外地獲得了魯迅先生的贊許。總之《禮拜六》雖然不高談革命，但也並沒有把誨淫誨盜的作品來毒害讀者。（見魏紹昌等編：《鴛鴦蝴蝶派研究資料》（上卷），上海：上海文藝出版社，1984年，第182頁。）

要著者作哀情小說呢？就把他們永久分開，一個死在一處地方，中間夾幾句香豔詩，幾封豔情信，就自命爲風流才子。這不是我好嘲笑人，諸位一看徐枕亞的《玉梨魂》、《余之妻》，李定夷的《美人福》、《定夷五種》便知道了！徐枕亞的《玉梨魂》騙了許多錢還不夠，就把他改成一部日記小說《雪鴻淚史》又來騙人家的錢。李定夷還要辦編譯社，開函授學校教青年學生來學他這派的小說[……]我罵了以上兩派小說中的一大片，把我的筆墨都弄污穢了。這班人本來是我不屑罵的。不過因爲我在上海一帶看見這類的小說盛行，北京也是如此。內地中學生更是歡迎它了。所以我不惜犧牲兩點鐘寶貴的光陰，提出這個問題促教育當局的注意、青年學生的反省，才盡了我批評社會的責任呢。〔註59〕

儘管周瘦鵑、包天笑極力撇清與「鴛鴦蝴蝶派」的關係，但從《文學旬刊》等上所刊載的批評文字，不難發現他們才是新文學提倡者的批評對象：

一位朋友寫信給我説：「我想新文學到了現在還眞是一敗塗地了呀！你看，什麼《快活》雜誌、《新聲》、《禮拜六》、《星期》、《遊戲世界》，已經是春筍般茁起了，他們出世一本，同時便宣告你們的死刑一次。像這種反動的『泥』潮，也不要太輕易把它放過。中國的土地不會擴大也不會縮小，新文學所能夠佔領的地域，本就只有一角，於今又被他們奪回去了，他們正高唱『光復之歌』，你們眞不動心嗎？」〔註60〕

近來《禮拜六》、《半月》、《快活》、《遊戲世界》等等雜誌很發達，不能算是好現象。〔註61〕

結合上述兩段引文，以及前文所引鄭振鐸的批評，不難看出雖然文章中沒有進行指名道姓的批評〔註62〕，但卻不斷提到某些雜誌刊物。從時間來看，這裡面所提到的雜誌均發表於1920年代，如《快活》創刊於1923年、《紅》創刊於1922年、《星期》創刊於1922年、《遊戲世界》創刊於1922年、《半月》創刊於1921年等等。至於《禮拜六》發刊於1914年，而在1916年出版滿100

〔註59〕 志希：《今日中國之小説界》，《新潮》，1919年，第1卷，第1號，第99頁。
〔註60〕 西諦：《悲觀》，《文學旬刊》，，1922年，5月1日，第36號。
〔註61〕 李芾甘：《「文娼」》，《文學旬刊》，1922年9月11日，第49號。
〔註62〕 關於周瘦鵑的直接批評有一則。

期後停刊，五年之後的 1921 年復刊。這裡提到的《禮拜六》是指復刊之後的該雜誌。從雜誌的編輯者來看，後期《禮拜六》由周瘦鵑主編、《半月》主編周瘦鵑、《星期》主編包天笑、《紅》主編嚴獨鶴。

如此來看，並不是周瘦鵑、包天笑等人被徐枕亞所波及，而是周瘦鵑等人波及了徐枕亞。這並不是說，新文學對徐枕亞等持肯定意見，相反，不論是徐枕亞，還是周瘦鵑等人在新文學提倡者眼裏均是文壇的「遺老」、「遺少」。在新文學提倡者看來，「五四」之後以《禮拜六》爲代表提倡「消閒」的小說雜誌復興，既是對新文學的諷刺，也是對新文學的「逆反」，所以新文學的批評矛頭便直接指向《禮拜六》、《星期》等：

> 在中國以前的時候，這種以文章爲遊戲的思想確然是充塞於一
> 般文人的腦海中。但自文學革命以後，這種思想觀念似乎應該絕跡
> 一點；那裡知道還是依舊的充塞於一般新或舊的文人（？）的腦海
> 中，絲毫沒有抹拭掉呢？舊的文人（？）可以不必責備他，因爲他
> 們得靠此吃飯的，自然要隨人所喜，來做那種備人茶餘飯後的消閒
> 文章。但自命爲新的文人（？）也是如此，卻未免太奇怪了。也許
> 是他們的「歷史的負擔」太重，一時擺脱不掉吧？文字已換爲新體，
> 而思想猶是「故我依然」，這實在不是好現象。〔註63〕

在文學革命後，依舊持有遊戲、消閒的文學觀念，尤其是這類小說採用的是白話文，這些是新文學提倡者所不能容忍的。在 1923 年，《文學旬刊》更名爲《文學周報》的《本刊改革宣言》中又再次強調這一觀點：「以文學爲消遣品，以卑劣的思想與遊戲態度來侮蔑文藝，薰染青年頭腦的，我們則認爲他們爲『敵』，以我們的力量，努力把他們掃除文藝界以外。抱傳統的文藝觀，想閉塞我們文藝界前進之路的，或想向後退去的，我們則認爲他們爲『敵』，以我們的力量，努力與他們奮鬥。」〔註64〕

新文學在二十年代對「消閒」小說觀念的批判也常被看作是對民初小說的評價。既然新文學提倡者的批判對象是二十年代初期的小說，那麼爲何要將這種觀點不加思考的作爲對民國初年小說的評價呢？從某種程度而言，這是由於「鴛鴦蝴蝶派」命名的問題造成的，正是因爲將「鴛鴦蝴蝶派」看作

〔註63〕西諦，《中國文人（？）對於文學的根本誤解》，《文學旬刊》，1921 年 8 月 10
　　　　日，第 10 號。
〔註64〕西諦：《本刊改革宣言》，《文學》，1923 年 7 月 30 日。

是一切不符合新文學規範的作者的集合，將其看作是一個毫無差別的整體，因此，關於此派的評價似乎「適用」於此派中的所用人。不可否認的是，1920年代初期「通俗」刊物的主編與作者，大多在民國初年就已經從事與小說相關的活動。從小說觀念的角度來看，民初小說與二十年代初期均奉行「消閒」的小說觀念。但在具體的研究中，面對如何評價民初小說這一問題時，僅以「鴛鴦蝴蝶派」的原因，就將新文學提倡者對 20 年代小說的評論直接加諸於民國初年小說身上。這一方面反映了新文學帶給我們強大的「影響」，另一方面也顯示出研究中「先入為主」觀念的存在。

　　民初小說的重要特徵之一就是「情」一類的小說數量增多，從時下各類小說雜誌上看，標著「言情」、「哀情」、「豔情」、「慘情」等的小說不在少數，民初小說似淹沒在一片情海的汪洋之中。其實，從民初小說整體情況來看，偵探小說、武俠小說亦不在少數。雖然新文學提倡者將偵探小說、武俠小說、寫情小說都劃歸為「通俗小說」。不過同為「通俗小說」，清末民初對偵探小說、武俠小說與「寫情小說」的態度不同之處在於，前兩者受到的批評較少，而寫情小說是批評的眾矢之的，究其原因主要在於寫情小說因多言男女之情常被看作是「誨淫」的代表，而偵探小說與武俠小說則或可有利於人心風氣。

　　顯然，因為民初寫情小說的增多，對於民初小說，慣常的觀念認為言「情」就是言「俗」，所以民初小說想當然被看作是俗不可耐的，這種觀念不僅是當下對民初小說的主要看法，更是自古而來「談情色變」觀念的產物。民初成之在談到寫情小說問題時，對這種「談情色變」的現象表達了不滿：

> 　　一孔之士，每病寫情小說為誨淫，謂青年子弟，不宜閱看，此真拘墟之論也。予謂青年子弟，不惟不必禁閱寫情小說，並宜有高尚之寫情小說以牖之。何也？男女之愛，人性之自然。及其年，則自知之，奚待於誨？知慕少艾矣，而無高尚純潔之寫情小說以牖之，則易流為鄙陋之肉欲之奴隸耳。高尚之寫情小說，正可以救正此弊，其力非父母詔兄勉之所能及也。深明心理之士，或不以予言為河漢。〔註65〕

成之所說民初「每病寫情小說為誨淫」的情況確實存在。民初寫情小說數量不少，但在「理論」上支持寫情小說的並不多，在寫情小說問題上，大多數

〔註65〕成之：《小說叢話》，《中華小說界》，1914 年，第 5 期，第 26 頁。

人要麼持反對意見，要麼比較保守地談論這一問題，如《小說月報》編輯惲鐵樵在《論言情小說撰不如譯》中呈現的那樣。成之對待寫情小說的態度值得借鑒與思考，尤其是對當下一些不加選擇地批評民初小說為庸俗不堪的做法。誠然，民初小說確實有自身存在的問題，但如果僅以民初寫情小說盛行而作為批評民初小說庸俗、無價值的理由，似乎不夠允當，這頗類似上文所說的「一孔之士」。問題的關鍵在於對民初小說這樣種先入為主的觀念，並不利於研究的客觀性，即便不講求對這一時期的小說及其觀念抱有「理解之同情」，但摒棄研究中先入為主的觀念，無疑可以發現更多值得思考的問題。

最後，需要指出的，近年來在對待民國初年小說，以及「鴛鴦蝴蝶派」的評價上，研究者多轉向「瞭解之同情」一面，本文某種程度上也是如此。但相比於評價上的「瞭解之同情」，本文認為更重要的是研究本身。民國初年小說及其相關研究不應僅僅止步於態度上的轉變，而應進一步挖掘與闡釋這一時期小說的豐富性，如此才算是真正展開了對民初小說的研究。

小　結

本章考察了民國初年小說的地位與功用，與清末相比，民初小說的地位由「文學之最上乘」重又回歸「小道」，而功用上則從「開啓民智」轉而為「消閒」。民國初年對小說的地位與功用的理解，與清末大為不同。彌漫在民國初年政治上的消極情緒，對這一時期的小說觀念產生影響，不可否認的是，正如新文學家所批評的那樣，民初諸人從觀念上以小說為遊戲、為消遣，但亦應注意到這一時期在遊戲小說、消閒小說的背後的內容。新文學諸人從建設新文學的角度對民國初年小說的批判，並非毫無道理，但作為研究者，我們應注意到民國時期歷史文化政治背景對小說觀念的重要影響，亦應挖掘這一時期在小說觀念上更為豐富的內容。

結　語

　　本書對民國初年小說觀念進行了初步的觀照，研究所觸碰到的中西小說
觀念碰撞的問題、民初小說觀念與「五四」小說觀念相齟齬的問題等，論文
中雖然沒有做專門的討論，對這些問題亦有簡單的回應，但無疑民國初年小
說觀念的研究應該走得更遠。進一步而言，爲何民國初年的小說觀念是本文
所呈現出的這樣？這些問題都屬於本論題的研究範圍，卻更爲複雜，假以時
日應對這些問題做更爲深入的探討。

　　小說觀念是對觀念的研究，而觀念的形成與轉變非朝夕之力，處在晚清
與「五四」「夾縫」中的民國初年，一方面在小說觀念上不會促然脫離與清末
小說觀念的聯繫，另一方面在新文學觀念產生後，從民初小說觀念到現代小
說觀念轉變及至後者眞正形成也需要一段時間。正因爲認識到小說觀念的轉
變並非一蹴而就的，所以本書在論述過程中，並非要把民國初年的小說觀念
表述爲「獨樹一幟」的，而是盡量注意其與晚清、「五四」在觀念上的聯繫。
但是，更需要注意的是，即便是只有短短幾年的民國初年，在小說觀念上也
呈現出這一時期獨有的特點，從實際情況來看，與晚清、「五四」是有差異的。
如果僅僅以民國初年時間較短而忽略或者否定這一時期在小說觀念上與清末
的不同，某種程度而言也算是觀念上的先行。

　　晚清「小說界革命」爲中國小說的變革開闢了新的路徑，卻無法成爲中
國傳統小說的終結者。民國初年的小說從觀念上來看亦是處在這一傳統中，
雖然域外小說觀念對這一時期小說觀念的影響不容忽略，但傳統的小說觀念
就如同血液一般，在民初小說觀念佔據更爲重要的地位。強調民國初年小說
觀念依舊處在傳統小說觀念的框架下，並不是對域外小說的影響與介入盲

視，但從實際情況來看，如果使用「中西」、「新舊」的維度來評價民初小說觀念，本文認爲其更爲偏向中與舊的方面。事實上，只有在重視傳統小說觀念的基礎上，才能夠對民初小說觀念有更好的瞭解。忽視傳統小說觀念的影響，而只從域外小說觀念的角度出發，實質上是對「起源」的忘記。

　　清末以來，novel、fiction、story、romance，以及日本的「小說」，各式各樣指代小說的名詞湧入，對於諸種「小說」的用法，當時西方人尙且分不太清，民初諸人對此更是困難重重。成之曾試圖使用 novel 與 romance 的分類方式：「複雜小說，即西文之 Novel。單獨小說，即西文之 Romance。」如果說成之對 novel 的理解還較爲正確的話，對 romance 的含義則爲誤讀。將西方小說的詞語與中國小說的類型對應起來，反映出民國初年試圖接受西方的小說觀念，並與中國的小說觀念、小說類型進行融合。事實上，在當時，中國傳統小說觀念與西方小說觀念是無法調和爲一的。西方小說觀念強調小說的虛構性，而中國古代有視小說爲虛妄的觀點。但不同的是，前者是對於想像而言，而後者則是對實錄而言。小說之所以虛妄在於其不能夠「恪守」記錄實事與事實的本分，中國小說的史傳傳統對小說觀念影響持久而深遠，不容小覷，即便是在民國初年，以小說補史、記錄實事的觀念也沒有消失。中國古代小說含義混亂，「同名異實」是其特點，既有傳統的史家目錄學家所認可的子部「古小說」觀念，又有宋代以來萌生的「古典小說」觀念。而加之以域外小說觀念的湧入，這一時期的小說在觀念上更爲混亂。

　　整體來看，現代小說觀念確立之前，清末與民國初年在小說文類上一直處在「混亂」的狀態中，就文類觀念而言，民國初年與清末的差別並不十分明顯。從當下的小說觀念來看，清末與民初小說所容納的文類遠比現在廣泛，甚至出現了戲曲與小說兩種文類界限模糊的情況。但是在小說的文體及小說的功用方面，清末與民初在觀念上開始顯現出不同之處。清末以「小說界革命」爲揭櫫，以開啓民智爲最爲直接的目的，故清末提倡以俗語、甚至是方言來寫作小說，這一時期小說作者、「理論家」普遍贊成這一觀點，雖然從小說的實際情況而言，依舊是文言小說要多於白話小說。民國初年的文言小說也多於白話小說，若從這一點上看，民國初年與清末幾無差別，專門討論民初小說文體觀念問題似乎沒有必要。但是，應該看到的是，民國初年在小說「文白」問題上的思考開始轉向小說本身，其關注的焦點也在於何種方式更適合寫作小說。民國初年諸人也不再視「小說爲文學之最上乘」，小說重

又回歸「小道」，比起將小說看作是變革的工具，他們以小說為消遣之物，藉以排遣鬱悶，聊以慰藉。

　　對於「五四」一代，民國初年的小說、小說作者都是其所批駁的對象，根本原因則在於小說觀念上的齟齬。民國初年可以同時接納古文小說、白話小說、駢體小說，以小說為消閒，這些在「五四」一代看來都是無法忍受的。與「五四」一代相比，民國初年在小說觀念上呈現出「兼收並蓄」的特點。究其原因在於，民國初年缺乏「五四」一代建構現代小說觀念的訴求。「五四」一代無論是從策略上，還是從訴求上，都希望能夠盡可能的擺脫傳統，不受傳統的左右。周作人在《日本近三十年小說之發達》對「新小說」與「舊小說」進行了區別，道明了它們之間的差異：「新小說與舊小說的區別，思想果然重要，形式也甚重要。舊小說的不自由的形式，一定裝不下新思想；正同舊詩、舊詞、舊曲的形式，裝不下詩的新思想一樣。」〔註1〕周作人將「五四」之前的小說統稱為「舊小說」，在他看來，「舊小說」不論是從小說的形式上，還是從思想上都無法承擔「為人生」的目的。對民初小說家來說，小說雖然不必一定要採用「章回體」或「筆記體」的形式來寫，但傳統的小說文體仍是「現在時」。然而，對於「五四」一代而言，傳統小說文體只是阻礙新思想的容器，必然要成為「過去時」。

　　民國初年彌漫著以小說為消閒的觀念，這也是民初小說最受詬病的原因之一。因立場與訴求不同，新文學提倡者對民初小說觀念的批評是可以理解的，對「消閒」的小說觀念進行批評有助於新的小說觀念的建立。但作為研究者應該看到民初小說「消閒」觀念背後所隱藏的內容，而不是以新文學提倡者的評價為圭臬。徐枕亞曾在《小說叢報》上連載過一篇名為《刻苦相思記》的小說，這篇小說具體內容情節無可多談之處，但徐枕亞在小說的開篇第一回以「楔子」的方式引入兩人——「小子」與「憂時子」的對話卻值得關注。「小子」為「生丁陽九」之文士，深感文人於家國無用之痛苦，「惟借筆箚，聊寫我心，以不得已之牢騷，成無奈何之著作，所以美人香草，盡是不忘家國之思，商婦羈臣，盡多是天涯之感」〔註2〕。面對「小子」的感慨，「憂時子」憤然不已，批評其不顧國家之危，玩弄小說文字，怡情悅性，「這正是燕雀處堂，不知生死的了」。「小子」與「憂時子」的身份設定與

〔註1〕周作人：《日本近三十年小說之發達》，《新青年》，1918年，第5卷，第1號。
〔註2〕徐枕亞：《刻苦相思記》，《小說叢報》，1915年，第13期。

對話頗有象徵意味，如果說「小子」代表了徐枕亞等人，那麼「憂時子」則是其「對立面」的化身，即反對寫作與家國無益小說之人。或許是徐枕亞有感於梁啟超等人對民初小說的批評，亦或是其預料到會受到後世的指責，於是將一番剖白之言藏匿於小說之中，留作注腳。可以看出，民初的一些小說作者，在以小說為消遣、消閒之物時，一定程度上，只是藉此遣懷慰藉罷了。

　　本文雖然是針對民國初年小說觀念的研究，但實際上是「拒絕」為小說及小說觀念設定規範性、確定性的答案，研究中也試圖避免以當下小說觀念去「忖度」民初小說觀念，而是盡可能呈現這一時期小說觀念的豐富性。在民國初年小說觀念討論的基礎上，一些與民初小說相關的問題逐漸浮現出來，值得進一步研究。民國初年的小說觀念是在什麼機制的作用下得以呈現出本文所看到的面貌？本文對民國初年小說觀念的研究尚處於初步階段，其中觀點難免有掛一漏萬之處，而對於與此時期小說觀念相關而重要的問題的「懸置」，並非是忽略其重要性，或者是畏難而止，只是唯有對民國初年小說觀念有了一定的認識，才能夠為以後的研究提供更多可能性，尋找新的出發點。

參考文獻

基本文獻

一、報刊、雜誌

1. 梁啓超：〈新民叢報〉〔J〕，1902 年創刊。
2. 梁啓超：〈新小説〉〔J〕，1902 年創刊。
3. 吳趼人、周桂笙：〈月月小説〉〔J〕，1906 年創刊。
4. 黃人：〈小説林〉〔J〕，1907 年創刊。
5. 王蘊章、惲鐵樵：〈小説月報〉〔J〕，1910 年創刊。
6. 王鈍根、童愛樓：〈遊戲雜誌〉〔J〕，1914 年創刊。
7. 沈瓶庵等：〈中國小説界〉〔J〕，1914 年創刊。
8. 徐枕亞：〈小説叢報〉〔J〕，1914 年創刊。
9. 王鈍根：〈禮拜六〉〔J〕，1914 年創刊。
10. 包天笑：〈小説大觀〉〔J〕，1915 年創刊。
11. 包天笑：〈小説畫報〉〔J〕，1917 年創刊。
12. 柳亞子等：〈新劇雜誌〉〔J〕，1914 年創刊。
13. 吳虞等：〈娛閒錄〉〔J〕，1914 年創刊。
14. 莊定黃：〈快活世界〉〔J〕，1914 年創刊。
15. 劉鐵冷、蔣著超：〈民權素〉〔J〕，1914 年創刊。
16. 黃山民：〈小説海〉〔J〕，1915 年創刊。
17. 李定夷：〈小説新報〉〔J〕，1915 年創刊。
18. 陳獨秀等：〈新青年〉〔J〕，1915 年創刊。

19. 傅斯年等：〈新潮〉〔J〕，1919 年創刊。

20. 鄭振鐸等：〈文學旬刊〉（周報）〔J〕，1921 年創刊。

二、資料集

1. 陳平原、夏曉虹：《二十世紀中國小說理論資料》（一）〔M〕，北京：北京大學出版社，1997 年。

2. 嚴家炎：《二十世紀中國小說理論資料》（二）〔M〕，北京：北京大學出版社，1997 年。

3. 陳大康：《中國近代小說編年史》〔M〕，北京：人民文學出版社，2014年。

4. 芮和師、范伯群等：《鴛鴦蝴蝶派文學資料》（上／下）〔M〕，北京：知識產權出版社，2010 年。

5. 魏紹昌：《鴛鴦蝴蝶派研究資料》（上／下）〔M〕，上海：上海文藝出版社，1984 年。

6. 丁錫根：《中國歷代小說序跋集》（上／中／下）〔M〕，北京：人民文學出版社，1996 年。

7. 朱寶樑：《二十世紀中國作家筆名錄》（增訂版）〔M〕，臺北：漢學研究中心，1989 年。

8. 〔日〕樽本照雄著，賀偉譯：《新編增補清末民初小說目錄》，濟南：齊魯書社，2002 年。

9. 劉永文：《晚清小說目錄》〔M〕，上海：上海古籍出版社，2008 年。

10. 侯忠義：《中國文言小說參考資料》〔M〕，北京：北京大學出版社，1985年。

11. （清）紀昀、陸錫熊、孫士毅等：《欽定四庫全書總目》（整理本）〔M〕，北京：中華書局，1997 年。

12. 朱一玄編：《聊齋誌異》資料彙編〔M〕，天津：南開大學出版社，2012年。

13. 時報館：《時報短篇小說第一集》〔M〕，上海：有正書局，1937 年。

14. 阿英：《晚清文學叢鈔》（小說戲曲卷）〔M〕，北京：中華書局，1960 年。

15. 魏紹昌：《中國近代文學大系》（史料索引集）〔M〕，上海：上海書店，1990 年。

16. 上海圖書館編：《中國近代期刊篇目彙錄上海》〔M〕，上海：人民出版社，1979 年。

17. 孫楷第：《中國通俗小說書目》（外二種）〔M〕，北京：中華書局，2012年。

18. 蔣瑞藻：《小說考證》〔M〕，上海：上海古籍出版社，1984 年。

19. 錢靜方：《小說叢考》〔M〕，上海：古典文學出版社，1957 年。

20. 葉德均：《戲曲小說叢考北京》，中華書局，1979 年。

研究文獻

一、書籍

（一）相關論著

1. （漢）班固：《漢書》〔M〕，北京：中華書局，1962 年。

2. （漢）揚雄著，汪榮寶撰：《法言義疏》〔M〕，北京：中華書局，1987 年。

3. （後晉）劉昫等：《舊唐書》〔M〕，北京：中華書局，1975 年。

4. （梁）蕭統，（唐）李善：《文選》〔M〕，上海：上海古籍出版社，1986 年。

5. （明）胡應麟：《少室山房筆叢》〔M〕，上海：上海書店出版社，2009 年。

6. （明）郎瑛：《七修類稿》〔M〕，上海：上海書店出版社，2009 年。

7. （清）劉延璣：《在園雜志》〔M〕，北京：中華書局，2005 年。

8. （清）沈德潛著，王宏林注：《說詩晬語箋注》，北京：人民文學出版社，2013 年。

9. （宋）孟元老等：《東京夢華錄》（外四種），上海：古典文學出版社，1957 年。

10. （唐）魏徵等：《隋書》〔M〕，北京：中華書局，1973 年。

11. （元）陶宗儀、李夢生：《南村輟耕錄》〔M〕，上海：上海古籍出版社，2012 年。

12. （明）謝肇淛：《五雜俎》，上海：上海書店出版社，2009 年。

13. 阿英：《晚清小說史》（初版）〔M〕，上海：商務印書館，1937 年。

14. 包天笑：《釧影樓回憶錄》〔M〕，北京：中國大百科全書出版社，2009 年。

15. 陳方競：《多重對話：中國新文學的發生》〔M〕，北京：人民文學出版社，2003 年。

16. 陳平原、山口守：《大眾傳媒與現代文學》〔M〕，北京：新世紀出版社，2003 年。

17. 陳平原、王德威：《晚明與晚清：歷史傳承與文化創新》〔M〕，武漢：湖

北教育出版社，2002 年。

18. 陳平原：《小說史：理論與時間》〔M〕，北京大學出版社，1993 年。

19. 陳平原：《中國現代小說的起點——清末民初小說研究》〔M〕，北京：北京大學出版社，2005 年。

20. 陳平原：《中國小說敘事模式的轉變》〔M〕，北京：北京大學出版社，2010年。

21. 陳萬雄：《五四新文化的源流》〔M〕，北京：三聯書店，1997 年。

22. 陳燕：《清末民初的文學思潮》〔M〕，臺北：華正書局有限公司，1993年。

23. 程善之：《小說叢刊》〔M〕，江南印刷廠，1922 年。

24. 丁守和：《辛亥革命時期期刊介紹》〔M〕，北京：人民出版社，1985 年。

25. 范伯群：《禮拜六的蝴蝶夢》〔M〕，北京：人民文學出版社，1989 年。

26. 范伯群：《中國現代通俗文學史》（插圖版）〔M〕，北京：北京大學出版社，2007 年。

27. 范伯群：《中國近現代通俗文學史》〔M〕，南京：江蘇教育出版社，2010年。

28. 范煙橋：《中國小說史》〔M〕，蘇州：蘇州秋葉社，1927 年。

29. 方漢奇：《中國近代報刊史》〔M〕，太原：山西人民出版社，1981 年。

30. 耿傳明：《決絕與眷戀——清末民初社會心態與文學轉型》，上海：復旦大學出版社。

31. 關愛和：《古典主義的終結：桐城派與「五四」新文學》〔M〕，上海：上海文藝出版社，1999 年。

32. 郭洪雷：《中國小說修辭模式的嬗變——宋元話本到五四小說》〔M〕，上海：上海三聯出版社，2008 年。

33. 賀根民：《中國小說觀念的近代化進程》〔M〕，濟南：齊魯書社，2010年。

34. 胡安定：《多重文化空間中的鴛鴦蝴蝶派研究》〔M〕，北京：中華書局，2013 年。

35. 胡懷琛：《中國小說概論》〔M〕，上海：世界書局，1934 年。

36. 胡懷琛：《中國小說研究》〔M〕，上海：商務印書館，1929 年。

37. 胡適：《胡適文集》〔M〕，北京：北京大學出版社，1998 年。

38. 胡迎建：《民國舊體詩史稿》〔M〕，南昌：江西人民出版社，2005 年。

39. 姜國：《南社小說研究初探》〔M〕，吉林大學出版社，2012 年。

40. 李定夷：《曇花影》〔M〕，上海：國華出版社社，1915 年。

41. 李麗：《中國現代短篇小說的文體自覺》〔M〕，北京：光明出版社，2013年。

42. 李小龍：《中國古典小說回目研究》〔M〕，北京：北京大學出版社，2012年。

43. 李孝悌：《清末的下層社會啓蒙運動：1900～1911》〔M〕，石家莊：河北教育出版社，2001年。

44. 梁愛民：《中國小說觀念的嬗變及其文化精神》，北京：中國社會科學出版社，2010年。

45. 劉納：《嬗變——辛亥革命至五四時期的中國文學》〔M〕，北京：中國人民大學出版社，2010年。

46. 劉鐵冷：《鐵冷碎墨》〔M〕，上海：上海中原書局，1926年。

47. 劉鐵群：《現代都市未成形時期的市民文學：《禮拜六》雜誌研究》〔M〕，北京：中國社會科學出版社，2008年。

48. 劉永明：《國民黨人與五四運動》〔M〕，北京：中國社會科學出版社，1900年。

49. 盧文芸：《中國近代文化變革與南社》〔M〕，社會科學文獻出版社，2008年。

50. 魯迅：《中國小說史略》〔M〕，北京：人民文學出版社，1973年。

51. 欒梅健：《民間的文人雅集：南社研究》〔M〕，東方出版中心，2006年。

52. 羅寧：《漢唐小說觀念論稿》〔M〕，成都：巴蜀書社，2009年。

53. 毛策：《蘇曼殊專論》〔M〕，北京：中國人民大學出版社，1995年。

54. 南社作者：《南社小說集》〔M〕，文明書局，1917年。

55. 彭鵬：《研究系與五四時期新文化運動》〔M〕，廣州：中山大學出版社，2003年。

56. 披髮生：《紅淚影》〔M〕，上海：世界書局，1927年。

57. 亓冰峰：《清末革命與君憲的論爭》〔M〕，臺北：中央研究院近代史研究所，1966年。

58. 桑兵：《清末新知識界的社團與活動》〔M〕，北京：三聯書店，1995年。

59. 石昌渝：《中國小說源流論》〔M〕，北京：生活・讀書・新知・三聯書店，1994年。

60. 孫之梅：《南社研究》〔M〕，北京：人民文學出版社，2003年。

61. 湯哲聲：《中國現代通俗小說流變史》〔M〕，重慶：重慶出版社，1999年。

62. 王德威、宋偉傑：《被壓抑的現代性：晚清小說新論》〔M〕，臺北：麥田出版，2003年。

63. 王德威：《抒情傳統與中國現代性：在北大的八堂課》〔M〕，北京：三聯書店，2010 年。

64. 王德威：《想像中國的方法：歷史・小説・敍事》〔M〕，北京：三聯書店，2003 年。

65. 王根林等校點：《漢魏六朝筆記小説大觀》〔M〕，上海：上海古籍出版社，1999 年。

66. 王國維：《宋元戲曲史》〔M〕，上海：上海古籍出版社，1998 年。

67. 冥飛、著超：《古今小説評林》〔M〕，上海：民權出版社，1919 年。

68. 徐德明：《中國現代小説雅俗流變與整合》〔M〕，北京：社會科學文獻出版社，2000 年。

69. 楊聯芬：《二十世紀中國文學期刊與思潮（1897～1949）》〔M〕，南昌：百花洲文藝出版社，2006 年。

70. 楊聯芬：《晚清至五四：中國文學現代性的發生》〔M〕，北京：北京大學出版社，2003 年。

71. 楊天石：《南社史長編》〔M〕，北京：中國人民大學出版社，1995 年。

72. 姚愛斌：《中國古代文體論思辨》〔M〕，北京：北京大學出版社，2012 年。

73. 余嘉錫：《余嘉錫論學雜著》〔M〕，北京：中華書局，2007 年。

74. 余夏雲：《雅俗之爭：新文學與鴛鴦蝴蝶派的場域占位鬥爭考察（1896～1949）》〔M〕，新北：花木蘭文化出版社，2014 年。

75. 解弢：《小説話》〔M〕，上海：中華書局，1919 年。

76. 袁進：《中國文學觀念的近代變革》〔M〕，上海：上海社會科學院出版社，1996 年。

77. 張寶明：《啓蒙與革命──五四激進派的兩難》〔M〕，上海：學林出版社，1998 年。

78. 張麗華：《現代中國「短篇小説」的興起──以文類形構爲視角》〔M〕，北京：北京大學出版社，2011 年。

79. 張玉法：《民國初年的政黨》〔M〕，長沙：嶽麓書社，2004 年。

80. 張振軍：《傳統小説與中國文化》〔M〕，桂林：廣西師範大學出版社，1996 年。

81. 張福貴等：《文學史的命名與文學史觀的反思》〔M〕，北京：北京大學出版社，2014 年。

82. 鄭逸梅：《民國筆記概觀》〔M〕，上海：上海書店，1991 年。

83. 鄭逸梅：《藝壇百影》〔M〕，鄭州：中州書畫社，1982 年。

84. 鄭逸梅：《南社叢談：歷史與人物》〔M〕，北京：中華書局，2006 年。

85. 鄭振鐸：《鄭振鐸全集》〔M〕，石家莊：花山文藝出版社，1998 年。

86. 周貽白：《中國戲曲史發展綱要》〔M〕，上海：上海古籍出版社，1979 年。

87. 周質平：《胡適與中國現代思潮》〔M〕，南京：南京大學出版社，2002 年。

88. 周作人：《中國新文學的源流》〔M〕，上海：華東師範大學出版社，1995 年。

89. 周作人：《域外小說集》〔M〕，上海：中華書局，1936 年。

90. 莊桂成：《中國文學批評現代轉型發生論——1897～1917 年間的中國文學批評生態研究》〔M〕，北京：中國社會科學出版社，2007 年。

91. 莊俞、賀聖鼐主編：《最近三十五年中國之教育》〔M〕，上海：商務印書館，1931 年。

92. 左鵬軍：《晚清民國傳奇雜劇考索》〔M〕，北京：人民文學出版社，2005 年。

93. 黎烈文標點：《京本通俗小說》〔M〕，上海：商務印書館，1937 年。

（二）譯注與海外文獻

1. （臺）黃錦珠：《晚清時期小說觀念之轉變》〔M〕，臺北：文史出版社，1995 年。

2. 〔德〕莫佳宜：《韋淩中國中短篇敘事文學史——從古代到近代》〔M〕，上海：華東師範大學出版社，2008 年。

3. 〔法〕布赫迪厄，華康德：《布赫迪厄社會學面面觀》〔M〕，臺北：麥田出版社，2009 年。

4. 〔法〕布赫迪厄，宋偉航：《實作理論綱要：布赫迪厄作品》〔M〕，臺北：麥田出版社，2009 年。

5. 〔美〕本尼迪克特‧安德森，吳叡人：《想像的共同體》〔M〕，上海：上海世紀出版社，2003 年。

6. 〔美〕費正清、費維愷：《劍橋中華民國史》（1912～1949）（上／下卷）〔M〕，北京：中國社會科學出版社，1997 年。

7. 〔美〕費正清、劉光京：《劍橋中國晚清史》（1800～1911）（上／下卷）〔M〕，北京：中國社會科學出版社，1997 年。

8. 〔美〕韓南、王桂秋：《韓南中國小說論集》〔M〕，北京：北京大學出版社，2008 年。

9. 〔美〕韓南、徐俠：《中國近代小說的興起》〔M〕，上海：上海世紀出版集團，2004 年。

10. 〔美〕韓南、尹慧珉：《中國白話小說史》〔M〕，杭州：浙江古籍出版社，1989年。

11. 〔美〕李歐梵：《現代性的追求》〔M〕，北京：三聯書店，2000年。

12. 〔美〕林培瑞：《10和20年代傳統類型的通俗市民小說》，見賈植芳：《中國現代文學的主潮》〔M〕，上海：復旦大學出版社，1990年。

13. 〔美〕林毓生：《中國傳統的創造性轉化》〔M〕，北京：三聯書店，1988年。

14. 〔美〕浦安迪：《中國敘事學》〔M〕，北京：北京大學出版社，1995年。

15. 〔美〕魏定熙、金安平、張毅：《北京大學與中國政治文化》（1898～1920）〔M〕，北京：北京大學出版社，1998年。

16. 〔美〕周策縱、周子平譯：《五四運動：現代中國的思想革命》〔M〕，南京：江蘇人民出版社，1996年。

17. 〔日〕坪內逍遙、劉振瀛：《小說神髓》〔M〕，上海：上海譯文出版社，2010年。

18. 〔日〕青木正兒著，隋樹森譯：《中國文學概說》〔M〕，上海：開明書店，1936年。

（三）外文文獻

1. Link, Perry. *Mandarin ducks and butterflies: popular fiction in early twentieth-century Chinese cities*. Berkeley Print, 1981.

2. Hockx, Michel. *Questions of style: literary societies and literary journals in modern China, 1911～1937*. Leiden & Boston Print, 2003.

二、期刊

1. 〔韓〕趙寬熙：〈中國小說與史傳文學之關係〉〔J〕，《中國古代小說研究》第四輯。

2. 〔美〕夏志清：〈玉梨魂新論〉〔J〕，《知識分子》，1987年，第1期，第34～45頁。

3. 陳迪強：〈「五四」文學革命之前的小說語言狀況考論——以1914～1916的小說雜誌爲中心〉〔J〕，《中國現代文學研究叢刊》，2014年，第9期，第37～45頁。

4. 陳蝶衣：〈我以「鴛鴦蝴蝶派」爲自豪〉〔J〕，《大成》第147期，第55～57頁。

5. 陳方競：〈民初上海文學「甲寅中興」考索〉，《汕頭大學學報》（人文社會科學版），2004年，第5期。

6. 丁帆：〈新舊文學的分水嶺——尋找被中國現代文學史遺忘和遮蔽的七

年（1912〜1919）〉〔J〕,《江蘇社會科學》,2011 年。

7. 費清云:〈晚清至五四文學觀念的演進〉〔J〕,《河北學刊》,1990 年,第 5 期。

8. 關詩珮:〈呂思勉《小説叢話》對太田善男《文學概論》的吸入——兼論西方小説藝術論在晚清的移植〉〔J〕,《復旦學報》（社會科學版）,2008 年,第 2 期,第 20〜35 頁。

9. 郝慶軍:〈從文學期刊的繁榮看民國初年文學的娛樂化傾向〉〔J〕,《東嶽論叢》2012 年,第 10 期。

10. 郝雨:〈20 世紀中國文學觀念的發展及演變〉〔J〕,《文史哲》,1998 年,第 5 期。

11. 黃開發:〈新民之道——梁啓超的文學功用觀及其對「五四」文學觀念的影響〉〔J〕,《中國現代文學研究叢刊》,1994 年,第 4 期。

12. 黃霖:〈民國初年「舊派」小説家的聲音〉〔J〕,《文學評論》,2010 年,第 5 期。

13. 李怡:〈民國機制:中國現代文學史的一種闡釋框架〉〔J〕,《廣東社會科學》,2010 年,第 6 期,第 132〜135 頁。

14. 李怡:〈「民國文學」與「民國機制」三個問題追問〉〔J〕,《理論學刊》,2013 年,第 5 期。

15. 李怡:〈辛亥革命與中國文學的「民國機制」〉〔J〕,《鄭州大學學報》（哲學社會科學版）,2011 年,第 5 期,第 79〜81 頁。

16. 李怡:〈從歷史命名的辯證到文化機制的挖掘——我們怎樣討論中國現代文學的「民國」意義〉〔J〕,《文藝爭鳴》,2011 年,第 7 期,第 60〜64 頁。

17. 凌碩爲:〈新聞生產與類小説的問題意義〉〔J〕,《現代中國》第十輯。

18. 劉納:〈1912〜1919:終結與開端〉〔J〕,《中國現代文學研究叢刊》,1998 年,第 1 期,第 1〜26 頁。

19. 劉曉軍:〈章回體例與連載方式:論清末民初章回小説文體的變革〉〔J〕,《文藝理論研究》,2011 年,第 4 期,第 74〜80 頁。

20. 魯毅、鄭春:〈由《小説季報》看民國初年鴛鴦蝴蝶派小説的嬗變〉〔J〕,《山東師範大學學報》（人文社會科學版）,2012 年,第 2 期。

21. 欒梅健:〈掌故小説大家——許指嚴〉〔J〕,《蘇州大學學報》（哲學社會科學版）,1991 年,第 4 期,第 91〜94 頁。

22. 羅崗:〈1916:「民國」危機與五四新文化運動的展開〉〔J〕,《書城》,2009 年,第 5 期。

23. 羅志田:〈「六個月樂觀」的幻滅:五四前夕士人心態與政治〉〔J〕,《歷史研究》,2006 年,第 4 期。

24. 潘盛：〈「淚世界」的形成──對民國言情小説一個側面的考察〉〔J〕，《中國現代文學研究叢刊》，2008 年，第 6 期。

25. 湯哲聲：〈鴛鴦蝴蝶派──禮拜六小説觀念的價值取向及其評價〉〔J〕，《蘇州大學學報》（哲學社會科學版），1992 年，第 4 期。

26. 王風霞：〈「甲寅中興」之上海新劇團體考〉〔J〕，《文學遺產》，2011 年，第 3 期。

27. 王慶華：〈古代文類體系中「筆記」之內指稱──兼論近現代「筆記小説」概念的起源及推演〉〔J〕，《華東師範大學學報》（哲學社會科學版），2010 年，第 5 期，第 99～104 頁。

28. 王齊洲、屈紅梅：〈漢人小説觀念探賾〉〔J〕，《南京大學學報》，2011 年，第 4 期，第 109～120 頁。

29. 袁進：〈它為歷史提供了什麼──試論民國初年鴛鴦蝴蝶派小説泛濫的原因〉〔J〕，《中國現代文學研究叢刊》，1984 年，第 3 期。

30. 袁進：〈近代短篇小説的崛起〉〔J〕，《上海大學學報》（社會科學版），2003 年，第 4 期，第 5～8 頁。

31. 張灝：〈中國近代思想史的轉型時代〉〔J〕，《香港二十一世紀》，1999 年。

32. 趙利民：〈中國近代復古主義文學觀念略論〉〔J〕，《齊魯學刊》，1994 年，第 4 期。

33. 趙利民：〈中國近代文學觀念：致力於中西融合的初步嘗試〉〔J〕，《齊魯學刊》，1998 年，第 3 期。

34. 左鵬軍：〈《晚清小説目錄》補正〉〔J〕，《漢語言文學研究》，2010 年，第 4 期，第 53～59 頁。

35. 艾立中：〈清末民初「戲曲」內涵新論〉〔J〕，《戲曲研究》，2009 年，第 3 期，第 168～181 頁。

三、學位論文

1. 〔美〕林培瑞：《上海現代通俗小説的興起》〔D〕，哈佛大學博士論文，1976 年。

2. 端傳妹：《媒介生態與現代文學的發生──《小説月報》（1910～1931）》〔D〕，南京師範大學，2011 年。

3. 黃健：《意義重構中的繆斯──「五四」新文學生成的文化審美闡釋》〔D〕，浙江大學，2004 年。

4. 李楠：《晚清、民國時期上海小報研究──一種綜合的文化、文學考察》〔D〕，河南大學，2004 年。

5. 李憲瑜：《新青年雜誌研究》〔D〕，北京：北京大學，2000 年。

6. 林衍：《晚清民國的新史學和文學（1895～1936）》〔D〕，中山大學，2011年。

7. 孫芳：《小說中的「五四」書寫研究（1919～1949）》〔D〕，北京大學，2012年。

8. 王晶晶：《新舊之間——包天笑的文學創作與文學活動研究》〔D〕，上海師範大學，2012年。

9. 王穎君：《中國小說的現代轉型1897～1927》〔D〕，遼寧大學，2011年。

10. 徐萍：《從晚清至民初：媒介環境中的文學變革》〔D〕，山東師範大學，2011年。

11. 楊琥：《民初進步報刊與五四新思潮》〔D〕，北京：北京大學，2000年。

12. 姚涵：《從「半儂」到「半農」——劉半農對中國現代文學的貢獻》〔D〕，復旦大學，2009年。

13. 張瑜：《1916：新文學運動發生學研究》〔D〕，山東師範大學，2013年。

14. 何雲濤：《清末民初小說語體研究》〔D〕，南開大學，2013年。

後 記

　　論文寫訖，通過盲審後，終於進入到「後記」寫作這一環節。論文寫作中數不清的不眠之夜，喝著給予熬夜動力的紅牛，在思路阻塞或者陷入愁苦時，時常幻想自己已經順利完成論文，開始著手寫作後記，於是腦中行文，苦中作樂，聊以慰藉。然而，等到眞正寫作後記時，竟又是語塞不能成文。

　　閱讀論文者，或許最期待的是學位論文的後記，在經歷了幾年的學習，以及論文寫作後，「後記」或「致謝」常凝聚了作者的眞情實感，總能直抵人心，讓人讀後心生頗多感慨。或許是性格使然，我雖爲人豪爽，但對感激之情的表達卻尤爲不擅長，不論是面對面的表達，或是成文致謝，都讓我覺得有些不自然。記得碩士論文的「致謝」，我只寫了寥寥數語，幾行而已，看似未免草率。我常與好友同學半開玩笑地說：「做人最重要的是夠義。」我喜歡這樣略帶俠義的表述，對於他人的關懷與疼愛，我訥而不言卻銘記於心。

　　我的博士論文以 1912～1917 年民國初年小說爲研究對象。確立這一選題與碩士論文的研究密不可分。在近現代文學研究中，若以「新文學」與「舊文學」爲劃分標準，我毫無疑問爲「新文學」一派，對「新文學」的認同使我以胡適爲碩士論文的選題。碩士期間的研究促使我對「新」與「舊」的問題開始認眞反思，進而將研究目光瞄準在「新文學」之前的幾年，其初擬打算研究這一時期的文學觀念，考慮到相關的現實問題，最後確立博士論文對小說觀念進行研究。

　　論文的寫作不可缺少的是資料的耙梳，我盡可能地佔有更多的原始文獻，並將這些文獻作爲論文立論之依據。我信奉學術研究應「有一分證據，

說一分話」。但慚愧的是，資料之茫茫，我並不敢保證已將資料搜集完備，但在現有的情況下，我已盡了最大的努力。正是對於文獻資料的執著，以及想確保論文立論可靠的決心，使我的論文寫作進展很慢。論文研究的時段雖然只有幾年時間，但寫作過程中，唯有對中國古代、西方、晚清、「五四」之後的小說觀念有總體的把握，才敢下筆行文。常常是一個問題帶著另一個問題，糾纏於其中，不能自拔，也不敢輕易自拔。

碩博六年，最需感謝的是我的導師陳太勝教授。博士論文從選題確定到開題報告成文再到論文定稿，無不滲透著老師的關懷與指引。老師深厚的學術基礎、敏銳的學術眼光和睿智的思維方式，總是能一語中的地指出論文問題所在，讓我茅塞頓開。每次和老師討論問題，總有些緊張，擔心自己做的不夠好，但每次老師指出問題後又給予的鼓勵，讓我一次次釋懷與感動。

感謝文藝學研究中心的各位老師，童慶炳、程正民、李壯鷹、李春青、王一川、曹衛東、方維規、趙勇、蔣原倫、季廣茂、陳雪虎、姚愛斌、錢翰、呂黎等都曾傳授我知識。我不曾忘記老師們給予我的關懷與幫助。課堂上的種種，是我最美好的回憶，一切都彷彿在昨天，時光卻飛逝不留情。文藝學資料室的黃大地老師，對我極其信任親切，十分愛護我們，資料室為我提供了良好的學習環境，謹在此一併致謝。

論文能夠順利完成，還要感謝我的朋友們。我的朋友袁晶、苗雨、汪堯狒雖身在海外，遠隔重洋，依然常常安慰我、鼓勵我。我的師妹師弟孫麗君、劉彥、梁凡、吳鍵，在論文寫作期間總給我帶來各種水果補品，關心我的身體健康，提醒我不要總熬夜，他們為了不打擾我的寫作，經常是送來水果補品後，聊上幾句就匆忙離開。我忝為師姐，但對他們的關懷尚不及其對我之萬一。也感謝我的同門們，于阿麗、梁瀟、黃鳳鳳、朱道靜、李之怡、王子健，他們對我也十分有愛。那些共同奮戰於博士論文寫作戰線的朋友，這段經歷讓我們彼此感情更加深厚。記得與王超然在寢室二樓自習室相約通宵奮戰的情誼，與武蓓蓓在論文最艱難時刻的相互扶持。尤其感謝我的室友王明月，在我們各自的室友苗雨、袁晶出國聯培後，我與明月組成新的寢室，明月對我雜亂的書籍、未及時收拾的外賣餐盒，從不責備，對我盡是包容與疼愛，而那些一起哭泣、一起奮戰的日子，是我們友誼的見證。同班同學孫權熱情友好，在此也感謝他的幫助。一路以來，陪伴我的人很多，在此不一一。

　　感謝我的家人。我的父母給予我生命，並讓我快樂成長，充分信任我、尊重我，讓我有作爲個體的人的自豪感。父母擔心會打擾到我，總是忍住思念，不主動聯繫我。而我也由平時的每周三次電話，減少到每周一次，甚至是半月一次。我生於大連，卻未曾陪伴父母左右，日後更是漂泊他鄉。每念及此，心有戚戚焉。我的弟弟陳維偉是一名軍人，他雖在北京，不能常來看我，我仍愛他。

　　感謝我的先生王勉，他是我的碩士同學，也是我最好的朋友，碩博連讀使他早我一年畢業。博士論文寫作的艱難歲月，即使是異地，他仍盡一切可能幫助我。他亦爲這篇論文付出極大心血，論文每章寫就，都要交與他閱讀。作爲一名軍人，每日工作繁忙，他卻能耐心地爲論文提出修改意見，時刻鼓勵支持我。而我的焦慮與絕望，都在他的愛意下得以緩解，給我以動力。我永遠愛他。

　　碩博六年的教育，教導我要愛惜自己的學術羽毛。我以此爲準則，並堅持執行。然而愛惜羽毛的生活並不十分如意。現實是，成果意味著能力，沒有成果意味著沒有能力，短時間內沒出成果則是能力不足。在這愛惜羽毛與拔掉羽毛中的掙扎或許是年輕一輩的學人都要面對的問題。有的人不曾愛惜羽毛，有的人忍痛拔掉羽毛，而我呢？我希望自己能夠愛護羽毛，並長出新的可愛的羽毛。學術之路上有苦與樂，踽踽而行，但願能夠保持自我。立此存照。

　　這篇論文獻給我的博士同學尹鑫海，生死相隔，悲不自勝。

陳　爽

2015 年 5 月 15 日